万古斯文

冯天瑜
何晓明
周积明
著

北京大学出版社

图书在版编目（CIP）数据

万古斯文 / 冯天瑜，何晓明，周积明著 . — 北京：北京大学出版社，
2024.7.—ISBN 978-7-301-35262-5

Ⅰ. K203

中国国家版本馆 CIP 数据核字第 202443GP90 号

书　　名	万古斯文 WANGU SIWEN
著作责任者	冯天瑜　何晓明　周积明　著
策 划 编 辑	王炜烨
责 任 编 辑	王炜烨　王立刚
标 准 书 号	ISBN 978-7-301-35262-5
出 版 发 行	北京大学出版社
地　　址	北京市海淀区成府路 205 号　100871
网　　址	http://www.pup.cn　新浪微博：@ 北京大学出版社
电 子 邮 箱	zpup@pup.cn
电　　话	邮购部 010-62752015　发行部 010-62750672 编辑部 010-62750673
印 刷 者	北京九天鸿程印刷有限责任公司
经 销 者	新华书店 965 毫米 ×1300 毫米　16 开本　31 印张　405 千字 2024 年 7 月第 1 版　2024 年 7 月第 1 次印刷
定　　价	186.00 元

未经许可，不得以任何方式复制或抄袭本书之部分或全部内容。
版权所有，侵权必究
举报电话：010-62752024　电子邮箱：fd@pup.cn
图书如有印装质量问题，请与出版部联系，电话：010-62756370

目 录

001　序

005　第一章　中华民族与疆域
007　第一节　"中华民族"释义
009　第二节　中国人起源
014　第三节　混血的龙
020　第四节　民族大家庭
026　第五节　中国疆域的历史演变
031　第六节　文化地理学分析

043　第二章　农耕与游牧
045　第一节　两大经济类型
056　第二节　对垒与冲突
062　第三节　互补与融会
064　第四节　中国农业文明的特征

083　第三章　家国天下

085	第一节	从母系氏族到父系家庭
087	第二节	私有制与国家起源
091	第三节	宗法社会
099	第四节	家国同构
102	第五节	专制政体
113	第六节	伦理—政治型特点
125	第四章	文字与典籍
127	第一节	汉字起源
132	第二节	甲骨文与"六书"
138	第三节	字体流变
145	第四节	汉字的优长
149	第五节	形形色色的"书"
155	第六节	煌煌中华,"有典有册"
163	第五章	学而优则仕
165	第一节	学校的萌生
167	第二节	官学与私学
178	第三节	书院讲习
182	第四节	科举与选举
189	第五节	八股取士及科举制的衰败
195	第六章	士林风采
197	第一节	士的崛起

199	第二节	众星璀璨
208	第三节	群体品格
214	第四节	文人雅趣
219	第七章	儒、释、道
221	第一节	孔儒与老、庄
232	第二节	"独尊儒术"
236	第三节	佛陀东来与道教创立
242	第四节	"玄之又玄,众妙之门"
247	第五节	佛教的流行及其中国化
253	第六节	"三教归一"的理学
263	第八章	艺文神韵
265	第一节	代有高峰的文学
289	第二节	翰墨丹青并蒂莲:书法与绘画
301	第三节	情动于心的音乐、歌舞、戏曲
307	第四节	凝固的诗:雕塑、建筑、园林
315	第五节	中国艺术精神
321	第九章	民俗大观
323	第一节	岁时节日
335	第二节	人生庆典
343	第三节	祖先祭祀
345	第四节	衣、食、住、行

348　　第五节　民族风情

351　第十章　天工开物
353　　第一节　农业科技
358　　第二节　"四大发明"
366　　第三节　科技智慧
374　　第四节　中国科技为何在近代落伍

379　第十一章　汲纳吞吐
381　　第一节　东亚文化圈
383　　第二节　"丝绸之路"与秦、汉、隋、唐全方位交通
392　　第三节　技术发明与宋、元中西交流
402　　第四节　"中学西渐"与明、清的西学输入

413　第十二章　凤凰涅槃
415　　第一节　"开眼看世界"
425　　第二节　"洋务"事业"种豆得瓜"
437　　第三节　中国文化的新质细胞
455　　第四节　从"维新"到"革命"
469　　第五节　"民主"与"科学"

序

中国文化是中华民族对于人类的伟大贡献。

独具特色的语言文字，浩如烟海的文化典籍，嘉惠世界的科技工艺，精彩纷呈的文学艺术，充满智慧的哲学宗教，完备深刻的道德伦理……共同构成了中国文化的基本内容。

传统文化是从先辈那里继承下来的丰厚遗产，它是中华民族悠久历史的结晶。但是，它又并不只是博物馆里的陈列品，而是极具鲜活生命力的。"传统并不仅仅是一个管家婆，只是把它所接受过来的忠实地保存着，然后毫不改变地保持着并传给后代。它也不像自然的过程那样，在它的形态和形式的无限变化和活动里，永远保持其原始的规律，没有进步。"①中国传统文化所蕴含的思维方式、价值观念、行为准则等内容，一方面具有强烈的历史性、遗传性，另一方面又具有鲜活的现实性、变异性，它无时无刻不在影响、制约着现在的中国人，为开创新文化提供历史的依据和现实的基础。从这个意义上讲，不管我们主观意愿如何，都不可能绝然离开它，就像离不开脚下的这块土地和头顶的这片天空一样。也正是在这个意义上，对待传统的民族虚无主义和历史虚无主义主张都是没有道理的。

---

① 黑格尔：《哲学史讲演录》第1卷，贺麟译，北京：商务印书馆2009年，第8页。

当然，这绝不是说对于中国传统文化的所有内容都只能顶礼膜拜，奉若神明。用科学和理性的眼光来审视它、分析它，批判地继承它，积极地发展它，这才是新时代的中华儿女应取的正确态度。这里要强调的是，这一切都只有在对于中国传统文化有一个基本认识和粗浅掌握以后，才有可能进一步做到。

第一章

中华民族与疆域

这是英雄的祖国,
是我生长的地方。
在这片古老的土地上,
到处都有青春的力量……

歌声响起处,每一个中华儿女的心中,都会升腾起超越时空的豪迈感情。我们为悠久的历史而骄傲,我们为灿烂的文化而骄傲,我们为秀丽的山川而骄傲,我们更为勤劳智慧的人民而骄傲。如果说源远流长的中国文化是一出波澜壮阔的历史正剧,那么,广袤的疆域就是流光溢彩的舞台,英雄的人民就是前仆后继的主角。

第一节

"中华民族"释义

中华民族是中国文化的创造者。

中华民族是现今中国境内由华夏族演衍而来的汉族和五十五个少数民族的总称。"中华"之得名,由来已久。华夏先民最早生活在黄河流域,四裔环绕,故自称"中华"。"中",意指居四方之中;又有"以己为中"之意,与"以人为外"相对立。"华",本义是光辉、文采、精粹,用于族名,蕴含着文化发达之意。《唐律疏议》中说:

> 中华者,中国也。亲被王教,自属中国,衣冠威仪,习俗孝悌,居身礼义,故谓之中华。

在漫长的历史年代里,随着疆域的拓展,民族融合的范围日广,中国境内各民族间的联系纽带愈益强化,民族共同体诸要素(共同语言、共同地域、共同经济生活以及表现于共同文化上的共同心理素质)渐趋完备。进入近代,由于西方资本主义殖民势力的侵入,中国境内诸族更增进了政治、经济、文化上的整体意识,进一步形成自觉的民族观念。到20世纪初叶,"中华民族"已成为包括中国境内诸民族的共同称谓。在全世界范围内,"凡遇一他族而立刻有'我中国人'之一观念浮于其脑际者,此人即中华民族一员也"[①]。

---

① 梁启超:《中国历史上民族之研究》,见《饮冰室合集》(影印版)第1册,北京:中华书局1989年,第19页。

世界上任何民族都有其种族的规定性。中华民族的种族主要是黄种（有的少数民族如俄罗斯族是白种，维吾尔族亦混有白种血统），黄皮肤，黑眼睛，是他们显著的遗传体质特征。但是，"中华民族"的称谓，从来就不是以血缘种族为意蕴的重心。早在公元前1000年的西周时期，中华先民便有了"非我族类，其心必异"的观念，并将其形诸文字，载入典籍①。"其心必异"一语，透露出中华先民此时已能从文化心理的特质方面自我确认的时代消息。进入20世纪，人们对此又做出更为清晰的阐发：

> 中华之名词，不仅非一地域之国名，亦且非一血统之种名，乃为一文化之族名。故《春秋》之义，无论同姓之鲁、卫，异姓之齐、宋，非种之楚、越，中国可以退为夷狄，夷狄可以进为中国，专以礼教为标准，而无有亲疏之别。其后经数千年，混杂数千百人种，而称"中华"如故。以此推之，华之所以为华，以文化言之可决之也。②

直到今天，数以千万计浪迹天涯的华裔，有的已在异国他邦生儿育女、传宗接代，有的已经加入别国国籍，但是他们的文化脐带，仍然与中华母亲血肉相连，在他们的意识与潜意识中，一刻也没有忘记自己是中华儿女、炎黄子孙。已定居巴拿马几代，并且在政界取得显赫地位的华裔这样说道："别看我们完全不懂中文，我们的思想、举止都是非常中国式的。"2015年放弃美国国籍的物理学家杨振宁教授也说："我觉得中国传统的社会制度、礼教观念，人生观，都对我们有极大的束缚的力量。"③这种力量，正是中华民族久而弥坚的文化凝聚力的体现。

---

① 《左传》成公四年："史佚之志有之曰：非我族类，其心必异。"
② 章太炎：《中华民国解》，载《民报》1907年7月第15期。
③ 杨振宁：《读书教学四十年》，北京：生活·读书·新知三联书店1987年，第58页。

第二节

中国人起源

中华民族是人类社会历史最为久远的民族之一。他的先祖,可以追溯到上百万年以前的洪荒时代。

关于中华民族的起源,瑰丽奇妙的盘古开天创世传说这样记载:

>　　天地浑沌如鸡子,盘古生其中。万八千岁,天地开辟,阳清为天,阴浊为地。盘古在其中,一日九变,神于天,圣于地。天日高一丈,地日厚一丈,盘古日长一丈,如此万八千岁。天数极高,地数极深,盘古极长。后乃有三皇。数起于一,立于三,成于五,盛于七,处于九,故天去地九万里。①

>　　首生盘古,垂死化身。气成风云,声为雷霆,左眼为日,右眼为月,四肢五体为四极五岳,血液为江河,筋脉为地理,肌肉为田土,发髭为星辰,皮毛为草木,齿骨为金玉,精髓为珠石,汗流为雨泽。身之诸虫,因风所感,化为黎甿。②

---

① 《三五历记》。
② 《五运历年记》。

>>> 关于中华民族的起源,有盘古开天创世等传说,流传更广的是女娲造人的神话。图为在新疆出土的不同的伏羲、女娲像。

流传更广的是女娲造人的神话：

> 俗说天地开辟，未有人民。女娲抟黄土作人，剧务，力不暇供，乃引绳于泥中，举以为人。①

据鲁迅解释，女娲所引之绳，是她"信手一拉，拔起一株从山上长到天边的紫藤"②。女娲将紫藤伸进泥潭，搅浑泥浆，向四面挥洒，泥点溅落，变成许许多多活蹦乱跳的小人。女娲又将男人和女人配对，让他们繁衍后代。这在典籍中记作"女娲祷祠神，祈而为女媒，因置昏姻"③。

这些上古传说借助想象企图解答的中华民族起源问题，现在已经由古人类学、古地质学的研究提供了基本的答案。

一个多世纪的科学研究表明，现今生活在地球上的人类是由一千万年以前的腊玛古猿④进化而来。20世纪70年代中期以后，我国学者从云南禄丰石灰坝地区陆续发掘出三个腊玛古猿头骨、两个西瓦古猿头骨，以及九个下颌骨、一千多颗牙齿和少量肢骨化石。如此丰富的发现，轰动了国际人类学界。尤其是腊玛古猿头盖骨系世界上的首次发现，更令学者们欢欣鼓舞，称之为"人类起源的新光芒"。

人类进化经历了腊玛古猿、南方古猿、直立人、早期智人和晚期智人几个重要阶段。除南方古猿以外，其他各阶段的人类活动遗址在现今中国境内都有丰富的发现。

关于人类的起源，过去较为通行的说法是最早起源于非洲，然

---

① 《风俗通义》。
② 《鲁迅全集》第2卷，《故事新编·补天》，北京：人民文学出版社1981年，第345页。
③ 《风俗通义》。
④ 腊玛古猿化石最早于1932年发现于印度。迄今为止化石发现地点集中在亚洲西南部、欧洲西南部和非洲东部，包括中国、印度、巴基斯坦、土耳其、希腊、匈牙利、肯尼亚等国。

后散布到世界各地。然而我国一系列的考古发现，尤其是巫山人的发现，动摇了这一传统说法。1985年，考古学家黄万波等人在重庆巫山龙骨坡发掘出人类化石——一个门齿和一段下颌骨，同时出土的还有大量脊椎动物化石。从1988年到1995年，中、美科学家运用古地磁、电子自旋共振、氨基酸测定等三种方法对这些化石进行测定，得出基本结论：其地质年代距今约200万年。因此，巫山人化石比距今170万年的云南元谋人更早，他是迄今为止我国境内发现的最早的人属化石。除此之外，我国已发现的直立人化石还有：

陕西蓝田人（距今65万至80万年，1963年发现）；

湖北郧县人（可能早于北京人，1975年发现）；

北京人（距今约69万年，1929年发现）；

辽宁营口人（相当于北京人，1984年发现）；

湖北郧西人（晚于郧县人，与北京人相当，1976年发现）；

河南南召人（距今50万年，1978年发现）；

安徽合县人（距今30万至40万年，1980年发现）。

已发现的早期智人化石有：

广东马坝人（距今约20万年，1958年发现）；

陕西大荔人（距今10余万年，1978年发现）；

山西许家窑人（距今约10万年，1976年发现）；

湖北长阳人（晚于马坝人，1956年发现）；

山西丁村人（晚于长阳人，1954年发现）。

已发现的晚期智人化石有：

内蒙古河套人（距今约5万至3.5万年，1922年发现）；

黑龙江哈尔滨人（距今约2.2万年，1980年发现）；

北京山顶洞人（距今1.8万年，1933年发现）；

四川资阳人（距今7 000年，1951年发现）。

根据人种学分类，中华先民属蒙古人种。从元谋人、蓝田人到马坝人、大荔人，再到山顶洞人，颧骨高突、额骨矢状脊、铲形门齿、第三臼齿先天性缺失、印加骨等一系列蒙古人种所独具的典型体征始终一脉相承，但同时又有了明显的进化趋势。以头骨为例："从牙齿、面骨到下颌骨都在逐渐相应地缩小；从颅耳高，耳门上点颅高和颅最大宽等各项测量指数看，都显示出头顶骨在不断升高，眉脊减弱以致消逝；颞骨鳞部与乳突部之间的切迹由浅变深。总之，其原始形态由强转弱。"[①] 这标志人类智能发展程度的重要指数颅容量，由900立方厘米增加到1 400立方厘米。经过上百万年的艰难进化，中华先民终于完成"人猿相揖别"[②]的伟大质变，从而揭开中国文化的序篇。

---

① 陈恩志：《论中国境内从猿到人的独自进化和发展系统》，载《社会科学评论》1985年1期。
② 毛泽东：《贺新郎·读史》，《毛泽东诗词选》，北京：人民文学出版社1983年，第127页。

第三节

混血的龙

18世纪以后,民族学、人类学获得了长足的进步。20世纪初,严复所译甄克思《社会通诠》论道:

> 世界历史所必不可诬之事实,必严种界,使常清而不杂者,其种将日弱而驯致于不足以自存。广进异种者,其社会将日即于盛强,而种界因之日泯。此其理自草木禽兽以至文明之民,在可证之实例。

我国学者也认识到,"世界上没有血统很纯粹的民族。民族既非单元,文化也就不会单元。反过来,文化越灿烂,民族的血统似乎越复杂"①。中华民族及其文化便是此规律的极好实证。

中华民族的多元组成,拥有丰富的历史内涵。它不仅意谓中华民族自古以来就是多民族共处的大家庭,而且也意谓各个民族在自己的繁衍流变中,无一不有"广进异种"的血缘通融因子发生作用。即以中华民族中人口最多、历史最长的汉族为例:

---

① 岑仲勉:《西周社会制度问题》,上海:上海人民出版社1957年,第111页。

稽之史策，其血统之混杂，决非一单纯种族。数千年来，其所吸收同化之异族，无虑百数。春秋战国时所谓蛮、夷、戎、狄者无论矣，秦汉以降，若匈奴，若鲜卑，若羌，若奚，若胡，若突厥，若沙陀，若契丹，若女真，若蒙古，若靺鞨，若高丽，若渤海，若安南，时时有同化于汉族，易其姓名，习其文教，通其婚媾者。外此如月氏、安息、天竺、回纥、唐兀、康里、阿速、钦察、雍古、弗林诸国之人，自汉、魏以至元、明，逐渐混入汉族者，复不知凡几。①

在神话传说时代，中华先民的血统便不相一致。生活在渭河流域到黄河中游地区的是古羌人，相传炎帝即为他们的首领。生活在黄河下游和江淮流域的是古夷人，共有九部，称"九夷"，相传太皞、少皞是他们的祖先。生活在北方的，有戎人和狄人，他们奉黄帝为自己的始祖。在江汉之间则居住着古苗人，古籍里称他们为"三苗"。在更南边，则有所谓"南蛮"人，生息于五岭山脉的崇山峻岭之中。羌人、夷人、戎人、狄人、苗人和蛮人都由众多的氏族、部落组成。"随着社会生产的发展和人口的增加，氏族部落的不断迁移和相互交往的扩大，各个部落之间在某些时候、某些地方形成相反的利益，而在另一些时候和另一些地方又形成了相同的利益，由此引起了各个部落的分化和组合、战争和联盟，逐渐形成为不同的民族。"②羌、夷、戎、狄、苗、蛮的某些氏族、部落先后融合而成汉族，其余的则分别演化成数十个少数民族，他们共同组成了现今的中华民族大家庭。

中华民族的远祖，可大致划分为华夏、东夷、苗蛮三大集团。

华夏集团发祥于黄土高原，后沿黄河东进，散布于中国的中部及北部的部分地区，即仰韶文化、河南龙山文化分布区。华夏集团内又

---

① 柳诒徵：《中国文化史》上册，北京：中国大百科出版社1988年，第3页。
② 郭沫若：《中国史稿》第1册，北京：人民出版社1976年，第112页。

分为两支，一支称黄帝，一支称炎帝（黄帝和炎帝，均应作氏族的拟人化称号看待）。神话传说中"怒触不周山"的桀骜不驯的共工氏，也属于这个集团。夏、商、周人的始祖，都与黄帝有联系。夏人的始祖是治水的大禹，而大禹是黄帝的玄孙。商人的始祖契，相传为简狄吞食玄鸟之卵而生，这简狄原是黄帝曾孙帝喾的次妃。相传周人的始祖后稷为姜嫄踏天帝足印感怀而产，这姜嫄正是帝喾的元妃。正因为如此，黄帝便成为中华民族共同祭奠的先祖，华夏集团亦成为中华民族的代表。

东夷集团的活动区域，大致在今山东、河南东南和安徽中部一带，即大汶口文化、山东龙山文化及青莲岗文化江北类型分布区。太暤、少暤以及与黄帝恶战的蚩尤、射日的后羿，都属于这个集团。

苗蛮集团主要活动在今湖北、湖南、江西一带，即大溪文化、屈家岭文化分布区。如若向东延伸，河姆渡文化、良渚文化等也可归于此集团。大名鼎鼎的伏羲、女娲，还有三苗、骧兜、祝融氏，都属于这个集团。

三大集团之间，既有和平相处的安宁，也有相互争夺的惨烈。这首先要从华夏集团内部黄、炎二帝的兄弟阋墙说起。

随着生产力的发展，私有财产、私有观念的萌生，不同部落之间的利益与习尚冲突，终于导致豆萁相煎，同室操戈。这是一场残酷的争斗。"黄帝与炎帝战于阪泉之野，帅熊、罴、狼、豹、貙、虎为前驱，雕、鹖、鹰、鸢为旗帜。"① 双方直战得血流漂杵，日月无光，最后炎帝向东南方向溃败，渐与东夷和苗蛮集团融合。黄帝后来独自成为华夏集团的代表，这是重要原因。

炎帝流落东方，其后裔蚩尤，成为东夷集团内十分枭悍的一支。蚩尤犯上作乱，驱逐了炎帝，自己取而代之，仍不满足，又率领部属

---

① 《列子·黄帝篇》。

向华夏集团掩杀过来。黄帝被迫在"涿鹿之野"布下阵势，与蚩尤决一死战。蚩尤战败，被处死于黎山之丘，他戴过的枷锁，被掷于大荒之中、宋山之上，化为一片火红的枫树林。

在南方，由于苗蛮集团比较原始的巫术与华夏集团比较进步的、带有浓厚宗教气味的巫教格格不入，加之物质利益的冲突，双方由小规模的冲突发展成一场旷日持久的战争。"尧战于丹水之浦以服南蛮"①是其开端；"舜却苗民，更易其俗"是其中期；"禹亲把天之瑞令，以征有苗"②才告结束。战争以苗蛮集团的失败而告终，中原地区较先进的巫教风俗，也在两湖三湘之地流行开来。

华夏集团连续的胜利，巩固了自己的主流地位，"华夏"也进而成为后来的汉族，乃至于中华民族的历史称号。

华夏集团及他所代表的汉族之所以在中华民族大家庭中占有领导的地位，不仅因为其人口众多，又在中国历史的大部分时间居于统治地位，而且相对于各民族来讲，其文化发展水平始终都处于明显的领先地位。正因为如此，即使在其他民族入主中原时期，执掌政治权力的其他民族统治集团总是自觉不自觉地在文化方面向汉族"认同"，于是，"征服者被征服"的历史场面便不止一次地被重演。以满洲贵族入主中原的清代康熙皇帝祭祖时宣称"卜世周垂历，开基汉启疆"③，十分明白地表露出向华夏文化认同的文化"续统"意识。当然，另一方面，华夏文化也从周边文化中多方吸取营养，并因此获得了蓬勃旺盛的生机。"用夏变夷"与"用夷变夏"的双向交融，最终促成中国文化汲纳吞吐、兼收并蓄的博大风范。在这一过程中，汉族和各少数民族都做出了自己的宝贵贡献。

中华民族多元组成的历史依据，还得到民俗学方面的充分论证。

---

① 《吕氏春秋·召类篇》。
② 《墨子·非攻下》。
③ 《康熙御制文》一集三十六卷。

>>> 在中华传统习俗中，龙是吉祥的象征。中国文化被称为"龙的文化"，中华儿女被称为"龙的传人"。图为宋代陈容《墨龙图》。

在中华传统习俗中，龙是吉祥的象征。这种特殊文化观念的物化表现几乎无所不在。在辽阔的神州大地，以龙为名的山川城池不计其数：龙岗、龙渊、龙洲、龙城、龙泉……因龙而号的亭台楼阁美不胜收：龙堂、龙壁、龙祠、龙亭、龙门、龙塔……在时跨数千年，地距上万里的民间习俗里，与龙有关的项目更不胜枚举：龙舟、龙灯、龙笛、龙香、龙骨车、龙吟曲、龙爪书……以至于将中国文化称为"龙的文化"，将中华儿女称为"龙的传人"。

龙崇拜由来久矣，它最早起源于原始氏族的图腾崇拜。江苏苏州良渚文化墓葬出土的器物上刻有一种似蛇非蛇的勾连花纹，即是古越人龙图腾崇拜的表征。古越人"文其身，以象龙子"[①]，也是龙图腾崇拜的风习遗传。内蒙古翁牛特旗红山文化遗址发掘出的玉龙，墨绿色，高 26 厘米，体卷曲为 C 形，吻部前伸，双眼突出，工艺精美，造型生动。在南北相距数千千米的不同新石器时代文化遗址中分别发现龙的形象，表明中华民族的龙崇拜至少已有五千年的文化渊源。当然，现在看到的龙的形象已经有别于中华先民心目中神圣的图腾，但不难发现，二者之间有着生动的形象转换关系。龙头似牛、似猪、似熊、似虎，龙身似蛇、似鱼，龙爪又似禽、似鸟。这种形象的比较合理的文化学解释是：随着氏族、部落之间的相互融合，作为氏族标识的各种图腾也产生了拼合，飞禽、走兽、游鱼，各取其外形特点鲜明的部位，拼合而成一种综合性的、虚拟的动物——龙。从此，"角似鹿、头似驼、眼似兔、项似蛇、腹似蜃、鳞似鱼、爪似鹰、掌似虎、耳似牛"[②]的遨游四极、俯瞰八荒的龙，便成为中华先民共同崇拜的全民族的保护神。

---

① 裴骃：《史记集解》引应劭语。
② 罗愿：《尔雅翼·释龙》。

第四节

民族大家庭

在漫长的历史年代里,中华民族大家庭的成员迭经变动,有的民族消亡了,延续下来的民族各自都经历了曲折多致的演变过程。① 概略而言,汉族由先秦时代的华夏族发展而来,藏、彝、羌、纳西等族源于古羌,苗、瑶、畲等族为南蛮后裔,而壮、傣、黎等族则为百越所传。中华人民共和国成立以后,经过调查、识别和确认,中华民族大家庭共有五十六个成员,他们的人口数量②和分布状况如下:

汉族人口为 1 286 311 334 人(占全国人口的占 91.11%),分布于全国各地。

各少数民族人口为 125 467 390 人(占全国人口的占 8.89%),主要分布于西北、西南、东北地区,也有的散居于内地。

由于历史、地理等多方面的原因,中华民族大家庭中各个成员的社会、经济、文化发展水平存在不同程度的差异。在几千年的悠悠岁月中,各族之间相互歧视、相互争斗的不愉快也屡屡发生,有时甚至发展到兵戎相见,但是这一切都不能掩盖中华民族发展史的主流——

---

① 详见本书附表。该表引自《中国民族关系史纲要》,北京:中国社会科学出版社1990年,第879—884页。

② 根据2021年5月11日,国家统计局发布的《第七次全国人口普查公报》。

各民族间互相学习、和平交往、共同发展。历史已经并将继续证明，在中华民族走向繁荣昌盛的途程中，汉族离不开其他民族，其他民族也离不开汉族。社会主义制度的建立，为中华民族大家庭成员和睦共处、共同进步开辟了更为辉煌的前景。可以相信，经历了数千年历史熔炉锤炼的中华民族大团结，一定会在新的时代条件下发扬光大，五十六个民族组成的中华民族这个和睦的大家庭，必将更加繁荣兴旺。

中国现有民族历史发展演变表

民族	现称	民国	清	明	元	宋	隋、唐	魏晋南北朝	秦、汉	先秦	注
汉	汉	汉	汉	汉	汉	汉	汉、华夏	华夏、汉	华夏、汉	夏、华、华夏	
藏	藏	藏	吐蕃、西蕃、藏	吐蕃、西蕃、乌斯藏	吐蕃、西蕃、乌斯藏	吐蕃、蕃	吐蕃	蕃	西羌支属	古羌支属	
门巴	门巴	属于藏									
珞巴	珞巴	属于藏									
景颇	景颇	山头	山头，亦称阿昌	野人			寻传一部				
彝	彝	罗罗	罗罗	罗罗	罗罗		乌蛮	叟、昆明	叟、昆明	古羌一支	
哈尼	哈尼	哈尼	哈尼、和尼、爱尼	和尼、爱尼	和尼、爱尼		乌蛮一部			古羌一支	
纳西	纳西	磨些、纳西	磨些、末些	磨些	磨些	磨些	乌蛮一部磨些	摩沙夷		古羌一支	
傈僳	傈僳	栗粟	栗粟				乌蛮一部栗粟			古羌一支	
拉祜	拉祜	倮黑	倮黑	倮黑			乌蛮一部			古羌支属	

（续表）

民族	现称	民国	清	明	元	宋	隋、唐	魏晋南北朝	秦、汉	先秦	注
基诺	基诺	罗罗一部					乌蛮一部			古羌支属	
阿昌	阿昌	阿昌	阿昌	阿昌	阿昌	莪昌	寻传一部				
白	白	白、民家	白、民家	白、民家	白、僰	白、僰	白蛮	爨氏、叟	僰、叟	古羌支属	
羌	羌	羌	羌	羌	羌	羌	羌	羌	羌	古羌支属	
普米	普米	西蕃一支巴苴	西蕃一支巴苴	西蕃一支							
独龙	独龙	俅人	俅人、曲人	俅人、曲人	撬						
怒	怒	怒子、阿怒	阿怒、怒苏	怒子			卢鹿蛮一部			古羌支属	
土家	土家	土家	土家	土民	土民	土民、土蛮		酉溪、酉阳、溇中蛮	賨人、巴郡南郡蛮	巴蛮、巴人、廪君蛮	
苗	苗	苗	苗	苗	苗	僚峒蛮一部、苗	僚峒蛮一部	武陵、长沙蛮	武陵、长沙蛮	南蛮一支	
瑶	瑶	猺	猺、瑶	猺	猺	猺	僚峒蛮一部	莫猺	武陵、长沙蛮	南蛮一支	
畲	畲	畲	畲	畲	畲	畲民、輋民	僚峒蛮一部		武陵、长沙蛮	南蛮一支	
壮	壮	僮	僮、俍	僮	僮、俍	僮、俍	俚、僚、峒蛮一部	俚、僚一部	西瓯骆越、俚	百越一支	
傣	傣	摆夷	摆夷	摆夷、白夷	摆夷、百夷、白衣	百夷、白衣、金齿	金齿、银齿	金齿、银齿	僚、鸠僚	掸、滇越	百越一支
布依	布依	仲家	仲家、夷家	仲家、夷家	西南蕃	西南蕃	俚、僚峒蛮一部	俚、僚一部	西瓯骆越	百越一支	
侗	侗	峒人	峒人、峒蛮	峒人、侗蛮、侗僚	峒蛮	峒蛮、仡伶	俚、僚一部	俚、僚一部	西瓯骆越	百越一支	
水	水	水	水	水	峒僚一支	峒僚一支	俚、僚一支	西瓯骆越	百越一支		

（续表）

民族	现称	民国	清	明	元	宋	隋、唐	魏晋南北朝	秦、汉	先秦	注
毛南	毛南	毛难	茅难、冒南、茆滩	茅难、冒南、茆滩	茅难、冒南、茆滩	茅难、茆滩	峒僚一支	俚、僚一支	西瓯骆越	百越一支	
仫佬	仫佬	仫佬	姆佬、谨、伶	姆佬、伶、僚			峒僚一支	俚僚一支	西瓯骆越	百越一支	
黎	黎	黎	黎	黎	黎	黎、俚	俚、峒、僚一支	俚僚一支	西瓯骆越	百越一支	
仡佬	仡佬	仡佬	仡佬	仡佬	仡佬	僚、仡佬	僚、葛僚仡僚	僚一部			
京	京	越	越	越					西瓯骆越	百越一支	
佤	佤	卡瓦	卡瓦、哈瓦、古剌	哈瓦、哈剌、古剌	蒲蛮、生蒲		望蛮、朴子蛮、濮		濮、哀牢一部、僬侥		
布朗	布朗	布朗蒲满	蒲满、蒲蛮	蒲满、蒲蛮	蒲蛮、熟蒲		朴子蛮、濮		濮、哀牢一部、僬侥		
德昂	德昂	崩龙	崩龙、古剌	古剌、蒲满	蒲满、蒲蛮		朴子蛮、濮		濮、哀牢一部、僬侥		
高山	高山	高山	蕃、土蕃、高沙	蕃、夷			流球人	山夷			
蒙古	蒙古	蒙古	蒙古	蒙古	蒙古	蒙兀、蒙古	室韦一部、蒙兀	室韦一部			
达斡尔	达斡尔	达斡尔	达虎儿、达胡尔、索伦一部	萨哈连、索伦一部			室韦一部				
土	土	土昆、土户、土人	蒙古尔、察罕蒙古	蒙古尔、察罕蒙古	蒙古尔						

(续表)

民族	现称	民国	清	明	元	宋	隋、唐	魏晋南北朝	秦、汉	先秦	注
东乡	东乡	东乡回回东乡蒙古	东乡回回东乡蒙古	东乡回回东乡蒙古	蒙古和色目人						
保安	保安	保安回	保安回	蒙古	蒙古						
裕固	裕固	西喇伟古尔	西喇伟古尔	撒里畏兀儿	撒里畏兀儿	回鹘	回鹘、回纥	敕勒一部	丁零一部		
维吾尔	维吾尔	维吾尔	畏吾尔	畏兀儿	畏兀儿	回鹘	回鹘、回纥	敕勒一部	丁零一部		
哈萨克	哈萨克	哈萨克	哈萨克	哈萨克	突厥一部回鹘一部并融有乌孙等部						
撒拉	撒拉	撒拉回	撒拉回	撒拉尔、撒拉回	撒马尔罕						
乌孜别克	乌孜别克	乌孜别克	乌孜别克	乌孜别克	属钦察汗国						
塔塔尔	塔塔尔	塔塔尔	塔塔尔	塔塔尔	塔塔尔	达旦、鞑靼	达旦、鞑靼、达达				
柯尔克孜	柯尔克孜	布鲁特、柯尔克孜	布鲁特	亿儿吉思	吉利吉思	纥骨、黠戛斯	纥骨	坚昆、鬲昆			
塔吉克	塔吉克	塔吉克	塔吉克	塔吉克							
俄罗斯	俄罗斯	俄罗斯	俄罗斯								
回	回	回	回	回	回	回回、蕃客、色目人	回回	蕃客			

（续表）

民族	现称	民国	清	明	元	宋	隋、唐	魏晋南北朝	秦、汉	先秦	注
满	满	满	满、满洲	女真	女真	女真	靺鞨	勿吉	挹娄	肃慎	
锡伯	锡伯	锡伯	锡伯								
赫哲	赫哲	赫哲	赫哲、黑真	女真一部							
鄂温克	鄂温克		通古斯、雅库特、索伦一部	北山野人			室韦一部				
鄂伦春	鄂伦春	俄罗春	俄尔吞、俄罗春、索伦一部				室韦一部				
朝鲜	朝鲜	朝鲜	朝鲜	朝鲜	朝鲜	朝鲜	朝鲜、高丽	高句丽、高丽	高丽、朝鲜	朝鲜	

第五节

中国疆域的历史演变

在上百万年的历史长河中,中华民族生活于其中的地理疆域屡经变动,这其中既有因自然地理因素所致,"高岸为谷,深谷为陵""沧海桑田",更多的则与社会政治状况相关。历代统治者振武开疆,极大地扩充帝国的版图;而一旦国势衰微,又不得不向后退缩。因此,历史地看中华疆域基本是一个动态的概念。进入近代,特别是中华人民共和国成立以来,我国政府与大部分周边国家相继签订边界条约,中华疆域才得以最终定位。

除去少数几个王朝大规模对外军事征服带来的短暂的统治区域急剧伸缩盈虚,中华民族生活的疆域大致呈现一种渐次拓展的趋势。中国古代典籍对于中华先民栖息地所作的较为确切的宏观描述,首见于《尚书·禹贡》:"东渐于海,西被于流沙,朔南暨声教,讫于四海。"

这种战国时代形成的华夏族的"四至"观,对后世影响深远。从《史记》到《清史稿》,诸代正史对于各朝疆域的描述,都是在上述基础上增益、发挥的。

《史记·秦始皇本纪》这样描述秦代疆域:"地东至海暨朝鲜,西至临洮、羌中,南至北向户,北据河为塞,并阴山至辽东。"

《旧唐书·地理志》描述唐代疆域:"东至安东府,西至安西府,南至日南郡，北至单于府。"

《宋史·地理志序》描述宋代疆域："东南际海，西尽巴僰，北极三关。"

《元史·地理志序》描述元代疆域："北逾阴山，西极流沙，东尽辽左，南越海表。"

《明史·地理志》描述明代疆域："东起辽海，西至嘉峪，南至琼崖，北抵云朔。"

《清史稿·地理志》描述清代疆域："东极三姓所属库页岛，西极新疆疏勒，至于葱岭，北极外兴安岭，南极广东琼州之崖山。"

根据以上典籍记载和近年来历史地理研究的新成果，可以大致勾勒出中国疆域变迁的基本轮廓：

原始社会时期，中华先民活动的足迹已经分布在松花江、黄河、长江、珠江流域、以及蒙古高原、黄土高原、云贵高原的广大地区。

夏、商、西周三代，中华先民的政治、经济活动的中心，集中于黄河流域和长江流域。春秋战国时期，列强争霸，竞相拓展领地，岭南、漠北及云贵地区与中原的各方面联系日益密切。

秦统一中国，其确立的中央政权控制疆域大致东北起自今鸭绿江口，北部边境沿长城逶迤向西至河套地区，西部边境在今银川、兰州、临洮、成都、昆明一线，东、南部临海。

汉代是中国历史上的强盛王朝。与国力鼎盛相应，疆域也大大扩展。这主要体现在西域都护府的建立，西至伊犁河流域、葱岭的广大地区被置于中央政府控制之下。与此同时，鲜卑、肃慎、夫余族居住的松花江、辽河流域，东至日本海的广大地区；匈奴族生息的蒙古高原，北至贝加尔湖一带；羌族活动的青藏高原，也与中原地区发生经济贸易、文化交流的密切关系。

唐代疆域在汉代基础上又有拓展。在其全盛期，北至蒙古高原、贝加尔湖直至安加拉河、叶尼塞河域，东至朝鲜半岛，西至咸海，南

>>> 原始社会时期，中华先民活动的足迹已经分布在松花江、黄河、长江、珠江流域以及蒙古高原、黄土高原、云贵高原的广大地区。图为宋代夏圭《长江万里图》。

029

至北部湾、海南岛的辽阔版图,都被直接置于中央政权控制之下。

两宋时期各族政权并立,宋王朝控制区域不断缩小,而北方民族政权辽、西夏、回鹘以及西辽、金的版图则在动荡之中呈扩大之势。但是总括而言,这一时期中华各民族活动的区域,大致与唐代保持一致。

元代又一次统一中国,诸政权并立局面结束。东北至库页岛、鞑靼海峡,北至勒拿河、叶尼塞河流域,西至葱岭,西南至喜马拉雅山脉,东、南临海的空前规模的辽阔版图,被置于中央政权控辖之下。这是中国历史上中央政权直接控制地区最大的时期。

明代瓦剌、鞑靼人控制了蒙古高原及其以北地区,明中央政权统治区域有所缩小。但是奴儿干都司的建立,大大强化了东北地区与中原的联系。

清代疆域的东北方向比明代稍有收缩,但在西北方向却大有扩展,中央政府加强了对西藏地区的实际控制。与现今中华人民共和国版图相比,清代疆域还包括了现今蒙古国全境。

辛亥革命以后,中华民国的版图与清代疆域基本一致。[①]

1949年,中华人民共和国成立。1960年以后,中国政府相继与缅甸、尼泊尔、蒙古、巴基斯坦、阿富汗等国签订边界条约。至此,形状酷似雄鸡的中国疆域得以定位。[②]根据测绘资料,我国领土的最东端在东经135°黑龙江与乌苏里江主航道会合处,最北端在北纬53°漠河以北黑龙江主航道中心线上,最西端在东经73°帕米尔高原上,最南端在北纬4°南沙群岛曾母暗沙。领土总面积约960万平方千米,仅次于俄罗斯和加拿大,位居世界第三。

[①] 1924年,蒙古人民共和国成立。1946年,当时的中国政府承认其独立。
[②] 东北地区似鸡冠、鸡头,新疆、西藏地区似鸡尾,台湾、海南两岛似鸡脚。

第六节

文化地理学分析

从文化地理学的角度看,亚洲东部、太平洋西岸这片广袤土地的若干鲜明特征,给予中华民族的文化创生以深远影响。

一 气候类型完备,地形、地貌繁复,为中国文化的多样化发展准备了地理基础

把中国疆域置于世界地理的总背景下加以考察,就会发现它的明显特征:领域广大,地形、地貌、气候条件繁复多样,这是埃及、巴比伦、希腊、印第安等古老文明的发祥地所难以比拟的。

古埃及、巴比伦文明的发生地——尼罗河流域、两河流域的地形和地貌大体是山岭沙漠包围的冲积平原这一类格局,气候均属于干燥的亚热带;古印度文明的摇篮虽然地形地貌较复杂,而气候却基本囿于热带;古希腊、罗马的地形地貌大体是山海相间,缺乏阔大气象,气候则只有地中海气候一种类型;印第安诸古文明所依托的地区的地形和气候,也局限于某种单一类型。

相比之下,中国疆域则大不相同。

中国地势西高东低,山地、高原和丘陵约占三分之二,盆地和平原约占三分之一。这就为多种产业、多种经济类型的发生,提供了完备的自然条件。

按地理环境的一个重要因素——气温带分类，人类可以粗略区别为寒带民族、温带民族和热带民族。由于温带气候适中，提供远较寒、热带为优越的生产、生活条件，所以温带成为人类文明最早的发祥地和繁盛之区。黑格尔据此断言："历史的真正舞台所以便是温带，当然是北温带。"①马克思继承了黑格尔的这一观点，并做了进一步发挥：

> 资本的祖国不是草木繁茂的热带，而是温带。不是土壤的绝对肥力，而是它的差异性和它的自然产品的多样性，形成社会分工的自然基础，并且通过人所处的自然环境的变化，促使他们自己的需要、能力、劳动资料和劳动方式趋于多样化。②

中国疆域大部属于温带，亚热带区域也不小，最南部和最北部的小片区域又分别伸入热带和亚寒带。明人冯应京曾论及"中华地分三"："南方大热，北方大寒，中央兼寒热"；"东西高下亦三别""东方大温，西方大凉，寒热不同，阴阳多少不一"③。占有如此完备的气温带，具备了农业经济多样发展的地理基础，如秦岭——淮河以北成为以小麦、粟米为主要作物的旱地农业区，秦岭——淮河以南成为以稻米为主要作物的水田农业区。又由于降雨量的大势是东南部充沛而西北部稀少，这便形成东南部农耕区与西北部游牧区并立的格局。

中国文化自其发生期，即因环境的多样性而呈现丰富的多元状态。迟至春秋、战国时期，各具特色的区域文化即大体成形。东临沧海，山海兼备的齐鲁文化大相歧异于位处"四塞之地"的秦文化和地

---

① 《历史哲学》，王造时、谢诒征译，北京：商务印书馆2014年，第124页。
② 《资本论》第1卷，郭大力、王亚南译，北京：人民出版社1975年，第561页。
③ 《月令广义·方舆高下寒热界》引《内经释》。

居中原的三晋文化；同在长江流域而分处上、中、下游的巴蜀文化、楚文化、吴越文化又各具特色。至于"天苍苍，野茫茫，风吹草低见牛羊"的北方草原文化与"处近海，多犀、象、毒冒、珠玑、银、铜、果、布之凑"①的岭南文化，更是大异其趣。

文化的多元化发展，当然是社会、经济等多方面影响的综合产物，但是自然地理条件的多元特征，无疑是其中至关重要的物质前提。

二 纵深广大、回旋天地辽阔，为文化中心的转移提供充足的空间条件

中国疆域幅员广大，腹地纵深，也是世界大多数古文化区所难以比拟的。埃及文明滋生于尼罗河第一瀑布（今阿斯旺附近）以下直至尼罗河三角洲的1 000多千米长、总面积不过3万至4万平方千米的狭窄河谷平原。正因为如此，希罗多德称埃及是"尼罗河的赠礼"。美索不达米亚文化发轫于两河流域上游的扇形山麓地带（今土耳其东南部与伊拉克交界处），后又进入底格里斯—幼发拉底河河谷。这一地区几万平方千米适宜农耕的土地，加上地中海东岸今叙利亚、黎巴嫩滨海地区组成的所谓"肥沃新月带"，就是美索不达米亚文化的摇篮。其面积虽较尼罗河河谷及三角洲为大，但格局终究有限。希腊文化起源于克里特岛和伯罗奔尼撒半岛的滨海地区。在被崇山峻岭所包围、面对海洋的土壤贫瘠的小平原上，形成若干个面积数百至数千平方千米不等的城邦。负山面海，腹地狭窄的地理环境，逼迫古希腊人向海外拓展生存空间。属于印第安系统的玛雅文化和阿兹特克文化，囿于中美洲狭窄的山地和丛林；领域稍为开阔的印加文化，也很少越出安第斯高原，主要分布在今秘鲁西部山地。

与以上各古老文化相比，中国文化大厦有一个远为宽广的地基。

中国文化重要的发祥地之一是黄河流域。在古代，这片七八十万平方千米的黄土高原和冲积平原，水土滋润，林茂草肥，华夏先民在

---

① 《汉书·地理志》。

这里狩猎、放牧，进而发展农耕业，奠定了文明的根基。近几十年的考古发掘表明，不唯黄河流域，而且长江流域、辽河流域以及西南地区，也有长达四五千年的文明史，同样是中国文化的摇篮。学术界一般把文字的发明、城市的建立和金属器皿（青铜器或铁器）的制造视作"原生型"文化形成的标志。这三种文明标志在中国南北东西各地都有考古发现。迟至春秋、战国时期，中国疆域内部已经大体形成三晋、齐鲁、燕、秦、楚、吴越六大文化区。可能成书于战国的《尚书·禹贡》把当时的版图划分为冀、兖、青、徐、扬、荆、豫、梁、雍九州，约略反映了春秋末期以来中华先民栖息生养的地理范围。战国末期成书的《吕氏春秋》更对九州的地域有确切划分：

> 何谓九州？河、汉之间为豫州，周也；两河之间为冀州，晋也；河、济之间为兖州，卫也；东方为青州，齐也；泗上为徐州，鲁也；东南为扬州，越也；南方为荆州，楚也；西方为雍州，秦也；北方为幽州，燕也。①

"九州"包括燕山山脉以南、五岭以北、青藏高原以东的广大区间，面积在三百万平方千米左右。这是上古以来中华先民所着力开发的地区，在同期世界文明古国中，领域的辽阔罕见其匹。这就为中国文化中心的多次转移提供了充足的空间回旋条件。

几千年来，中国文化的中心大体沿着自东向西，继之又由西北向东南的方向转移。这从各朝代文明的中心——首都的迁徙中，可以看出清晰的轨迹。

与外国多数拥有较稳定、单一的首都不同，中国的京城多次转移。从古罗马到现代意大利，首都一直在罗马；巴黎自公元5世纪至今依然是法国首都；英国从中世纪七国战争以后始终立都伦敦。而中

---

① 《吕氏春秋·有始览》。

国古代先后涌现过数以百计的都城。上古时期,作为"政治与文化之标征"的都邑皆在东方①,且极不稳定,自商王盘庚迁殷(今安阳附近),方有较固定的都邑。安阳、西安、洛阳、开封、南京、杭州、北京成为著称于世的中国七大古都。

七大古都分布于中华大地的中、西、南、北、东,似乎散漫无序,然而,它们绝不是凌乱的杂凑。古都位置的更替,隐含着深刻的历史机缘,是文化中心转移的绝好地理表征。

殷、商以来,黄河中下游,即中原一带,是全国最富饶的区域,又是兵家必争之地。把握中原,就意味着把握住天下。因此,从殷、周至隋、唐,国都始终在中原徘徊。今安阳、西安、洛阳一带多次被选为国都,原因盖出于此。

在黄河流域以政治、经济中心雄踞中华之时,长江流域的开发也取得长足进展。两晋时期,北方兵燹连绵,"中州仕女避乱江左者十六七"②。唐、宋时代,每当北方发生战乱,人民如潮水般南迁,几成通例。较之北方,南方的经济发展水平自晋、唐以至于两宋逐渐驾而上之。然而,经济重心的南移并不意味着政治—军事重心的随之南移,因为后者的确立除经济因素外,还有别种动力,如地理位置居中以驭四方、择都的习惯性标准、抵御北方游牧民族的基本战略考虑等,使得经济重心已经南移的诸王朝,大多仍将首都设于北方,不同于以往的是,这些王朝越来越依重于东南财富的支撑,隋、唐先后从长安迁都于洛阳,北宋更东移京师至开封,以靠近运河干道,都表明文化中心向西、向东迁移的明显态势。

以宋代分界,此前中国都城主要在东西轴线上移动,此后主要在南北轴线上移动。南宋迁都临安,金朝立都燕京,元代以大都为京

---

① 王国维:《殷周制度论》,《观堂集林》第2册,北京:中华书局1959年,第451页。
② 《晋书·王导传》。

>>> 几千年来,中国文化的中心大体沿着自东向西,继之又由西北向东南的方向转移。这从各朝代文明的中心——首都的迁徙中,可以看出清晰的轨迹。自商王盘庚迁殷,方有较固定的都邑。安阳、西安、洛阳、开封、南京、杭州、北京成为著称于世的中国七大古都。图为清代冯宁《金陵图》(局部)。

师,此后北京成为明、清两代国都。

进入近代,中国文化中心进一步向东南倾斜,东南沿海成为中国近代文化的能量发射中心。受西方近代工业文明的影响,东南沿海各省"得风气之先",近代新学、近代政治运动连同近代资本主义生产方式在东南诸省兴起后,以锐不可当之势向内地延伸、推进,形成由南而北,自东向西的运动方向,这正与中国古代经济文化重心的迁徙方向相逆。

综观数千年中华文明史,呈现一种东方不亮西方亮,北方衰落有南方的此伏彼起状态。这与诸多地域狭小的古代文明在遭受异族入侵或者重大自然灾祸时,因无回避转圜之区而陷入毁灭的情况大不相同。从这个意义上讲,中国疆域幅员辽阔、腹地纵深的特征,不仅大有益于中国文化的多样化发展,而且大有益于中国文化的曲折延续而不至中绝。

三 与其他文明中心相距较远,导致中国文化发展的相对独立性

中国疆域东濒茫茫无际的太平洋,北临漫漫戈壁和浩瀚的原始森林,西方则万里黄沙与高山雪峰相间,西南壁立着世界上最庞大而高峻的青藏高原。这样一种与外部世界相对隔绝的状态,对于中国文化特质的形成和发展的影响,深刻而久远。

近几十年来,学术界普遍接受了"四大文明区"的观点。所谓"四大文明区",指东地中海文明区(埃及、巴比伦、亚述、腓尼基、希腊等)、南亚次大陆文明区(印度及其周边)、东亚文明区(中国、朝鲜、越南、日本等)、中南美印第安文明区(玛雅、阿兹特克、印加)。除印第安文明以外,东半球诸文明之间,几千年来程度不同地保持着各种联系,不过相对而言,以中国文化为核心和主体的东亚文明区,因地理环境的阻隔而获得较大的独立性,它的文化发生期是在与其他文明区少有联系的情况下度过的。

东地中海文明区诸古文明彼此的交流关系比较密切。埃及与美索不达米亚相距不过一千千米，没有难以逾越的地理障壁横亘其间。这两个最古老的文明历来声息相通，埃及的象形文字最初便受美索不达米亚图画文字的启发，二者的农业及手工业技术、数学、天文历法知识也多有交会。东地中海文明与南亚文明的交流也很频繁。它们之间虽然有伊朗高原相隔，但其间通道纵横、山口甚多，人员、物资和精神产品自古多有往还。在两河流域曾发现古印度哈拉巴文化的印章，表明这两个古老文化早在公元前两千年即已建立起实在的联系。

与此形成对照，以中国文化为主体的东亚文明与区外诸文明的联系，大体发生在公元纪年以后，这几乎比上述几个文明区之间的交往晚了整整三千年。

东亚文明区与东地中海文明区分处亚欧大陆东西两端，相距万里之遥，其间不仅有崇山峻岭、沙漠盐原相隔，而且中亚一带历来栖息着强悍猛鸷的匈奴、突厥等游牧民族，阻碍着两大古老文明的交往。亚欧大陆东西两端文明第一次有史籍可考的直接接触，发生在东汉后期桓帝延熹九年，即公元166年，其时大秦王安敦（今译马可·奥勒略）遣使抵汉，带来象牙、犀角等物产。此后，二者的交往也多通过匈奴人、突厥人、安息人、条支人间接进行，因而规模和力度都大受局限。东西方文明的大规模碰撞和交融，迟至近代才正式展开。

东亚文明和南亚文明在古代的联系，其深度和广度远远超过与东地中海文明的交往。然而，中国接受南亚佛教文化始于公元初年，此时距离中华文明的发生期，已经相当遥远了。

文化发生学告诉我们，任何一种文化的特性，首先在该文化的发生期决定。美索不达米亚、埃及、印度、希腊等古老文化，早在公元前两三千年，即其发生期，便彼此渗透，相互影响，从而形成千丝万缕的联系，你中有我，我中有你，并无严格的此疆彼界。然而，中国文化的发生期，大体是在与东亚文明区以外诸文化相隔离的情况下独自完成的，因而中华民族是一个颇具独创性的民族，其文化有着鲜明的独特性和自主性，与东地中海文化和南亚文化大相径庭。以文字为例，中国自殷、商通用至今的表意方块字，与发源于美索不达米亚后来流行世界大多数地区的拼音文字，其渊源和特性都迥然相异，成为世界文化史上独成一统的特例。历史地看，中国文化的各部类都曾广采博纳外来文化的英华，但那是在大体完成文化的发生过程，文字、思维方式、社会结构的基本风格和定势确立以后，才渐次与南亚及东地中海文化相交会。这种交会对诸文化彼此间的激荡也相当深刻，但毕竟是两个格局和定势已经大定的系统之间的交流，恰如性格定型后的成年人之间的相互影响，尽管也可能比较强劲有力，但终究不能与少年儿童性格形成时期受到的刻骨铭心的影响相提并论。

中国疆域相对封闭的格局为中国文化提供了独立发生、发展的地理前提。这种文化的独立性在历史上产生了双重影响。

影响之一，是使中国文化较完整地保留民族传统，获得前后递进，陈陈相因的延续性。

中国文化虽然与中亚、西亚的草原—绿洲文化进行过成效卓著的交流，并在相当的深度和广度上采纳南亚次大陆佛教文化的精华，明、清之际又与欧洲近代文化有所沟通，但截至鸦片战争之前，中国文化并未经受过外来文化提出的根本性挑战，从而一直保持着自身的风格和系统，如学术上的先秦诸子学—两汉经学—魏晋玄学—隋唐佛学—宋明理学；文学上的先秦诸子散文、《诗经》与楚辞—汉赋—唐诗—宋词—元杂剧—明清小说，其中虽不乏外来文化的影响，但中国文化的特有情致和韵味却一脉相通。这种在数千年间文化统绪延绵不断，各主要文化门类代有高峰此伏彼起的现象，在世界文化史上是极其罕见的。中国文化这种无与伦比的延续力当然是由综合原因造成的，但中国疆域特殊的相对隔绝状态，无疑是其中至关重要的缘由。

影响之二，是使中国人逐渐形成自我中心主义痼疾。

由于中国古代文化始终保持着独立的、一以贯之的发展系统，而且长久以来其文化的总体水平明显高于周边地区，这使得中国人把黄河、长江滋润的那片沃土视作唯一拥有高度文明的"化内之区"，而周边及远方则是荒僻野蛮、教化不及的"化外之地"。久而久之，这种观念便升华为一种"世界中心"意识。这种"世界中心"意识大约包含两层意蕴：

其一，自认占据世界主体地位，并处于地理上的中心。由于古代华夏族及后来的汉族多建都于中原地区，"外薄四海"①，处于"四夷"之中，故自称"中国"，以与"四方"对称。战国以降，中国人的"天下观""中国观""四海观"在渐次扩展，但直至19世纪中叶以前，一直把自己的国度看作地居世界之"中"的"天朝上国"，外域不过环绕着若干"蕞尔小国""蛮夷之邦"。这种见解在中国古代绘制的地图上体现得十分鲜明。

其二，中国人自认处于"世界中心"，并非单指地理位置上的中心，还尤其指文化上的中心地位。汉代扬雄在界定"中国"这一概念时，便兼顾文化与地域两层含义：

> 或曰："孰为中国？"曰："五政之所加，七赋之所养，中于天地者为中国。"②

这里把"中国"视作文明的渊薮、世界的中心。中国历代帝王无不"居中夏而治四方"，而一般的民众心理也确认不知"礼义""虽能言，不亦禽兽之心"③的"化外"蛮夷理应如众星拱月、百川归海般地

---

① 《尚书·益稷》。
② 《法言》卷四《问道》。
③ 《礼记·曲礼上》。

聚向中华帝国,"万国来朝"正是自认居于世界文化中心地位的中华先民的政治理想;而"是以声名洋溢乎中国,施及蛮貊"①,则表明他们乐于以文化布道者身份,将教化泽及四面八方。

如果说在十五六世纪以前,中国文化确乎在世界上占据领先地位,那时的中国人高视阔步,以文明人自居,还颇有真实根据,那么,自十六七世纪以降,当南欧、西欧率先迈入近代社会门槛,中国文化落伍于西方的态势逐渐形成,那种自以为处在世界文化中心的顽固意识在某种意义上加重了中国近代历史的悲剧色彩。

中国一面向海、三面深入大陆腹里的地理环境,从古至今基本未变,但人文——社会因素却发生了重大改变。19世纪以来,尤其是进入20世纪,中国人以艰难的步履逐渐走出闭塞状态。近几十年来西部公路、铁路和航空线的开辟,特别是陇海、兰新、北疆铁路接通的"欧亚大陆桥",正改变着中国腹地的封闭状态。至于那曾经障碍中华民族通向外部世界的浩渺无际的太平洋,近代以来更成为对外开放的重要方向。中国走向世界,世界走向中国的"双向"进程,正随着社会的发展和科技的进步,不断加快它的速度并加大它的力度。

---

① 《礼记·中庸》。

第二章

农耕与游牧

文化的实质性含义是"人类化",是人类价值观念在社会实践过程中的对象化。简言之,凡是超越本能的、人类有意识地作用于自然界和社会的一切活动及其产品,都属于广义的文化;或者说,"自然的人化"即文化。

"自然的人化"意味着人与自然的双向交流。一方面,人类的活动始终受到自然环境的影响和制约;另一方面,人类在自身的发展中又不断地认识自然、改造自然。人与自然的这种双向联系统一于人类的社会实践,它首先是以物质财富,即人类生存的基本依据的创造为基础。物质生产方式,是任何一种民族文化植根的经济土壤。

第一节

两大经济类型

以劳动对象、劳动产品、操作方式等因素分类,中华先民的物质财富创造活动可分为农耕和游牧两大类型。这种区别产生的根本原因,在于中国疆域独特的地理位置及其气候特征。

东亚大陆濒临浩瀚的太平洋。由于海陆热力性质不同,季风现象十分明显。对东亚大陆水汽供应起决定性作用的,是来自太平洋的东南季风。每到夏季,因大陆气温高于海洋,低层气压相应地较低,风由海洋吹向大陆,形成湿热的东南季风。这造成东亚大陆降水量分布的基本趋势——从东南沿海向西北内陆渐次递减。广东、福建、台湾等地区年降水量高达 2 000 毫米以上,而新疆吐鲁番盆地西侧的托克逊年降水量不足 10 毫米。400 毫米等降水量线从大兴安岭西坡,沿西辽河上游、燕山山脉,斜穿黄河河套,经黄河、长江上游,直抵雅鲁藏布江河谷。以这条等降水量线为界,其东南为受太平洋季风影响的湿润地区,其西北为少受甚至不受此影响的干旱地区。这条 400 毫米等降水量线,成为东亚农耕与游牧区的大致分界线。

农事耕作是利用植物的自然再生产规律获得物质资料的生产门类。植物的新陈代谢要求特定的日照、温度和水分,因此受到气候条件的严重制约,在生产力水平低下的古代,尤其如此。中国文化的主

这条 400 毫米等降水量线,成为东亚农耕与游牧区的大致分界线。农事耕作是利用植物的自然再生产规律获得物质资料的生产门类。图为莫高窟第二十三窟北壁《雨中耕作图》。

要发源地黄河、长江流域,气温适中,雨量充沛,"草木榛榛,鹿豕狉狉",适合农耕产业的发展。

华夏先民从一万年前就逐渐超越狩猎和采集经济阶段,进入农耕时代。

在长期的采集活动中,人们发现植物生长的周期性规律,开始人工种植某些可供食用的野生植物,这便是农业的起源。中国上古神话中对此有一些美妙的传说:"神农之时,天雨粟,神农遂耕而种之。作陶,冶斤斧,为耒、耜、锄、耨,以垦草莽,然后五谷兴助,百果藏实。"①"天雨粟",正曲折地反映了原始农业对于自然条件(天)的极度依赖。"弃(即后稷)为儿时,屹如巨人之志。其游戏,好种树麻、菽,麻、菽美。及为成人,遂好耕农,相地之宜,宜谷者稼穑焉,民皆法则之。"②农耕初为孩童的儿戏之作,后来才成为专门的产业,也暗示有目的地大规模种植谷物、瓜果,经历了一个从不自觉到自觉的发展过程。

科学研究表明,中国农业起源于第四纪冰后期。

约在一万三四千年以前,中华先民顺应气候转暖的自然变化,开始农事耕作实验。一万年前左右,农业生产方式便已确立且不再逆转。中原华夏族、黄河下游少昊族、长江中游三苗族、长江下游越族,以及辽河流域肃慎族、西北西南古羌族,先后开始农耕实践。丰富的考古发掘资料,印证了这一结论。距今约六千年的仰韶文化遗址(首次发现于河南渑池仰韶),发掘出可见谷壳压痕的土器,在距今约六千年的河姆渡文化遗址(首次发现于浙江余姚河姆渡),发现了大量的稻谷遗迹。在距今约四千年的龙山文化遗址(首次发现于山东章丘龙山),石锄、石镰、蚌镰等农具和各种谷物多有出土。

中原地区的殷人、周人于三千年前进入有文字可考的青铜时代,

---

① 《绎史》卷四引《周书》。
② 《史记·周本纪》。

其农具铜、石并用，种植业达到新的水平。殷墟甲骨文中出现黍、稷、麦、稻等多种农作物名称的字样，并有农事活动的丰富记载。春秋战国时代，谷物生产、蚕桑业及小家畜饲养成为人们衣食的主要来源，渔猎、采集经济已少为人所道及。随着"实胜耒耜之利"的牛耕技术在中原地区出现，铁制农具也渐次采用，其重要性正如《盐铁论》中所言："铁器者，农夫之死生也。"[1] 耕作方式也有进步，荀子说："今是土之生五谷也，人善治之，则亩数盆，一岁而再获之。"[2] 这是世界上较早关于一年多熟制的记载。战国时辅佐魏文侯的李悝倡导"尽地力之教"，为列国所仿效。发展农业生产，成为各国富国强兵的基础。

秦、汉以后，"大一统"的中央政权更把"上农除末，黔首是富"[3] 定为基本国策。列朝帝王都耕籍田、祀社稷、祈雨水、下劝农令，以"帝亲耕，后亲蚕"之类的仪式和奖励农事的政令鼓励百姓勤于农桑之业。农耕区的范围，也随着生产工具和耕作技术的改善，以及朝廷移民拓边屯田政策的推行而不断扩展。

此后千余年间，东亚大陆400毫米等降水量线东南的广大地区，先后辟为农耕经济区。栖息于这一区域的华夏——汉族，以种植业为物质生活资料的主要来源，同时也发展家畜、家禽的圈养及家庭手工业，构成一种自给自足的复合型经济。

以土地所有制为划分尺度，中国古代农耕生产方式的形态演变经历了三个阶段：殷商和西周的土地国有、公社所有阶段，或称"三代井田"阶段；东周井田瓦解至唐中叶均田制瓦解阶段，土地私有制确立，但专制国家对土地私有权保留种种干预；唐中叶均田制瓦解直至清末，土地私有进一步深入，专制国家对土地私有权干预减弱。与这一大趋势相对应，农耕业的具体操作方式，也由集体生产向个体生产

---

[1] 《盐铁论·禁耕》。
[2] 《荀子·富国》。
[3] 秦始皇登琅琊刻石，见《史记·秦始皇本纪》。

过渡。西周时期"千耦其耘""十千维耦"的大规模集体耕作制，到春秋时代变为"二十五家为一社"的小规模集体耕作制；到战国则演为"百亩之田，匹夫耕之，八口之家，足以无饥矣"①的家庭耕作制；降及秦汉以后，则以"一夫挟五口，治田百亩"②的小家庭耕作制为主。一个家庭之内，"男子力耕""女子纺绩"，这种男耕女织、以织助耕的封闭自足机制日趋完善的农户，成为构筑中国古代社会肌体的可分蘖再生的细胞。

关于这种耕织结合、自给自足的经济模式，中华典籍中不乏生动的描绘。东汉经学家何休在《春秋公羊解诂》中这样写道：

> 一夫一妇受田百亩，以养父母妻子，五口为一家。……种谷不得种一谷，以备灾害。田中不得有树，以妨五谷。环庐舍，种桑荻、杂菜，畜五母鸡、两母豕，瓜果种疆畔，女上蚕织，老者得衣帛焉、得食肉焉，死者得葬焉。

南北朝时期北齐文学家颜之推在其《颜氏家训》中告诫子孙：

> 生民之本，要当稼穑而食，桑麻以衣。蔬果之畜，园场之所产；鸡豚之善，坰圈之所生。爰及栋宇器械，樵苏脂烛，莫非种植之物也。至能守其业者，闭门而为生之具以足，但家无盐井耳。

一家一户可以自我供应衣、食、住、用所需的各种物资，"闭门而为生之具以足"，唯有食盐需外购。南宋诗人范成大在《四时田园杂兴》（其三十一）中吟诵道：

---

① 《孟子·尽心上》。
② 《汉书·食货志》。

> 昼出耕田夜绩麻，村庄儿女各当家。
> 童孙未解供耕织，也傍桑阴学种瓜。

农家儿女昼耕夜织，辛勤劳作，在其熏染之下，连顽皮的孩童也在桑树荫下做农活演习了。一首久远的古谣，十分简洁地概括出典型的、自给自足农耕型生活方式的特征：

> 日出而作，日入而息。
> 凿井而饮，耕田而食。
> 帝力于我何有哉？①

这首古谣的前半段如实地反映了农民世世代代固着于土地之上，周而复始从事简单再生产的情形。而最后一句"帝力于我何有哉"，却不过是"桃花源式"的想象与期望。在实际生活中，个体自耕农逃避不了帝王的控制和掠夺，他们是国家赋役的主要承担者，穷年累月、世世代代，向朝廷提供粟米之征、力役之征、布缕之征，并因此而成为社会上层建筑的基础、文化生长发育的根底。《管子》中说，"力田"者乃社会中坚，这完全符合中国古代的历史实际。无论从哪方面看，中国文化都与经济生活中占主导地位的农业、人口中居绝大多数的农民，有着难分难解的关系。

与400毫米等降水量线东南广大区域内悠久的农耕经济形成鲜明对照，在这条自然分界线西北更为广阔的区域内，虽然也有少量由内陆河与地下水灌溉的绿洲农业，但数千年间占压倒优势的一直是游牧经济。传诵千古的《敕勒歌》所唱"天苍苍，野茫茫，风吹草低见牛羊"，便是对这一区域自然景观与经济类型的生动描绘。

13世纪初叶，长春真人丘处机应成吉思汗之邀前往中亚，他记

---

① 《帝王世纪·击壤之歌》。

>>> 与400毫米等降水量线东南广大区域内悠久的农耕经济形成鲜明对照，在这条自然分界线西北更为广阔的区域内，数千年间占压倒优势的一直是游牧经济。图为元代赵孟頫（款）《狩猎图》。

录塞外所见所闻:"地无木植唯荒草,天产丘陵没大山,五谷不成资乳酪,皮裘毡帐亦开颜。"作为来自农耕区的观察者,丘处机发问道:"如何造物开天地,到此令人放马牛?"①

其实,在丘处机来到这里之前数千年,"造物"提供的这一干燥而开阔的原野上,便有以"放马牛"为生的诸多游牧部族栖息。

从先秦到两汉,戎、羌、匈奴出没于黄河河套以西的广大山地与荒原间,史籍关于匈奴的生活方式有详细记述:

> 匈奴,其先祖夏后氏之苗裔也。……逐水草迁徙,毋城郭常处耕田之业,然亦各有分地。毋文书,以言语为约束。儿能骑羊,引弓射鸟鼠;少长则射狐兔,用为食。士力能毋弓,尽为甲骑。其俗,宽则随畜,因射猎禽兽为生业,急则人习战攻以侵伐,其天性也。……利则进,不利则退,不羞遁走。苟利所在,不知礼义。②

这段文字相当全面地概述了游牧民族的特征:第一,无城廓、耕地,迁徙无定,以游牧为生;第二,尚处在文明社会门槛之外,无文字,不知礼仪;第三,全民善骑射,民风勇猛剽悍;第四,畜牧、狩猎和从事掠夺战争,是其生活方式彼此转化、互为补充的两个方面。

秦、汉以后,唐代的突厥、回纥,宋代的契丹、党项,以及后起的蒙古,活动于西北地区,生活方式与匈奴近似。至于东北地区的扶余、鞑靼、女真,以及由女真演化而成的满洲,则是半农半牧或半农半猎的骑马民族,也具有游牧人的习性,惯于迁徙,孔武强悍。宋代诗人柳开的《塞上》这样生动描绘游牧民族的尚武英姿:

---

① 李志常:《长春真人西游记》。
② 《史记·匈奴列传》。

鸣骹直上一千尺,天静无风声更干。

碧眼胡儿三百骑,尽提金勒向云看。

在晴朗无风的塞上草原,云中一声响箭,三百生着碧眼的骑手勒马回首,仰望万里长空。游牧骑士的矫健之态,跃然纸上。

一般而言,当牧区水草丰茂之时,游牧人是满足于自己的草原生活的。当然,农耕区的富庶对他们不无吸引力,以畜产品同农耕人交换粮食、茶叶和布帛、铁器,自古在游牧——农耕分界线如长城各关口频繁进行,这种物资交换形式后来被称作"茶马互市"。然而,在草枯水乏之际,饥饿使游牧人躁动起来,他们竞相南下劫掠,来如飙风,去若收电。如果游牧人已经建立起比较严密的社会——军事组织,产生了具有权威的领袖,便把短暂的劫掠发展为大规模、长时期的征服战争,甚至"以弓马之利取天下",入主中原,建立王朝。13世纪蒙古人建立的元朝和17世纪满洲人建立的清朝,便是成功的典范。

第二节

对垒与冲突

不同的生产、生活方式，不同的文明发展水平，必然导致生息于400毫米等降水量线两边的农耕民族与游牧民族之间发生利害冲突。而当游牧民族因为自然气候的周期性变冷而不得不向南拓展自己的生存空间时，农耕民族与游牧民族的利益冲突便演衍为惨烈的战争。

一般说来，游牧民族相对于农耕民族，经济文化发展水平处于较原始阶段，然而他们善于骑射、勇猛剽悍、武功高强，先进的中原农耕人往往难以与之争锋。因此以农耕民族为主体建立起来的诸中原王朝，虽然国力强弱有别，但就总体而言，在军事上抗御游牧民族都是相当吃力的。这与农耕和游牧这两种不同的经济类型、社会结构、生活习惯的诸多差异有关。

游牧民族的军事组织和生产组织是合二为一的统一整体，游牧与狩猎活动既是生产实践，又是军事演习。普通的游牧人与骑兵之间只有一纸之隔：一个游牧部落只需稍加编组，立即可以成为装备齐整的武装力量。而长期的不安定生活和艰苦自然条件的磨炼之下形成的强健体魄和剽悍性格，更使这种武装具备所向披靡的巨大威力。

农耕民族则不然。为了发展农业生产，他们趋向兵农分工。从春秋后期开始，各国均将兵农分工作为变法图强的重大决策。战国时李悝在魏、吴起在楚、商鞅在秦，相继使兵农专职，脱离生产的职业军人出现。"齐桓、晋文始为召募、科民之法，而是时，秦有陷阵，楚有组甲被练，越有习流君子之军。迨至战国，盖尚骑射，而（齐之）技击、（魏之）武卒、（秦之）锐士、（赵之）胡服、百金之习行于中国，后世诈力之兵用矣。"①汉代晁错倡导"移民实边"，于边境地区实行兵农合一的屯垦制；三国时曹魏实行屯田养兵制；明初实行卫所屯田制。这都有兵农合一倾向。但屯田时日一久，即产生兵不习战的后果；同时，军官变成实际上占有屯田和屯卒的农奴主，这种所有制关系较之当时早已普及全国的自耕农与地主土地所有制远为落后，故而不可能行之久远，收到明显成效。因此，秦、汉以后，历代中原王朝均实行兵农相分，依"秀者必士，朴者必农，剽而悍者必兵"的原则，按人的才性差异实行士、农、兵的分工，以募兵的方式来抵御"全族皆兵"的游牧民族。这就迫使朝廷与民众投入大量的财力、物力，巨额的军费开支与有限的农业生产积累形成巨大矛盾，以致"赋税既竭，犹不足以奉战士"②。

此外，农耕人由定居生活养育出来的饮食起居习惯，也无法与"风雨罢劳，饥渴不困"③的游牧人一较短长。从躬耕田园的农夫到驰骋疆场的战士，其间需要从生活方式到内在心态的艰苦调整。"匈奴未灭，何以家为"固然是农耕男儿的壮烈情怀，但它是以牺牲农耕人"安家立业""妻子同堂"的生活常规为代价，故只能是少数英豪的杰出行为。

以上诸种因素的综合，决定了农耕民族与游牧民族之间连续不断、时起时伏的冲突的基本态势：经济、文化先进的农耕人处于防守地位，而相对落后的游牧人却掌握着军事的主动权。

---

① 陈傅良：《历代兵制》。
② 《史记·平准书》。
③ 《汉书·晁错传》。

为抵御北方游牧民族的南袭，中原地区的华夏—汉族做过种种努力。当他们相对衰弱时，便退守农耕区边界线；相对强大时，则西出邀击，或远征漠北。然而，游牧人朝发夕至，来去无定，农耕区却固定难移，加以"骑兵驰突""步人不能抗"[1]。为了确立一种退可守、进可攻的军事凭借，中原农耕人在长达两千多年的时间内，历尽艰辛，耗费巨大的财力、物力、人力，修筑万里长城，创造出世界文明史的空前奇迹。其最初的动机，正如汉人桑弘羊所指：

> 匈奴背叛不臣，数为寇暴于边鄙。备之则劳中国之士，不备则侵盗不止。先帝哀边人之久患，苦为虏所系获也，故修障塞，饬烽燧，屯戍以备之。[2]

长城始建于春秋战国时期。其时列国出于防务目的，纷纷修筑长城，以防范对象区分，有"互防"与"防胡"两种。前者如齐修长城以"备楚"，燕修长城以"防齐"，赵修长城以"防魏"，魏修长城以"防秦"，等等。后者较著名的有秦昭王所筑陇西、北地、上郡长城，赵武灵王所筑云中、雁门、代郡长城，燕昭王所筑上谷、渔阳、右北平、辽西、辽东长城。

始皇帝二十六年（前221），秦统一中国。列国"互防"长城不仅失去本来意义，而且成为统一的障碍，因此即被拆除。另一方面，"拒胡"长城的重要性更为突出。因此，秦始皇在发起北逐匈奴战争的同时，又"筑长城，因地形，用制险塞，起临洮，至辽东，延袤万余里"[3]。

秦长城是在燕北长城、赵北长城、秦北长城的基础上修复、连贯

---

[1] 《唐荆川左编》卷二七，引吕颐浩所上《论御虏十事》。
[2] 《盐铁论·本议》。
[3] 《史记·蒙恬列传》。

秦长城将华夏农耕区围护起来,"却匈奴七百余里",使胡人"不敢南下而牧马"。图为当代卢雨《蒙恬戍边》(局部)。

而成，西起今甘肃岷县，中经黄河河套以北的阴山山脉，东止于今朝鲜平壤西北部清川江入海处，全长一万五千华里。秦长城将华夏农耕区围护起来，"却匈奴七百余里"，使胡人"不敢南下而牧马"。

秦以后，西汉、东汉、北魏、北齐、北周、隋、辽、宋、金、元、明各代，都修筑过、增建过长城。其中汉长城东起辽东，经河套，屏障河西走廊，直达新疆罗布泊以西，全长超过两万华里。

现今在北疆崇山峻岭之间看到的，是明长城遗迹。明代因蒙古和女真（后更名满洲）在北方形成的强大军事压力，历朝均有筑长城之举。明长城东起鸭绿江口，经辽东，沿燕山山脉巍然耸立，屏护北京，然后斜穿黄河河套，直抵甘肃嘉峪关，全长一万七千七百多华里。

秦长城和汉长城，都是在黄河河套以北、以西，凭阴山、贺兰山之险与黄河天堑而筑。但明长城却向东南后缩数百千米，沿山西大同、榆林一线逶迤西去。这是自然和人文双重因素造成的变迁。就自然条件而言，在距今五千年至一千年间，黄河流域的气候由温暖湿润转向寒冷干燥。据考古发掘，五千年前渭水流域多有水獐、竹鼠等亚热带动物，三千年前的西周丰京、镐京（今西安附近）多有梅、竹等温暖地带的植物，但是到了10世纪的北宋，关中已经无竹。这表明，随着时间的推移，农耕区与游牧区的分界线呈向东南方向后退的趋势。如黄河河套以内的鄂尔多斯地区，秦、汉时多属农耕区，唐、宋以后变为荒漠草原，成为游牧区。正因为如此，秦、汉时鄂尔多斯被包围在长城以内，到了明代，却被摒弃于长城以外了。就人文条件而言，长城的南移正表明北方游牧民族对中原农耕民族的攻势愈益严峻，阴山、贺兰山等天险，中原王朝已无力防守，而拱手交与游牧人。农耕人在失去天然屏障的情况下，越来越依赖"峻垣深壕，烽堠相接"[①]的长城来捍卫自身的安全。秦、汉长城均系板筑土墙，明长城

---

① 《明史·兵制》。

则由砖石砌造，由石灰与糯米浆黏接，坚固度大增。一个颇令人玩味的现象是，明长城的路线走向，几乎与400毫米等降水量线相重合。这恰恰说明，长城是湿润区与干燥区的边界，也即农耕区与游牧区的边界。它是农耕人护卫发达的农业经济、先进的中原文化的防线。

在这一意义上，与其说长城是中国古代若干王朝的北部边界，毋宁说是中国疆域内农耕与游牧两大文明形态的分界线；它的历史作用不仅限于维系中原王朝的统治秩序，而更在于护卫先进的农耕文明，使其不致在游牧人频繁而惨烈的袭击中归于毁灭。因而无论从中华文明史还是从世界文明史来看，长城的作用都是进步的、正义的。正因为如此，孙中山才在《建国方略》中指出："长城之有功于后世，实与大禹治水等。"

第三节

互补与融会

农耕与游牧这两种经济类型间的交互关系,冲突、战争只是一个侧面,它的另一个侧面是文化互补、民族融合。而且,从一定意义上讲,战争本身也是文化互补、民族融合的一种特殊形式。

就农耕民族与游牧民族的总体关系而言,兵戎相见毕竟只是部分内容,除此之外,双方更经常的是以和平方式发生经济、文化诸多方面的互摄性交流。这种交流大体沿着长城一线展开,进而相互向对方更广阔的纵深地域伸延。

一方面,游牧人虽然整个社会发展水平处在较低层次,但他们也有两个明显优势。其一,孔武善战,精于骑射;其二,流动生活,成为异域文化的传播载体。中原农耕人可以从游牧人那里学习军事技术,吸收异域文化养料,以之作为农耕文化的补强剂。战国时秦人学习西戎"击技";赵武灵王"变俗胡服,习骑射"[1];汉代开辟丝绸之路,广采博纳中亚、西亚游牧文化及绿洲文化的成果;唐代承魏晋以降汉胡文化融合之势,从而获得蓬勃生机……这些都是农耕民族从游牧民族吸纳文化养分、增强生命活力的生动事例。

---

[1] 《史记·匈奴传》。

另一方面，游牧人则从农耕人那里学习先进的生产方式、政治制度乃至改变生活习俗，促使自身的社会形态发生历史性的飞跃。以征服者姿态进入农耕区的游牧人在先进的农耕文化氛围中，往往为被征服者所同化。南迁的鲜卑人、北魏孝文帝拓跋宏热爱汉文化，他"雅好读书，手不释卷。'五经'之文，览之便讲"①。他大刀阔斧地实行以三长制、均田制为基本内容的汉化改革，使北魏社会迅速发展。元代蒙古人入主中原后，渐次归依汉文化，元世祖忽必烈将首都从游牧区迁至农耕区的大都（即北京），便是归化农耕文明的决定性步骤。后金首领努尔哈赤也十分钦羡汉文化，他"好看'三国''水浒'二传"②，令人将其译成满文，发给部下阅览。此外，匈奴、鲜卑、突厥、契丹、女真、蒙古等游牧或半农半牧民族在与先进的汉族农耕文明接触的过程中，无一例外地在不同程度上发生了由氏族社会向封建社会过渡的进步。这充分说明，农耕文明作为一种"高势能"文明，对相对后进的游牧文明的巨大诱导、同化作用。

农耕与游牧作为两种基本的经济类型，是古老中国文化的两个彼此不断交流的源泉。在一定意义上可以说，中国文化是农耕人与游牧人的共同创造。以迁徙、聚合、战争、和亲、互市等方式为中介，农耕人与游牧人相互交往融合，不断互摄互补，历经数千年，方会聚而成今日以农耕为主兼容游牧的气象恢弘的中国文化。

---

① 《北史·高祖孝文帝纪》。
② 黄道周：《博物典汇·四夷附奴酋》卷二十。

第四节

中国农业文明的特征

人们通常把以自给自足的农耕经济为主体的文明形态称作"农业文明",以区别于产业革命之后的"工业文明"。这里所谓的"农业文明",并非说构成这种文明的成分中没有工业和其他产业,而是指整个文明基础的主导面和支配力量是在自然经济轨道上运行的农耕业。马克思对此有精辟论述:

> 像在古代社会和封建社会,耕作居于支配地位,那里连工业、工业的组织以及与工业相应的所有制形式都多少带着土地所有制的性质;或者像在古代罗马人中那样工业完全依附于耕作;或者像中世纪那样工业在城市中和在城市的各种关系上模仿着乡村的组织。①

中国文化的主体,无论是作为精英文化的诸子百家学说、文人雅士的笔墨生涯,还是作为大众文化的民间信仰和风俗,大多可以归结到这种"耕作居于支配"、社会分工不发达、生产过程周而复始地处于相对停滞状况的农业文明的范畴之内。中国传统文化的一系列形而

---

① 《马克思恩格斯全集》第 12 卷,北京:人民出版社 1962 年,第 757 页。

上性质的基本性格,都深深植根于这样一种形而下的经济生活的事实之中。

一 重农习尚与务实品格

在以农业为生存根基的中国,农事耕作的节奏早已与社会生活的节奏相重合。华夏——汉族的传统节日,包括最隆重的春节,都是由农事节气演化而成,而不像许多其他民族那样,节日多源于宗教。在这样的文化氛围内,重农习尚的根深蒂固、传播久远便是顺理成章的事情。中国人很早就认识到农耕是财富的来源,上古经典《周易》有言:"《象》曰:不耕获,未富也。"① 中国"礼"文化的创导者周公曰说:"鸣呼!君子所,其无逸。先知稼穑之艰难,乃逸,则知小人之依。"② 认为统治者要求得到社会安定,首先必须懂得农耕的重要,体谅农人的艰辛。成书于战国末年的《吕氏春秋》阐明发展农业是成就霸业的基础:"霸王有不先耕而成霸王者,古今无有。此贤者不肖之所以殊也。"③

这一思想被中国历代帝王普遍接受。秦始皇统一中国,巡游各地,以刻石方式表明自己的治国方略,琅琊刻石称"上农除末,黔首是富",认为崇尚农业("上农")、限制工、商("除末")是富民的根本。在碣石刻辞中,他号召"男乐其畴,女修其业"。

汉承秦制,重农精神愈见光大。文帝刘恒、昭帝刘弗陵先后昭示天下:"农,天下之大本也,民所恃以生也。"④ "天下以农桑为本。"⑤ 大约成书于西汉初年的《管子》,明示务本以安邦的道理:

---

① 《易·无妄》。
② 《周书·无逸》。
③ 《吕氏春秋·贵当》。
④ 《汉书·文帝纪》。
⑤ 《汉书·昭帝纪》。

>>> 在以农业为生存根基的中国,农事耕作的节奏早已与社会生活的节奏相重合。图为清代陈枚《耕织图》。

>　　民事农则田垦，田垦则粟多，粟多则国富。国富者兵强，兵强者战胜，战胜者地广。①

"重农"不仅是统治者的政策需要，它同时也积淀为一般民众的普通心理。对农耕生活的追怀和思乡之情，是中国古典文学的无尽主题。宋初诗人王禹偁的《村行》写道：

>　　马穿山径菊初黄，信马悠悠野兴长。
>　　万壑有声含晚籁，数峰无语立斜阳。
>　　棠梨叶落胭脂色，荞麦花开白雪香。
>　　何事吟余忽惆怅？村桥原树似吾乡。

"世为农家"的诗人巧妙地写出自己从"野趣"到"思乡"的心理转化。一片白雪般的荞麦花、原野中的树、村边的桥，都激起诗人无可遏止的乡情。这是只有对农村生活怀有刻骨铭心的钟爱之情的人，才能产生的思绪。

一分耕耘一分收获的农耕生活，还导致了中华民族群体心理的务实品格。人们在农事劳作中领悟到一条朴实的真理：利无幸至，力不虚捐。说空话无益于事，实心做必有所获。这种农人的务实之风也感染了文化专门家，"大人不华，君子务实"②，是中国先哲们一向倡导的精神。"国民常性，所察在政事日用，所务在工商耕稼，志尽于有生，语绝于无验。"章太炎在《驳建立孔教议》中的这一归纳，清晰突显了以农民为主体的中国人"重实际而黜玄想"的务实品格。正是这种品格使中国人发展了实用—经验理性，而不太注重纯科学性的玄思。所以，亚里士多德式的不以实用为目的，而由探求自然奥秘的好奇心

---

① 《管子·治国》。
② 王符：《潜夫论·叙录》。

所驱使的文化人,较少在中国产生。

中国人"重实际而黜玄想"的务实品格的一个突出表现,是他们对宗教问题的态度。自周秦以后的两千余年间,虽有种种土生的或外来的宗教流传,但中华民族从未陷入全民性的宗教迷狂。世俗的、入世的思想始终压倒神异的、出世的思想。就全体而言,中国人的"终极关怀",即对生命终极意义的追求,从未导向去彼岸世界寻求解脱,而是在此岸世界学做圣贤,力求人生"三不朽"——立德、立功、立言。这正是中国传统文化的主潮——儒学不是宗教的根本原因。

二 恒久意识与"中庸之道"

农耕社会的人们满足于维持简单再生产,缺乏扩大社会再生产的动力,因而社会运行缓慢迟滞,大体呈相对静态。在这样的生活环境中,极易滋生恒久意识,认为世间万事万物都是悠久、静定、守常、永恒的。因而在日常生活中表现出习故蹈常的惯性,好常恶变。反映在精英文化中,则是求"久"、求"常"观念十分发达。《易传》所谓"可久可大",《中庸》所谓"悠久成物",《老子》所谓"天长地久""复命曰常",《管子》所谓"天不变其常,地不易其则"等,不一而足。反映在民间心态中,便是对器物追求经久耐用,对统治秩序希望稳定守常,对家族祈求延绵永远,都是求"久"、求"常"意识的表现。

如何使自身的行为适应、顺从恒久的自然规律和社会秩序,中华先哲创造性地提出"中庸之道",做出立身处世的基准。孔子说:"中庸之为德也,其至矣乎!"[①]以"中庸"为最高美德。汉儒继承和发展了孔子的"中庸"观,不仅把它作为伦理道德的最高境界,而且把它作为日常行为基本准则的哲理化抽象。他们阐发"中庸"的三层相互关

---

① 《论语·雍也》。

联的含义：执两用中，用中为常道，中和可常行。《礼记·中庸》说"执其两端，用其中于民"，释"庸"为用。东汉经学家郑玄也解释"名曰中庸者，以其记中和之为用也。庸，用也"。因此，"中庸"就是"用中"。为人处事，不偏于极端，而追求一种不偏不倚、无过无不及的"中和"之道。为人处事，是人生的常务，因此，"中庸"又有守常的含义。故郑玄又说："庸，常也，用中为常道也。"既是"常道"，那么它就一点儿也不神秘玄妙，而是平实易行的，这便是所谓"致广大而尽精微，极高明而道中庸"——精微的人生哲理，就在广大的日常起居之中。

崇尚"中庸"，少走极端，是安居一方、企求稳定平和的农耕型自然经济造成的民众心态，集中到政治家、思想家那里，"中庸之道"就成为调节社会矛盾，使之达到中和状态的高级策略。施之于政治，是裁抑豪强，抑制兼并，均平田产、权利；施之于文化，则是在多种文化相会时，讲究异中求同、求同存异，兼容并包；施之于风俗，便是不偏颇、不怨尤，入情尽理，内外兼顾。

与"中庸之道"密切相关，农业社会的理想人格，不是强烈的自我表现，而是"温""良""恭""俭""让"的君子之风。农业型自然经济对商品交易的排拒，对社会公共关系的疏远，导致人们推崇诚信，鄙弃口辩；所谓"君子欲讷于言，而敏于行"[①]，便体现了这一意向。人们往往把能言善辩贬称为"巧舌如簧"，张仪一类的"辩士"素来被列为狡诈之徒，是"巧言利辞，行奸轨以幸偷世者数御"[②]。这同工商业发达的古希腊社会人们崇拜雄辩家，竞相学习演讲术的风尚大相径庭。

尚调和，主中庸，是一种顺从自然常规节律的精神，这同农业社会的运行机制有直接联系。农业生产必须顺应自然规律，按季节行事，这使得中国人在潜意识里就注意与自然节奏合拍，并形成一种类

---

① 《论语·里仁》。
② 《韩非子·诡使》。

似于候鸟般的对于自然节奏的敏锐感受。一个有经验的农夫可以从一朵云彩推测天气，从一颗嫩芽估算年景。这种"农夫式"的智慧，对文化人也有所熏染。不少文学家在描述自然景象时，常常自觉不自觉地与农业生产周期联系起来。南宋诗人陆游在《鸟啼》中描写鸟啼时，就与农业节气相贯通一致：

> 野人无历日，鸟啼知四时；
> 二月闻子规，春耕不可迟；
> 三月闻黄鹂，幼妇闵蚕饥；
> 四月鸣布谷，家家蚕上簇；
> 五月鸣雅舅，苗稚厌草茂。

深谙大自然语言，通晓农事节奏，正是农耕社会文人的特征。作为农耕文明之子的陆游，即使在《临安春雨初霁》中描写城市生活时，也处处跃动着大自然的韵律：

> 世味年来薄似纱，谁令骑马客京华。
> 小楼一夜听春雨，深巷明朝卖杏花。
> 矮纸斜行闲作草，晴窗细乳戏分茶。
> 素衣莫起风尘叹，犹及清明可到家。

在小楼听春雨，深巷卖杏花，活现出细腻的大自然生命节奏，正所谓悠然自得，意趣天成。

三 变易观与循环论

农业生产的春耕夏耘、秋收冬藏，向人们反复昭示着事物的变化发展与生生不已，因此，与恒久观念相辅相成，变易观念在中国也源远流长、影响深远。如《易传》所谓"富有之谓大业,日新之谓盛德,生生之谓易""刚柔相推而生变化"①。又如老聃论道:"有物混成,先天地生,寂兮寥兮,独立而不改,周行而不殆,可以为天下母。吾不知其名,字之曰'道',强为之名曰'大'。大曰逝,逝曰远,远曰反。"②这就将最高本体的道与变化流逝,亦即整体与过程联系起来。

这种恒久观与大化流行的变易观的鲜明特征,是寓变易于保守之中。如汉武帝刘彻的"复古更化","复古"是承继尧、舜、禹三代道统,"更化"是以儒学哲理改变秦代遗俗。又如王安石变法、张居正改革、康有为"维新",直至现代新儒家呼唤的"返本开新",都体现出不同程度"托古改制"的内蕴。

这种独特的"复古以变今"思路,可以归结为思维方式的循环论所致。

作为农业民族,华夏——汉族受到农事生产由播种、生长到收获这一循环过程以及四时、四季周而复始现象的启示,很早便建立起循环论的思维方式。政治生活中朝代的周期性盛衰更迭、治乱分合的往复交替,即所谓"天下大势,分久必合,合久必分",以及人世间"白云苍狗"式的变幻离合,即所谓"三十年河东,四十年河西",更强化了人们的循环观念。

中国历史上最早致力于循环论探讨的,是春秋、战国时代的阴阳家。阴阳家的特长是"深观阴阳消息"③。所谓"阴阳消息",是说正如日照的向背,阴盛则阳衰,阳盛则阴衰,矛盾双方互为消长,一生一灭,循环往复。运用阴阳消长模式来论证社会人事,是阴阳家的一大创造,而把阴阳与金、木、水、火、土"五行"结合起来,用于解释社会人事,则是阴阳家更大的创造。阴阳学派的代表人物邹衍认为,

---

① 《易·系辞上》。
② 《老子》第二十五章。
③ 《史记·孟子荀卿列传》。

阴阳消长的结果，体现为"五行"相胜，循环运转：木克土，金克木，火克金，水克火，土又克水，往复无穷。"阴阳五行"在时间上按照一定次序循环演进，并且各有符瑞与之相照应，体现出严格的规律性。

西汉大儒董仲舒大大发展了"阴阳五行说"。他重新排定"五行"的顺序，"天有五行，木、火、土、金、水是也。木生火，火生土，土生金，金生水"①，这是"五行相生"；同时，"五行"又相克，或曰相胜：金胜木，木胜土，土胜水，水胜火，火胜金②。董仲舒认为天通过五行相生而又相胜的正、反向次序与功能，来操纵事物的运行，这便是"天道"。人类社会，也处在天道的制约之下，"五行之随，各如其序；五行之官，各致其能"③。

五行相生、相克的思想，类似古希腊哲人赫拉克利特的观念。赫氏认为："火生于土之死，气生于火之死，水生于气之死，土生于水之死。"④后来恩培多克勒将其概括为火、气、水、土"四元素循环说"。所不同的是，古希腊的元素循环说是自然哲学的产物，而古代中国的循环模式则与农业生产关系密切，是为建立在农业社会基础上的政治伦理学说作论证的。董仲舒从五行相生相克推衍出司农、司马、司营、司徒、司寇这五种官职的相互制约关系：司农为"五行"之木，使谷类丰收——木生火；司马为"五行"之火，诛伐得当，天下安宁——火生土；司营为"五行"之土，以忠信事君治民，四境安定——土生金；司徒为"五行"之金，使民以仁义行事——金生水；司寇为"五行"之水，使君臣长幼各以礼节行事——水生木。如果五官违背仁、义、礼、智、信，就发生相克的连锁反应：司农为奸，被司徒所诛——金克木；司马为逸，被司寇所诛——水克火；司徒为贼，被司马所诛——火克金；司寇为乱，被司营所诛——土克水；

---

① 《春秋繁露·五行对》。
② 《春秋繁露·五行相胜》。
③ 《春秋繁露·五行之义》。
④ 《西方哲学原著选读》上卷，北京：商务印书馆1984年，第21页。

司营为患，人民叛离，然而司农的职守是使五谷丰登、国泰民安。因此司营为患，人民叛离又可以解释为司农通过人民对司营的惩罚——木克土。这样，"五官相克"就构成一个完整的循环系统。

这种循环论思维方式还体现在伦理修养领域。儒家经典《大学》称："知止而后有定，定而后能静，静而后能安，安而后能虑，虑而后能得。"宋儒朱熹在《四书集注》中解释道："止者，所当止之地，即至善之所在也。知之，则志有定向。'静'谓心不妄动，'安'谓所处而安，'虑'谓虑事精详，'得'谓得其所止。"这样，就把"知止→有定→能静→能安→能虑→能得"的连锁推导的结尾"得"与其开端"止"衔接起来，从而构成首尾相连的修养循环；由定而静，由静而安，由安而虑，由虑而得，达到"得其所止"的佳境，也即回到"止于至善"的起点。

这种从伦理观念出发，又归结到伦理观念的循环模式，是盛行于农业社会的一种"推原思维"。这种思维的最大特点是出发点与归宿点的"重合"，而这恰恰是农作物从种子到种子周而复始衍化所暗示的。这种思维方式的影响极为广泛。汉、晋以后流行中国的佛教，其因果报应、修行解脱说，也是一种循环论。而将儒、佛、道三教会和的宋明理学，其史观也是循环论，邵雍的"元、会、运、世"周而复始的模式即为典型。

四 和平主义和大同理想

安土乐天的和平主义生活情趣，也是直接从农业文明中生发出来的国民精神。华夏——汉族作为农业民族，采用的主要是劳动力与土地相结合的生产方式，他们建立的自然经济社会是一种区域性的小社会，与外部世界处于相对的封闭状态，所谓"鸡犬之声相闻，民至老死不相往来"[①]，固守家园，起居有定，耕作有时，既是农业劳动者获

---

① 《老子》第八十章。

得生活资料的要求，也是统治者维系社会秩序的要求。安土重迁是华人的固有观念。《周易》称"安土敦乎仁，故能爱"①。《礼记》称"不能安土，不能乐天；不能乐天，不能成其身"②。中华先民追求的是在故土田园从事周而复始、自产自销的农耕经济所必需的安宁与稳定。以耕读传家自豪，以穷兵黩武为戒。所谓"若使天下兼相爱，国与国不相攻，家与家不相乱，盗贼无有，君臣父子皆能孝慈，若此则天下治"③，正是农业社会古圣先贤和庶民百姓的共同理想。

农耕经济是一种和平自守的经济，由此派生的民族心理也是防守自卫型的。中国的传统礼教，其精义之一，便在于"防"。"君子之道，辟则坊与？坊民之所不足者也。大为之坊，民犹逾之。故君子礼以坊德，刑以坊淫，命以坊欲。"④这种防患于未然的心态表现在军事上，便是以防御战略为主。中华农耕人中虽然不乏如汉代卫青、霍去病这样"勤远略"的军事家，产生过汉武和唐宗这样开疆拓土、英姿勃发的帝王，士子中也曾洋溢过"宁为百夫长，胜作一书生"⑤的尚武精神，但国家和民族所孜孜以求的基本战略目标是"四夷宾服"式的"协和万邦"⑥。唐代诗人杜甫《前出塞》（其六）诗中云："杀人亦有限，列国自有疆。苟能制侵陵，岂在多杀伤。"反映了信奉和平主义"好生之德"的中华民族既有抗御外敌入侵的坚强决心，又反对无限扩张领土、滥杀生灵。作为中华先民国防观念鲜明象征的万里长城，无论可以赋予多少含义，但它毕竟是一座毫不含糊的防御性军事建筑，是农耕民族的华夏——汉族历来求统一、求和平、求安定的群体心理的物质表征。

---

① 《易·系辞上》。
② 《礼记·哀公问》。
③ 《墨子·兼爱上》。
④ 《礼记·坊记》。
⑤ 杨炯:《从军行》，见《盈川集》。
⑥ 《尚书·尧典》。

农耕人追求安土乐天，不仅要防范或平息游牧人的侵扰，更多地则是抗拒或逃避暴政的肆虐。如果说古已有之的"苛政猛于虎"的传说，表达了人们对于暴政的极度畏惧，那么晋人陶渊明传诵千古的《桃花源记》所描绘的那个质朴宁静、其乐融融的"世外桃源"，则表达了处于乱世流离间的农耕人对和平安宁的执着渴求。陶渊明以后，"桃源"成为文人墨客咏叹不绝的恒常话题。唐代王维作《桃源行》，以桃源为仙源，"初因避地去人间，及至成仙遂不还"。刘禹锡的《游桃源诗一百韵》和韩愈的《桃源图》，都极写仙家之乐，宋人王安石的《桃源行》则点明桃源人来此"避秦"即逃避暴政的意图，并抒发了"重华一去宁复得"（虞、舜以后不再有安宁太平了）的感慨。这类一往情深地企望和平宁静的思想感情，在农耕人中千古不衰。

作为农耕人的华夏—汉族一向主张和平自守，然而他们的想象力又并非禁锢于狭小天地。中华先民自古便有相当发达的"一天下""平四海"之类的理想。华夏古帝王很早就将"皇天眷命，奄有四海为天下君""无怠无荒，四夷来王"①作为"治道"的高妙境界。在儒学重要经典《大学》制定的修身、齐家、治国、平天下的人生目标中，"平天下"是最高层次。虽然在中国历史上完成"平天下"大业的还是那些武功强盛者，但是人们在汗牛充栋的经、史、子、集各类典籍中，很难找到海外扩张、征服世界的狂想；相反，类似"远人不服，则修文德以来之"②，以仁政"陶冶万物，化正天下"③的说法则俯拾即是。近代梁启超因此将"世界主义之光大"作为中国文化的一大特点，他说：

中国则于修身齐家治国之外，又以平天下为一大问题。如孔

---

① 《尚书·大禹谟》。
② 《论语·季氏》。
③ 《汉书·贡禹传》。

>>> 陶渊明传诵千古的《桃花源记》所描绘的那个质朴宁静、其乐融融的"世外桃源",则表达了处于乱世流离间的农耕人对和平安宁的执着渴求。图为清代王翚《桃花鱼艇图》。

学之大同太平，墨学之禁攻寝兵，老学之抱一为式，邹衍之终始五德，大抵向此问题而试研究也。虽其所谓天下者非真天下，而其理想固以全世界为鹄也。①

这种农耕人的"世界主义"，建立在和平主义、伦理主义基础之上，有着十分悠长的历史。上古《诗经》里，便有反对"素餐"（不劳而获），向往"乐土""乐国"的诗句。战国时代的尉缭更提出"民无私，则天下为一家，而无私耕私织，共寒其寒，共饥其饥"②的命题。汉代儒家经典《礼记·礼运》描绘出农耕人"天下为公"的大同理想的完美蓝图：

大道之行也，天下为公。选贤与能，讲信修睦。故人不独亲其亲，不独子其子，使老有所终，壮有所用，幼有所长，鳏、寡、孤、独废疾者皆有所养。男有分，女有归。货恶其弃于地也，不必藏于己；力恶其不出于身也，不必为己。是故谋闭而不兴，盗窃乱贼而不作，故外户不闭，是谓大同。

值得注意的是，不唯儒家追求天下"大同"，五代时期道教学者谭峭，也在其《化书》中提出类似的"大和"社会的理想。"大和"社会以"均其食"为基础，"无亲、无疏、无爱、无恶"，达到"天下之至公"③。

儒、道两家，共同构成中国传统文化互补互摄的主流。他们的学术宗旨虽大相异趣，但在社会理想上，却殊途同归，"大同""大和"，根系相通，正是农耕文明土壤培育出的并蒂之花。

---

① 《论中国学术思想变迁之大势》，《新民丛报》1902年3月10日第3号。
② 《尉缭子·治本》。
③ 《化书》卷三《谗语》。

中华民族的"大同"理想一直延续到近代。维新派思想家康有为以"大同世"作为社会改良的终极目标，专门撰写《大同书》这一名著。孙中山亲笔题写"天下为公"的横幅，鼓舞革命党人的斗志。20世纪30年代，毛泽东在《念奴娇·昆仑》中更写出"太平世界，环球同此凉热"的豪迈词句，将中华民族古已有之的"大同理想"，升华到一个崭新的高度。

五 集权主义与民本主义

集权主义与民本主义相反相成，既彼此抗颉又互为补充，是中国式农业文明在政治意识上富于特色的表现。

中国农业社会由千万个彼此雷同、分散而又少有商品交换关系的村落和城镇组成。对外防御游牧人的侵袭，对内维持社会安定是这个农业社会的全民性需要，这就有建立统一的、权威巨大的帝国的必要。然而，农业型的自然经济决定了不能指望以商品交换形式的纽带来维系国家的"大一统"，只能依靠政治上和思想上的君主集权主义使国家"大一统"成为现实。

中国古代绝大多数学派和思想家都有不同程度的尊君思想。而春秋、战国时代的法家，则是绝对君权论的始作俑者。商鞅、慎到、申不害是法家重要的理论代表，韩非是集大成者。韩非从天下"定于一尊"的构想出发，提出"事在四方，要在中央；圣人执要，四方来效"[①]的中央集权政治设计。他认为君主应拥有无上的权威，在君主统辖之下的臣民不具备独立人格，视、听、言、动皆以君之旨意为转移。君以法（政令）、术（策略）、势（权势）制驭天下，天下以君为头脑和枢纽，如此方可天下定于一尊，四海归于一统。韩非身后不久正式建立起来的、中国历史上第一个"大一统"帝国——秦，便是

[①] 《韩非子·扬权》。

以韩非的上述思想为蓝图构筑的①。

秦代以后,中央集权政体绵延千载,历代思想家又纷纷为之做出充分的理论论证。西汉董仲舒赋予君权论以神学理论色彩,提出"天子受命于天,天下受命于天子"②。唐代韩愈从社会分工角度,规定君、臣、民的不同职责:

> 是故君者,出令者也;臣者,行君之令而致之民者也;民者,出粟、米、麻、丝,作器皿、通货财,以事其上者也。③

宋代程颢、程颐、朱熹等理学家以更加缜密的逻辑思辨论证"君权神授",将"君为臣纲"归结为万古不移的"天理"。

降及明代,绝对君权主义达到登峰造极的程度。明太祖朱元璋"收天下之权归一人"④,废除沿袭一千多年的丞相制和七百多年的中书、门下、尚书"三省制",收相权入君权;撤销行省,设立分别直接受制于朝廷的布政使司、按察使司、都指挥使司;又设立"不衷古制"、震慑群臣的"廷杖"制度和特务机构锦衣卫。这诸般举措,将君权扩张到极点,真正达到"朕即国家"的程度。

总之,中国农业社会需要并养育了一个君主集权政体,而这种政体一经形成,又成为超乎社会之上的异常强大的力量,它剥夺人民群众的一切权利,将军、政、财、文及思想大权全部集中到中央政府乃至皇帝个人手中。

与集权主义相伴生,中国的农业社会又培育出另一影响深远的政

---

① 《史记·老子韩非列传》载,秦始皇读韩非所著之书,极为钦佩,说:"嗟乎!寡人得见此人与之游,死不恨矣!"
② 《春秋繁露·为人者天》。
③ 《原道》。
④ 王世贞:《弇州史料》卷一一。

治意识，这便是"重农主义"的孪生兄弟"民本主义"①。

民本主义植根于重农、尚农的普遍社会心理。农业社会存在与发展的前提是农业劳动者的"安居乐业"。只有在农民安居乐业的情况下，社会生产才能稳定有序，"天下太平，朝野康宁"才有保障。反之，如果以农民为主体的广大民众失去起码的生存条件，被迫"揭竿而起"，那么专政手段再强大的王朝也将陷入崩溃的危险。这类事实的反复出现，使得统治阶层中的有识之士认识到"众怒难犯，专欲难成"②。据此，上古时代的"圣君""贤臣"们很早就提出"知人""安民"③，这便是中国"民本主义"的萌芽。

时至晚周，民本思想渐趋盛大。老子认为，统治者必须顺应民意，"圣人常心，以百姓心为心"，谴责"以百姓为刍狗"的做法为"不仁"。孔子倡导"仁政"，主张"节用而爱人，使民以时"④，统治者应"博施于民而能济众"。孟子提出"民贵君轻""政得其民"等辉煌命题，对民本思想做了进一步的系统发挥："民为贵，社稷次之，君为轻。是故得乎丘民而为天子，得乎天子为诸侯，得乎诸侯为大夫。"⑤

稍晚于孟子的荀子形象地论证君民关系："君者舟也，庶人者水也；水则载舟，水则覆舟。"⑥

荀子这一番生动比喻，给历代统治者以深刻影响。唐太宗李世民在与魏徵等人的对话中，就一再强调"载舟覆舟，所宜深慎"，因此，

---

① "民本主义"是一个具有特定历史含义和民族文化特征的概念，它与产生于西方文化系统的"人文主义"和"人本主义"有严格区别。"人文主义"是产生于14世纪至16世纪欧洲文艺复兴时期、与封建宗教神学（即神本主义）相对立的人格论和人道主义。"人本主义"由19世纪德国哲学家费尔巴哈提出，它是一种抽去人的具体历史条件和社会关系，而把人仅仅看作一种生物的形而上学唯物主义学说。
② 《左传·襄公二年》。
③ 《尚书·皋陶谟》。
④ 《论语·学而》。
⑤ 《孟子·尽心下》。
⑥ 《荀子·王制》。

"为君之道,必须先存百姓"①。"存百姓"只是手段,"为君之道"才是目的,这便是民本主义的实质。

民本主义与君主专制主义的相互关系是双重的。

一方面,以"爱民""恤民"为标帜的民本主义与专制主义的极端形态——"残民""虐民"的暴政和绝对君权论是相对立的,因而历来舆论对暴君苛政的抨击无一例外地反复引述民本主义的精辟词句。另一方面,民本主义又与专制主义的一般形态相互补充,构成所谓"明君论"。圣明之君"重民""惜民",于是"万姓所赖在乎一人,一人所安资乎万姓,则万姓为天下之足,一人为天下之首也"②。可见民本主义严格划分"一人"与"万姓"的等级尊卑,是从独裁者的长治久安出发,注意民众的力量和人心向背的,因而与近代意义的"主权在民"的民主主义不可同日而语。

当然,作为一种意识形态,重民心、顺民意的民本思想,不仅对统治者时时敲响警钟,而且也成为进步文化人关心民生疾苦的高尚精神支柱。从屈原的"哀民生之多艰",到杜甫怒斥"朱门酒肉臭,路有冻死骨",无不跳跃着民本主义的脉搏。民本主义的这类体现,应当说更富于人民性,具有更为积极的历史作用。

正因为民本主义具有这种进步性,所以当封建末世近代民主主义萌动之时,它再度发挥其社会批判功能,并成为中国近代民主主义的思想源之一。明末清初黄宗羲承袭前辈民本主义思想资料,提出"天下之治乱,不在一姓之兴亡,而在万民之忧乐"③。他将民本主义推向极致,迫近民主主义的边缘。近代仁人志士正是从他那里接过思想火炬,迈向近代民主主义、民权主义。

---

① 《贞观政要·论君道》。
② 罗隐:《两同书·损益》。
③ 《明夷待访录·原君》。

第三章

家国天下

人是社会化的动物。社会性是人区别于一般动物的基本标志。社会建构因此成为中华民族文化活动的核心内容之一，或者说，它构成中国文化得以发生、发展的组织依托。

"社会"是近世从日语引入的词汇。它的内涵在古汉语中由"群"来表达。《吕氏春秋·恃君览》记载了先秦时人对于人类的"群"的特征的认识：

> 凡人之性，爪牙不足以自守卫，肌肤不足以扞寒暑，筋骨不足以从利辟害，勇敢不足以却猛禁悍。然且犹裁万物，制禽兽，服狡虫，寒暑燥湿弗能害；不唯先有其备，而以群聚邪！群之可聚也，相与利之也。

人的社会性，具体体现为规范化、制度化的人际关系及其组织形式。在最初阶段，这些关系主要有男女通婚关系以及由此制约的氏族关系。氏族是以血缘关系结成的基本社会单位，它具有血缘的与政治的双重意义。就前者而言，氏族的解体最终导致"家"的产生；就后者而言，氏族的解体最终导致"国"的出现。

第一节

从母系氏族到父系家庭

刚与猿类分途的中华先民,"聚生群处""无衣服、履带、宫室、畜积之便"①。与极端艰苦的物质生活相应的是人际关系,特别是男女关系的混沌无序,"长幼侪居,不君不臣;男女杂游,不媒不聘"②,性满足方式是与一般动物无异的原始杂交。经过数十万年的演进,原始杂交才被血缘群婚所取代,即禁止不同辈分男女的性关系。但同辈人——包括同胞男女的性关系,还不在禁忌之列。这便是中国上古神话中伏羲与女娲既是兄妹,又是夫妻的奇特关系的文化史依据。此后又经过数万年的进化,同辈人中同胞和旁系男女的性关系也被禁止,这是外婚制的起点,亦即氏族形成的起点。氏族内部禁止婚姻,集体劳作,产品公有,平均分配。相互通婚的不同氏族血缘相近,构成部落。若干部落交往密切,形成部落联盟。

不论原始杂交还是血缘群婚、族外婚,由于性关系的紊乱,"民人但知其母,不知其父"③,世系均只能按母系血缘计算。加之妇女在原始生产中多从事采集,较之从事狩猎的男子,收获更为稳定可靠,

---

① 《吕氏春秋·恃君览》。
② 《列子·汤问》。
③ 《白虎通》卷一。

居经济生活的主导地位，因而中国上古神话中最伟岸的形象——补天的女娲、孕育太阳的羲和、掌管不死之药的西王母，都是女性，最古老的姓氏姜、姬、妫、嬴、姒、嫪、娥均从女旁。陕西渭南华州、临潼半坡等地旧石器时代妇女墓葬的规格明显超过男子的考古实证，更确凿表明当时的中华先民生活在母系氏族社会。

母系氏族社会，从旧石器时代晚期开始形成，贯穿整个新石器时代。传说中的女娲氏、庖牺氏、神农氏、有巢氏、燧人氏，是这一时期中华先民文化创造的神——人格化代表。

母系氏族社会晚期，耜耕农业充分发展，男子成为社会经济活动的主力。在婚姻制度方面，不固定的男女结合的对偶婚逐渐过渡为一男一女结为牢固夫妻关系的单偶婚。单偶婚不仅对人类体质及道德水准的进步发生革命性影响，而且还改变了社会组织结构，文明社会的健全细胞——家庭，由此诞生。单偶婚最终改变了"民人但知其母，不知其父"的状况，以父系血缘计算世系不仅成为可能，而且成为必须。中国传统的父系家庭由此诞生。

关于中国传统家庭的特征，中外学者多有论列。有的学者将其归纳为十条：（一）父家长制；（二）祖先崇拜；（三）尊老敬宗；（四）男系制度；（五）重男轻女；（六）大家庭观念；（七）多子主义；（八）蓄妾制度；（九）父子世袭；（十）孝亲意识。这些特点共同反映出一个基本的文化史实：在中华民族的文化演进过程中，氏族组织血缘纽带的解脱，远不如其他民族充分。从氏族社会遗留下来的、以父家长制为核心的、由血缘家庭——家族[①]组合而成的农村乡社，世世代代得以保存。这就形成宗法制度在中国千年不衰的渊源。

[①] 家庭与家族既有区别，又有联系。家庭是一同居共炊共财单位，家族不是同居共炊共财单位；聚居一地的拥有共同祖先的同姓家庭组成家族，又称宗族。

第二节

私有制与国家起源

父系家庭产生以后,中国上古社会进入铜石并用时代。在社会生产力进一步发展的基础上,原始公有制崩解,私有制萌生。中国神话传说中的"五帝"(黄帝、颛顼、帝喾、唐尧、虞舜)①便生活在这一时期。

私有制开始了社会不公平的进程,原始的人与人的平等关系不复存在。大量的考古发掘证明了这一点。以中晚期大汶口文化遗址为例:富有者的墓坑庞大,且有上百件各式器物,包括玉器、象牙器随葬,而贫寒者的墓坑仅可容身,随葬品极少,甚至没有。墓葬规格的鲜明对比,正反映出死者生前经济状况、社会地位的显著差异。

私有制改变了社会权力的性质,使之成为令人垂涎的宝物。即便是半人半神的氏族领袖,也不免为此而大动干戈。在古史传说中,便发生了"共工与颛顼争为帝"②的战争。共工失败了,"怒而触不周之山",颛顼得意洋洋地坐了天下。颛顼一举隔断了原始宗教观念中天上人间的自由通道,这在典籍中被称作"绝地天通"。狭义地讲,"绝地天通"是一场宗教革命,宗教从此被限定为少数特权者的事业;广

---

① "五帝"的组成,有许多说法,此处引较通行的一种。
② 《淮南子·天文训》。

义地讲,"绝地天通"带来一场社会秩序的根本变革:从人与神的距离拉开,影响到人与人之间地位的不平等。少数人保留了与神交通的特权,成为地上的统治者;多数人则失去了往日的自由。

国家,这个体现阶级利益、凌驾于社会之上的巨大权威的阴影,开始笼罩人间。

恩格斯明确提出国家形成的两条标准:第一,按地区来划分它的国民。第二,公共权力的设立,这种权力已经不再同自己组织为武装力量的居民直接符合,构成这种权力的不仅有武装的人,而且还有物质的附属物,如监狱和各种强制机关[①]。他还分析了国家产生的三种途径:其一,雅典式,国家从氏族内部发展起来的阶级对立中产生;其二,罗马式,国家在氏族制的废墟上建立起来;其三,德意志式,国家作为对外征服的直接结果而产生。相对而言,中国的情况更接近于雅典式,但又有所不同。

氏族社会末期,部落联盟首领的产生,在古希腊演出了多少血腥惨剧,但中国上古传说却留给人们温情脉脉的"禅让"佳话。尧在位七十余年,衰老之际,知子丹朱不肖,看中了贤孝而有才的舜,经过多方考验,"令舜摄行天子之政,荐之于天"[②]。舜到了暮年,亦仿当年故事,让位于治水有功的禹。但是这种美妙的权力递嬗方式,没有也不可能无限地推演下去,而是被禹传子而不传贤的做法所打断。"传子而不传贤",恰好表明"公共权力已不再同自己组织为武装力量的居民直接符合了",而成为"私有"的家传之宝。

夏禹时代,黄河和长江流域的炎帝、东夷、苗蛮等部族之间的交往已经相当频繁,以地缘为基础的华夏民族共同体已显雏形,原始的"九洲"地域观念已经形成,其范围大致在"四岳、三涂、阳城、大

[①] 《马克思恩格斯选集》第4卷,北京:人民出版社2012年,第166—167页。
[②] 《史记·五帝本纪》。

>>> 氏族社会末期，部落联盟首领的产生，在古希腊演出了多少血腥惨剧，但中国上古传说却留给人们温情脉脉的"禅让"佳话。图为唐代壁画中的"三皇""五帝"。

室、荆山、中南"①,与考古发掘的中原龙山文化、二里头文化分布区域基本一致。虽然血缘亲族因素在共同体内部依然顽强存在,但毕竟已不再是划分人群的首要依据。更重要的是,超越于氏族原始民主之上的君主权威已经出现,《尚书·甘誓》有如下记载:

(启与有扈)大战于甘,乃召六卿。王曰:"嗟!六事之人,予誓告汝:有扈氏威侮五行,怠弃三正,天用剿绝其命,今予唯恭行天之罚。左不攻于左,汝不恭命;右不攻于右,汝不恭命;御非其马之正,汝不恭命。用命,赏于祖;弗用命,戮于社,予则孥戮汝。"

部落联盟领袖的温文尔雅,分明被国家君主的权势威严所取代。公共权力的物化形式军队、监狱(《今本竹书纪年》称"夏台""圜土")、刑法(《左传·昭公六年》记"夏有乱族而作禹刑")三者皆备。阶级社会——文明社会的曙光在中州大地初显熹微。

---

① 《左传·昭公四年》。

第三节

宗法社会

在漫长的历史进程中,中国的社会结构发生过种种变迁,然而,由血缘纽带维系着的宗法制度及其遗存和变种却长期存留,并给予社会生活的方方面面以深刻的影响。从这个意义上讲,可以将古代中国视作世界文明史上相当典型的宗法社会。

宗法制度源于原始社会父家长制家庭公社成员之间牢固的亲族血缘联系,是这种血缘联系与社会政治等级关系密切交融、渗透、固结的产物。它的确立期在西周。

宗法制度是一种庞大、复杂但井然有序的血缘—政治社会构造体系。在这一体系中,最高统治者君王自命"天子",即天帝的长子,"奉天承运",治理普天之下的土地和臣民。从政治关系看,他是天下的共主;从宗法关系看,他又是天下的大宗。君王之位,由嫡长子继承,世代保持大宗地位。其余王子(嫡系非长子及庶子)则被封为诸侯,他们对于居王位的嫡长子为小宗,但各自在其封侯国内又为大宗,其位亦由嫡长子继承,余子则封卿大夫。卿大夫以下,大小宗关系依上例。宗法制也适用于异姓贵族。西周行同姓不婚制,因此,同姓之间共属兄弟叔伯系统,异姓之间多为甥舅亲戚。

在宗法制度下,不论同姓还是异姓,都被宗族血缘关系串连为一体。从消极方面看，宗族成为人们进行社会活动的场所和不可逾越的界限，极大地限制了人们社会关系的多样化发展，从而阻碍了社会的进步；但是从积极方面看，一个个单独的社会分子被宗族血缘关系紧密地联接为一个整体，借以克服单个分子所无力克服的困难，承受单个分子不能承受的压力。周人聪明地从远古氏族遗留的自然血缘关系中找到了维系宗族整体，以抗拒自然或社会原因带来的不虞灾祸的法宝。和氏族中人不能脱离他的氏族一样，在宗法社会中，个人脱离了宗族也将陷入绝境。周人选择了宗法制度这样一种特殊的社会结构形式，正如马克思所说，是"以个人尚未成熟，尚未脱掉同其他人的自然血缘联系的脐带为基础"[①]。

宗法制度兼备政治权力统治和血亲道德制约的双重功能，由于这种优长，它奠定了中国传统社会结构的定势。但是，这并非意味着后世承袭了西周宗法制的全部内容。事实上，严格意义上的宗法制度在西周末年已开始瓦解。反映周幽王时期生活的《诗·大雅·板》说："宗子维城，无俾城坏"，便透露出宗法制崩坏的时代信息。春秋、战国以降，西周时代由贵族血缘纽带攀联而成的统治体系更趋崩坍。周初"兼制天下，立七十一国，姬姓独居五十三人"[②]，而到战国时，"七雄"中仅燕国王室为姬姓，其余六国均由异姓掌权。秦、汉以后，郡县制取代分封制，除帝王继统仍由皇族血缘确定之外，行政官员的选拔、任用，实行荐举、考试制，即以"贤贤"取代"亲亲"。但是，从总体上看，宗法制的影响却长期笼罩中国社会。这突出地表现在以下几个方面。

一　父系单系世系原则的广泛实行

西周宗法制在公共职务和私有财产的继承方面，根据的是严格

---

① 《马克思恩格斯全集》第23卷，北京：人民出版社1972年，第96页。
② 《荀子·儒效》。

的父系单系世系原则。所谓父系单系世系原则，是指在血缘集团世系排列上，完全排斥女性成员的地位。世界文明史表明，在由原始社会过渡到阶级社会的最初阶段，家庭关系方面突出父系单系世系似乎是各民族的普遍现象。如古罗马公元前5世纪的《十二铜表法》在财产继承权方面就只承认父系亲，不承认姻亲。在这一法律的"当然继承人"概念中，包括子女和妻子，但不包括已婚女儿。而印度公元前2世纪至公元2世纪的《摩奴法典》则规定对于未婚女儿也不给予财产继承权。不过在事实上，古希腊和古印度社会对于姻亲的继承权仍有变相地承认，准许无子者认外甥为子，"梭伦变法"更在男系亲属之后承认女系亲属的继承权。但是在中国西周时代，父系单系世系原则的奉行却极为严格。王位、君位、卿大夫爵位的继承，绝不超出父系亲属范围，而且规定嫡长子为第一继承人。在家庭财产继承权方面，周代不同于印度《摩奴法典》"长子继承全部家业"的规定，允许几个儿子共同享有继承权，但不允许女性后裔和配偶继承财产。

严格的父系单系世系原则，在西周以后的漫长年代得到广泛实行。就政治权力继承而言，不仅绝不允许母系成员染指，而且绝不传给本系女性后裔。"牝鸡之晨，惟家之索"的成语，便是对政治权力旁落于女性之手的严厉警告。在欧洲诸国和印度，女王、女皇司空见惯，而中国除唐代武则天一例之外，从未有女性称帝者。偶有女后专权，则被视为异常，通常遭到朝野非议和后世史家抨击。在家庭财产的继承方面，也没有女性的地位。"嫁出去的女儿，泼出去的水"，女儿出嫁，连姓氏都要随夫，当然无权继承父系遗产。甚至在某些专业特种技艺的传授方面，也有"传媳不传女"的家规。传媳可以为本家族增创财富，传女则意味着技艺财富流入异姓他族。

二 家族制度长盛不衰

周代以降，社会历经战乱，社会经济形态、国家政权形式多有

构成中国社会基石的,始终是由血缘纽带维系着的宗法性组织——家族。图为清代佚名《某氏家族祖先群像》。

变迁,但构成中国社会基石的,始终是由血缘纽带维系着的宗法性组织——家族。《白虎通·宗族》称:

> 族者,何也?族者,凑也,聚也,谓恩爱相流凑也。上凑高祖,下至玄孙,一家有吉,百家聚之,合而为亲。

由一个男姓先祖的子孙团聚而成的家族,因其经济利益和文化心态的一致,形成稳固的、往往超越朝代的社会实体,成为社会肌体生生不息的细胞。这种家族制度虽几经起伏却不绝如缕,贯穿西周以后的数千年间。如南北朝时期,"瀛、冀诸刘,清河张、宋,并州王氏,濮阳侯族,诸如此辈,一宗将近万室,烟火连接,比屋而居"[①]。北宋时期,数世同居的大家族遍及各地,"聚族数百指"[②]"家之食口数百"[③],千人以上的,亦不罕见,以至某些家族进食时只好采取"诸房鸣钟会食"[④]的办法。直到清代,仍然是"兄弟析烟,亦不远徙,祖宗庐墓,永以为依。故一村之中,同姓者至数十家或数百家,往往以其姓名其村巷焉"[⑤]。"每逾一岭,进一溪,其中烟火万家,鸡犬相闻者,皆巨族大家之所居也。一族所聚,动辄数百或数十里,即在城中者,亦各占一区,无异姓杂处。"[⑥]

家族制度得以维系,仰赖祠堂、家谱和族田三要素。

祠堂供奉祖先的神主牌位,每逢春秋祭祀,全族成员在此隆重祭祀先祖,这是祠堂的首要功能。祠堂还是向族众灌输族规家法的场所,"每月朔望,弟子肃衣冠,先谒家庙,行四拜礼,读家训"[⑦]。对于

---

① 《通典》卷三,引宋孝王《关东风俗传》。
② 宗泽:《忠简公集》卷三《陈八评事墓志铭》。
③ 曾巩:《南丰先生元丰类稿》卷四十五《故高邮主簿朱君墓志铭》。
④ 戴表元:《剡源戴先生文集》卷五《仁寿县太君李夫人墓志铭》。
⑤ 《同治苏州府志》卷三,引《县区志》。
⑥ 《光绪石埭桂氏宗谱》卷一。
⑦ 蒋伊:《蒋氏家训》,《借月山房汇抄》第72册。

违反族规家法的不肖子孙实施惩处，也在祠堂内进行。

家谱是家族的档案、经典、法规，它详细记载全族的世系源流、子嗣系统、婚配关系、祖宗基地、族产公田、族规家法。它的首要作用是防止因年代久远或居处异动而发生血缘关系的混乱，从而导致家族的瓦解；其次还是解决族内纠纷、惩治不肖子孙的文字依据。

族田是家族公共的田产，又分为学田、义田、祭田几类。族田主要用于招佃收租，但为防止族众对其侵蚀，一般规定本族中人不得承租。学田收入供族内儿童做学费，义田收入用以赈济贫困灾病，祭田收入用于开支祭祀的牺牲、礼仪、宴席。如果说祠堂、家谱主要用于从精神上训导族众"尊祖敬宗"，那么族田则主要通过物质利益关系来维系族众的团结。

家族制度长盛不衰的显著标志，是族权在社会生活中强大而持久的影响。

族权是以血缘关系为纽带而形成的一种特殊的社会权力，它从氏族社会家庭公社的父权中引申出来，随着家族制度的完善而膨胀，终而成为中国古代与政权、神权、夫权比立而四的强劲社会维系力量。

在西周宗法制度下，族权与政权完全合一。秦、汉以后，郡县制取代分封制，国家中央权力以下的政权与族权渐趋分离。这一变动，给予族权以双重影响。一方面，国家政治权力从诸多方面制约族权，不让它与政权分庭抗礼，例如宗族首领的官僚化，便是逼迫族权从属于政权的有力手段；另一方面，又因为族权与政权的分离，促使族权以独立形态获得长足发展。宋、明以后，随着家族制度的完善，族权在社会生活中的作用也愈益显著。

首先，族权有严密的、固定的组织形式。据清人刘献廷《广阳杂记》卷四记载，镇江赵氏宗族有二万余丁，其族有总祠一人，族长八人佐之。举族人中聪明正直者四人为评事，另有摄行杖之役事者八人。祠有祠长，房有房长。族人有讼，不鸣之官而鸣之祠，评事议之，族长判之，行权者决之。

其次，族权与地方绅权结合。族权的人格化代表是祠长、族长、房长。一般这些职务均被家道富有、罢官在籍者等绅衿土豪把持，而并非严格依宗族血缘秩序由"宗子"担任。这也是后世家族制有别于西周宗法制的要点之一。

最后，族权与国家政权结合。这是宋、明以后族权大膨胀的主要表现形式。这种膨胀并非恢复到西周宗法制下的族权与政权完全合二而一，而是表现为族权在执行纲常礼法、维护统治秩序方面与国家政权的目标完全一致，并以自己的特殊功能来弥补国家政权在这些方面的不足。

在执行纲常礼法方面，族权凭借自己的血缘宗法特性，较之政权的强制性灌输，更易收到"管摄天下人心"的功效。族长与族众有血缘关系，比官吏更切近族众；族长又不必像父兄那样碍于亲情，可对族众无所顾虑地施加礼法，所以，"牧令所不能治者，宗子能治之，牧令远而宗子近也；父兄所不能教者，宗子能教之，父兄可从宽而宗子可从严也"[①]。

在维护统治秩序方面，族权在很大程度上承担了地方政权的职能，而它以血缘亲属关系掩盖阶级关系方面的"优长"，又有效地粉饰了封建政权的阶级压迫本质。国家催索赋役，往往首先通过家族，而许多家族族谱也将按时完成国家赋役规定为本族的义务。如《朱坡塘朱氏通谱》载明："族中如有蔑视法律，不急公赋者，族长押令速完。"族权承担政权职能的另一重要体现，是国家承认家族在一定范围内的法律裁判权。苏州范氏家族"设公案听断一族之事，立有铃记"[②]。《无为查林徐氏宗谱》规定："凡族内争斗，必先投鸣房长，次及户长，听其处分。"清代安徽合肥地区家族"宗法极重"，族人争讼，

---

① 冯桂芬：《校邠庐抗议》下卷《复宗法议》。
② 瞿兑之：《人物风俗制度丛谈》甲集《大族制》。

取决于族绅。重大案件虽诉之官府,但"官之判断仍须参合族绅之意见"①。由于族权多把持于地主豪绅之手,一旦发生农民起义,族权充当政权帮凶的面目更昭然于世。明末山西沁水农民造反,地主张道"合族姓义故三百人"与之对抗。清道光年间,江西哥老会活跃,清廷下令:"该处通省皆聚族而居,每姓有族长、绅士,凡遇族姓大小事件,均听族长、绅士判断。……如有不法匪徒,许该姓族长、绅士捆送州县审办。"②太平天国兴起,南方诸省均有地主豪绅组织的以族众为基本力量、以族规为法令约束、以族权为指挥系统的"团练"武装,拼死与太平军为敌。太平天国军事上的失败,宗法制的团练武装纷起与之对抗是重要原因之一。

---

① 胡朴安:《中国风俗》,北京:九州出版社2007年,第198页。
② 《宣宗实录》卷一八一,道光十年十二月戊戌。

第四节

家国同构

家国同构是宗法社会最鲜明的结构特征。严格的宗法制虽然在周代以后不复存在,但家国同构精神却贯穿数千年中国古代社会。

"家国同构",即家庭—家族与国家在组织结构方面的同一性。这种同一性,从根本上讲是源于氏族社会血缘纽带解体不充分而遗留下来的血亲关系,对于人们社会关系的深刻影响。家与国,其组织系统和权力配置都是严格的父家长制。"国"在结构上与"家"一致,致使中国古代社会地缘政治、等级制度等社会结构,始终未能完全独立于血亲—宗法关系而存在。

众所周知,印度也是在氏族制度解体很不充分的情况下转入阶级社会的,但印度没有建立中国式的宗法制度,而是形成独具特色的种姓制度。种姓制是严格的社会等级制度,婆罗门(僧侣)、刹帝利(武士)、吠舍(自由民)、首陀罗(被征服的土著居民)四大种姓等级森严,不同种姓间严禁通婚。在印度社会中,血亲关系在家庭乃至种姓内部依然存在,但在整个社会结构的维系方面,却基本不起作用。社会结构的严格等级制与家庭结构的血亲制判然有别,因此无从出现"家国同构"现象。古代欧洲的贵族、市民、奴隶之间,等级差异亦十分明显;中世纪的僧侣、贵族、平民构成社会结构区别分明的三层次。血缘政治基本被地缘政治、等级政治所取代,当然就更不可能出现"家国同构"现象。

　　古代中国的情况则大不相同。传袭久远的宗法制度,基于同族的血缘关系与同乡的地缘关系二者的结合。宗法性的家族成为"国"与"民"之间的中介,"国"与"家"相互沟通,君权与父权也就互为表里。社会等级、地缘政治始终被笼罩在宗法关系的血亲面纱之下。正因为如此,德国哲学家黑格尔认为"中国纯粹建筑在这一种道德的结合上,国家的特性便是客观的'家庭孝敬'。中国人把自己看作是属于他们家庭的,而同时又是国家的儿女"①。当代学者朱岑楼形象地将这种"人—家—国"的社会组织模式称为"同心圆式",以区别于西方传统社会个人与社会对立并此起彼落的"翘翘板式"②。

　　在家国同构的格局下,家是小国,国是大家。在家庭、家族内,父家长地位至尊,权力至大;在国内,君王地位至尊,权力至大。父家长因其血统上的宗主地位,理所当然地统率其族众家人,而且这一宗主地位并不因其生命的中止而停辍,而是通过血脉遗传,代代相继。同样,君王自命"天子",龙种高贵,君王驾崩,君统不辍,由其嫡长子自然承袭,如是者不绝。父家长在家庭内君临一切,"家人有严君焉,父母之谓也"③。君王是全国子民的严父,"夫君者,民众父母也"④。不仅国君如父,而且各级地方政权的行政首脑亦被视为百姓的"父母官"。简而言之,父为"家君",君为"国父"。君父同伦,家国同构,宗法关系因之而渗透于社会整体,甚至掩盖了阶级关系和等级关系。

　　作为"家国同构"社会现实的观念反映,古代中国道德伦理体系

---

　　① 《历史哲学》,王造时译,北京:生活·读书·新知三联书店1956年,第165页。
　　② 见岳庆平:《中国的家与国》,长春:吉林文史出版社1990年,第4页。
　　③ 《易·家人》。
　　④ 《新唐书·礼三本》。

的"五伦"（君臣、父子、夫妇、兄弟、朋友）之中，亲缘关系居其二，而且君臣、朋友关系也由亲缘关系推导而来。孝亲是中国道德的本位，孝亲为源，忠君为流。所谓"君子之事亲孝，故忠可移于君；事兄悌，故顺可移于长；居家理，故治可移于官"[1]。究其原因，是"家国同构"的现实同一性，导致对于家庭成员和国家子民道德要求的同一性。"忠孝相通"，二者同一于对权力的绝对顺从，所异者仅在于顺从对象一为君主，一为家长。

社会组织的"家国同构"以及由此而来的"忠孝同义"，都是宗法制度遗风流播的征象。故而梁启超在《新大陆游记》中总结道：

> 吾中国社会之组织，以家族为单位，不以个人为单位，所谓家齐而后国治是也。周代宗法之制，在今日其形式虽废，其精神犹存也。

---

[1] 《孝经·广扬名》。

第五节

专制政体

中国自夏代产生国家后,就国体而言,以地主阶级专政时间最长;就政体而言,以君主专制历时最长。世界范围内,这种地主阶级专政的君主专制国家制度,在中国出现最早、发展最充分。

君主专制政治体制,是世界诸多民族、国家历史上都曾出现过的政体现象。马克思曾大致区分君主专制政体为两大类型,即以英、法等国为代表的欧洲型和以中国、土耳其为代表的东方或亚洲型[①]。二者的产生依据、表现形态、集权程度、持续时段、历史作用,特别是对各民族、国家文化演进的制约及影响,又大相异趣。

英国的君主专制政体是在封建社会晚期,资本主义的经济、政治因素已经萌生和发展的时期产生的,它的阶级基础既包括僧俗封建主,又包括资产阶级新贵族。

> 在那里,君主专制是作为文明中心、社会统一的基础出现的。在那里,君主专制是一个洪炉,在这个洪炉里各种社会成分被揉和在一起,受到开导,这就使得城市认为资产阶级的普遍统

---

① 《马克思恩格斯全集》第10卷,北京:人民出版社1962年,第462页。

治和市民社会的公共政权比自己的中世纪地方自治更好。①

简言之，英国君主专制在客观上促进、推动和保护了资本主义生产方式的孕育和成长。

早于英国近两千年，中国君主专制在战国时期便已出现。列国诸侯在自己的封疆内实行专制统治，用郡县制取代分封制，用官僚制取代世卿世禄制。公元前221年，秦王嬴政统一中国，更厉行中央集权，君主专制开始实行于疆域广大的一统帝国。秦以后直至明、清，专制中央集权政治持久不衰，愈演愈烈。中国君主专制政治的阶级基础是地主阶级，在一定程度上还包括数量极大的自耕农。地主——自耕农所依赖的生产方式是小农业与家庭手工业相结合的自然经济，这种自然经济对商品经济形成巨大的抑制力量。为了保护这种自然经济并进而维护地主阶级的根本利益，中国君主专制制度长时间、多方面地压抑新的资本主义生产关系的萌生，使之久久得不到长足发展。在这一点上，它在中国所起的历史作用与在英国等西欧国家正相反。

与各国相比，中国君主专制政体有如下特点：

一 起点早，持续时间长

中国君主专制出现的年代先于世界诸国，还在国家初成的前封建时代——商、周时期便已现端倪。商王盘庚准备迁都于殷，遭到留恋故土的臣民抵制，他便异常专横地对抗命者发出"我乃劓殄灭之"的警告。春秋时期，争夺中原霸权成为诸侯们孜孜以求的目标。只有军事实力压倒对方，方可登上霸主地位。这样一来，军事首长手中的绝对权威顺理成章地转化为君主手中的专制王权。据考证，"王"字本为斧钺之形，而斧钺不仅是战争兵器，同时也是统治刑具，因而它

---

① 《马克思恩格斯全集》第10卷，北京：人民出版社1962年，第462页。

>> 公元前 221 年,秦王嬴政统一全国,更厉行中央集权,君主专制开始实行于疆域广大的一统帝国。图为秦代兵马俑。

不仅是军事统帅、而且是政治权威的象征和称号。

春秋以前,君王的专制权力以分封制为基础;春秋以后,这种权力转化为通过指挥郡县制下的官僚系统而实现。公元前221年,秦王嬴政以武力扫平山东六国,统一天下,建立起高度中央集权的君主专制政体。以后,直到20世纪初年辛亥革命推翻清朝统治,专制政体在中国存在两千余年,这在世界上是绝无仅有的。

专制政体的长期延续,是中国文化与其他文化的重要区别之一。欧洲从中古到近代也存在一个"神圣罗马帝国",但它在绝大部分时间内不过空有其名,充其量不过是一个松散的"军事行政联合体",不能与中国秦、汉直至明、清的"大一统"中央集权专制政权相提并论。

二 经济基础深厚稳固

绵延两千余年的中国君主专制政体上层建筑,植根于深厚稳固的自给自足小农经济结构的基础之上。中国古代只有在东汉及魏晋南北朝这一短时段内,出现过类似欧洲诸国的领主庄园经济,而在绝大多数时段,自耕农的小土地占有和地主将土地分片出租给佃农耕种,构成社会经济的基础结构。处于这种小生产状态下的自耕农和佃农,抵御自然和社会灾祸的能力十分有限,脆弱的经济地位决定了"他们不能代表自己,一定要别人来代表他们。他们的代表一定要同时是他们的主宰,是高高站在他们上面的权威,是不受限制的政府权力,这种权力保护他们不受其他阶级的侵犯,并从上面赐给他们雨水和阳光。所以,归根到底,小农的政治影响表现为行政权力支配社会"[①]。另一方面,地主将土地划成小块出租给佃农耕作,从而使得对土地的占有权和经营权相分离。为了保证自己对佃农的控制、剥削,地主阶级也需要专制政权的保护,特别是在农民奋起造反时,更是如此。

中国古代君主专制权力,是地主与农民彼此消长的调节器。无

[①]《马克思恩格斯选集》第1卷,北京:人民出版社1972年,第693页。

论是豪强地主兼并土地太甚，逼迫成千上万的农民失去生计，流离失所；还是佃农抗租，自耕农抗赋役，危及地主阶级的根本利益，君主专制权力都会实行干预，使得社会各阶级力量保持在一种动态平衡状态，从而维系国家的生存根基。自给自足的小农经济与君主专制政治相互为用，这便是中国专制政体长期延续的主要奥秘。

三 与宗法制紧密结合

中国的君主专制与宗法制之间，存在着血肉相依的密切联系。

宗法社会内，君权与父权合二为一，"家无二主，尊无二上"[①]是同样绝对的原则。由于与宗法制紧密结合，君统与宗统、血统直接相关，围绕着专制君权的"血脉"传承，中国古代多次发生父子加害、母子相残、兄弟兼并的惨剧。也正是为了保证专制皇权血统的绝对"纯洁"，中国的君主专制政治派生出极其腐朽的宦官制度和频繁出现的外戚专权现象。

宦官，原先泛指在宫廷内侍奉帝王及其家属的官员。周代置官，宦者已在其列，但不一定由阉人担任，而且不介入国家政务。但从东汉以后，宦官专指被阉割失去性机能的内臣，又称寺人、内官、内侍、太监等。宦官之所以被选作皇宫、王府内的差役，是因为他们作为男性劳力，可以担当繁重的杂役，满足帝王、皇族骄奢淫逸的享受要求，而他们阉割之后失去男性生理机能，又绝对不会发生后宫淫乱之事，破坏皇族血统的纯正，导致君统与宗统的分离。

宦官为内廷侍从，按制不得干预朝政，但其上层分子因是帝王最亲近的奴才，每能占据要津，执掌权柄。特别是当帝王行使极端君权时，更是抑制朝臣，宠任宦官，而宦官也借此机会，攫取国家权力，胡作非为，酿成巨祸。宦官之祸，列朝皆有，而以东汉及唐、明三代

---

① 《礼记·坊记》。

最烈。东汉末年，宦官单超、左悺、具瑗、徐璜、唐衡五人同日封侯，他们极端贪婪残暴，老百姓咒曰："左回天，具独坐，徐卧虎，唐两堕。"①唐代宗、德宗时，宦官鱼朝恩等典领禁军，专横跋扈，连皇帝也不放在眼里，"宦官之权反在人主之上，立君、弑君、废君，有同儿戏"②。明代宦官势力恶性膨胀，自成独立系统，常凌驾于国家纲纪之上。武宗时，司礼太监刘瑾架空皇权，人称"立皇帝"，他本人竟狂妄宣称："满朝公卿，皆出我门。"③熹宗时，宦官魏宗贤专权，自内阁、六部至四方督抚，都由其党徒把持。至此，宦官乱政，达于极峰。

与宦官乱政并为中国专制政治赘疣的是外戚擅权。

宗法制下专制君主王位的血缘继承原则，只看血统是否正宗，全然不顾实际治国能力，因此多有幼儿登基之事。每当这种时候，便由其母后临朝。"多女主临朝，不得不用其父兄、子弟，以寄腹心"④，这些人便是"外戚"。外戚多为世家豪门，与皇族联姻，本已显赫于世，此时更乘机把持朝政，"于是权势太盛，不肖者辄纵恣不轨，其贤者亦为众忌所归，遂至覆辙相寻，国家俱敝"⑤。东汉顺帝至桓帝在位期间，外戚梁冀位居大将军，骄横无忌，年幼的质帝说他一句"跋扈将军"，竟被他毒死。

年幼的皇帝长大成人，自然与外戚专权发生矛盾，于是每每依靠自己的最亲近家奴宦官的力量来对抗、消灭外戚势力。等到这个皇帝死后，另一母后及其父兄又选立幼小的皇子或比较疏远的皇族后裔为帝，借机攫取政权。幼帝长大成人，又依靠另一些宦官来消灭外戚。这种斗争反复循环，尤以东汉为甚，几乎无代无之，给社会带来了巨大的动乱。

① 《后汉书·宦者列传》。
② 《廿二史札记·唐代宦官之祸》。
③ 《明史纪事本末·刘瑾用事》。
④ 《廿二史札记·两汉外戚之祸》。
⑤ 同上。

四　集权程度至于极端

中国君主专制的集权程度，总趋势是愈益强化。皇帝本人集立法、司法、行政、军事指挥大权于一身，将中央集权推至极端。

从秦始皇开始，"天下之事无小大，皆决于上"①。直至清代，这一传统从未断绝。清康熙皇帝宣称："今天下大小事务，皆朕一人亲理，无可旁贷。若将要务分任于他人，则断不可行。所以无论巨细，朕必躬自断制。"②

"朕必躬自断之"的表现形式是"口含天宪"，言出法行，一言兴邦，一言丧邦，全在帝王意志的须臾闪念之中。正如马克思所说："君主是国家中个人意志的、没有根据的自我规定的环节，是任性的环节。"③

这种"没有根据的""任性"的个人意志以法律的形式表达出来，便使得法律失去原本的严肃意义，成为帝王手中随意捏搓的面团。"前主所是著为律，后主所是疏为令，当时为是，何古之法乎！"④明太祖朱元璋亲自主持制定《大明律》，但他自己却根本不依此行事。他统治国家三十年，"无几时无变之法""或朝赏而暮戮，或忽罪而忽赦"⑤，全凭个人一时的好恶行事。

当然，以帝王一人之精力——且不论其智商高下、能力大小，要治理地广数百万千米、人口几千万乃至上亿的巨大国度内的庞杂政务，必无可能。因此，历代君主也都注意选拔贤能，"掌丞天子，助理万机"⑥，调度各方机构协调运转。这样"提纲而众目张，振领而群毛理"的"辅弼之臣"，首推丞相。

---

① 《史记·秦始皇本纪》。
② 《康熙朝东华录》卷九十一。
③ 《马克思恩格斯全集》第1卷，北京：人民出版社1956年，第275—276页。
④ 《汉书·杜周传》。
⑤ 解缙：《大庖西封事》，《皇明文衡》卷六。
⑥ 《汉书·百官公卿表》。

丞相一职，历朝称制不尽相同，又称相国、宰相。丞相总理中央行政，处于"一人之下，万人之上"的枢纽地位。本来，相权是作为绝对君权的工具而设立的，与君权不应有冲突，但在实际行使的过程中，二者却时常发生矛盾。其根本原因，在于绝对专制君权的极端自私性和排他性。君权既不得不运用、调动、指挥相权来贯彻自己的意志，又时时刻刻提防相权分割权力、架空自己。综观两千余年专制社会的历史，君权与相权始终处在这种微妙的关系之中，而其基本发展趋势，则是君权的日益增强，相权的日益削弱。降及明代，君主专制走向极端，朱元璋干脆废除丞相职位，规定吏、户、礼、兵、刑、工六部长官直接对皇帝负责，君权全然取代相权。他还颁布诏令，严禁奏请复立丞相职位，违者"论以极刑"①。此后明、清两代，均不设立丞相。尽管如此，清乾隆皇帝仍然对相权异常疑忌，他的如下自白，充分表达了专制帝王的绝对集权心态：

夫用宰相者，非人君其谁乎？使为人君者，但深居高处，自修其德，唯以天下之治乱，付之宰相，己不过问……天下岂有不乱者？此不可也。且使为宰相者，居然以天下之治乱为己任，而目无其君，此尤大不可也。②

相权由盛而衰最终消亡的过程，恰是君权不断强化至于极端的最直观的对应参照系。它也可以旁证中国君主专制集权之烈，确乎世所罕匹。

五 对臣民人身的严密控制

君主专制的特长之处，还体现在对臣民人身的严密控制。在专制

---

① 《明史·职官志》。
② 乾隆御制：《书程颐论经筵札子后》。

君王的观念中,"夫牧民者,犹畜禽兽也"①。在专制君王看来,"治民"实质上就是"制民"。最大限度地控制百姓户籍,是实现这一目标的一贯做法。中国是世界上最早实行人口统计和户籍管理的国家。周代即设大司徒一职,"掌建邦之土地之图,与其人民之数"②。战国时,秦国颁布关于户籍管理的法律《傅律》,规定每个人都必须著籍官府,否则受罚治罪。古代中国地域宽广,加之水旱兵燹之祸,人口变迁剧烈。因此历代君主都十分重视对人口数量的核查,如周代的"料民"、东汉的"算民"、隋代的"大索貌阅"、唐代的"团貌"等,都属此类行动。核查人口,要求十分严格。东汉"算民",由主管官吏亲自当面核对姓名、性别、年龄、籍贯、高矮、胖瘦,乃至特殊生理标志,有意作弊者,给予严厉处罚。

在精细户籍管理的基础上,严密的基层行政系统里甲制度也建立起来。而里甲制度又与前述宗法制度相结合,因而更加牢固。

> 十家为什,五家为伍,什伍皆有长焉。筑障塞匿,一道路,博出入,审闾闬,慎筦键,筦藏于里尉。置闾有司,以时开闭。闾有司观出入者,以复于里尉。凡出入不时,衣服不中,圈属群徒,不顺于常者,闾有司见之,复无时。③

严密的户籍、里甲制度,牢牢控制一切社会成员于专制统治的网络之下,"奔亡者无所匿,迁徙者无所容"④,居民的自由流动,几无可能。

君主专制制度有效地控制人身,其关键的一条,在于它从控制人

---

① 《淮南子·精神训》。
② 《周礼·地官司徒》。
③ 《管子·立政》。
④ 《管子·禁藏》。

的生计入手,画地为牢,倾全力将人身固着于土地之上。"理民之道,地著为本。故必建步立亩,正其经界"①,国家建立严格的土地管理制度,并将人民束缚于田畴之中,劝农重农,"禁民二业"②。这绝不仅仅是一个产业政策问题,个中奥秘,正如《汉书·食货志》所揭示:"不农则不地著,不地著则离乡轻家,民如鸟兽。虽有高城深池,严法重刑,犹不能禁也。"

正因为如此,历代专制君主都将人身、土地的严格控制紧密地结合在一起。《诗经·小雅·北山》称"溥天之下,莫非王土;率土之滨,莫非王臣",很早就将"王土""王臣"并列为君主私囊中的两大财富。周天子分封诸侯,也是"授民授疆土"一并进行。

周、秦到唐中叶,历代制度多有损益,但基本原则是计口授田,土不离人,人不离土。唐中叶以后,推行"两税法",规定"户无主客,以见居为簿;人无丁中,以贫富为差"③,人口按住地立簿,人丁与田亩共为征赋依准。明万历以后行"一条鞭法",清康熙年间"摊丁入亩",二法的共通之处,是地丁合一,政府赋税管理效率更高。

简言之,"有人此有土,有土此有财,有财才有用"④,劳动者与劳动对象一并被严加控制,因而有效地掌握财富和权力,是专制政治持久而稳固的枢密所在。

---

① 《汉书·食货志》。
② 《后汉书·刘般传》。
③ 《新唐书·食货志》。
④ 《礼记·大学》。

第六节

伦理—政治型特点

与古代和中世纪欧洲、西亚、南亚诸民族文化相比,中国文化体现出鲜明的伦理—政治型文化特征。这一特征的形成并非归因于品性、德性等精神因素,而是源于它所依存的独具特色的宗法—专制社会结构。这正是社会存在决定社会意识的科学原理在文化史上的具体体现。

一 宗法性社会结构,导致中国文化形成伦理型特征

在氏族社会,血统联盟构成生活制度的基础,而这种联盟得以运转,不是依凭法治,而是遵循以血亲意识为主体的风俗习惯。如前所述,中国是在血缘纽带解体不充分的情况下步入阶级社会的,形成了独特的宗法制度。与之相随,"六亲"(父子、兄弟、夫妻)、"九族"(父族四、母族三、妻族二)观念继续构成社会意识的轴心,而且其形态日益精密化。

在社会心理方面,宗法结构给中华民族打上深刻的烙印,这首先表现在对于血缘关系的格外注重。这一社会心理的外化,突显为亲属称谓系统的庞杂精细,不仅纵向区分辈分,而且在父母系、嫡庶出、长幼序等横向方面也有极严格细微的规定。英语中的 uncle,汉语对应

>>> "百善孝为先",在中国文化系统内,孝道被视作一切道德规范的核心和母体,忠君、敬长、从兄、尊上等都是孝道的延伸。图为当代戴政生、黄静《孝治天下》。

词有伯父、叔父、舅父、姑父、姨父；aunt的汉语对应词，则有伯母、婶母、舅母、姑母、姨母。而汉语中意义截然不同的姐夫、妹夫、小叔子、姻兄弟等，在英语里均由brother-in-law笼而统之。

宗法结构下的社会心理，又表现为浓烈的"孝亲"情感。这种情感不仅体现为对已故祖先的隆重祭奠，而且更体现在对健在长辈的绝对顺从、孝敬。"百善孝为先"，在中国文化系统内，孝道被视作一切道德规范的核心和母体，忠君、敬长、从兄、尊上等都是孝道的延伸。"夫孝，始于事亲，中于事君，终于立身"①，便点明了宗法伦理的个中精义。

宗法结构下的社会心理，还表现在对传统的极端尊重。氏族制度遗风"使人的头脑局限在极小的范围内，成为迷信的驯服工具，成为传统的奴隶"②。学者、思想家讲究学说的承传性，追求"道统""心传"的绵延不绝。骚人墨客则推尊"文统"，"文必秦汉，诗必盛唐"的复古主张成为千年不绝的文学史主题。艺术流派和工艺行帮更讲究"家法"，将"无一字无出处""无一笔无来历"视作艺术和技能的极致。"祖传秘方"更是医家取信患者、去邪扶正的法宝。即便是那些不满现状、革故鼎新的政治改革家，也往往要运用"托古"的套头推行"改制"，否则便难以得到社会的认可和民众的拥护。从积极方面看，对传统的极端尊重大大强化了中国文化的延续力，使之成为世界罕见的不曾中断的文化系统；从消极方面看，它又造成中华民族惯于向后看的积习和因循守成的倾向，消蚀了进取、创新精神。

由于以维系社会成员血缘纽带为职志的伦理观念及其理论形态，构成中国文化意识形态系统的核心，伦理学当仁不让地成为社会首屈一指的文化门类。反映在学术文化领域，便是道德论与本体论、认识论、知识论互摄互涵，畛域不清。在宗法血缘纽带解体较早的希

---

① 《孝经》。
② 《马克思恩格斯选集》第2卷，北京：人民出版社2012年，第67页。

腊、罗马，社会秩序更多地仰仗契约、法律维系，人们关注的重心不再是人际伦常关系，转而以更大的兴趣去探索大自然和人类思维的奥秘。从古希腊到近代西方，以"求真"为目标，宇宙论、认识论与道德论各自独立发展，虽有联系，但绝不混同。中国则不同，一切学问均与"求善"的道德伦理目标相沟通，而客观的外在事物，尤其是有关自然界的现象、规律，很少被作为独立的认识对象与人伦相分离，科学因而遭到压抑、限制。清人刘献廷在谈及中国古典地理学著作时指出：

> 方舆之书所纪者，唯疆域建置沿革、山川古迹、城池形势、风俗职官、名宦人物诸条耳。此皆人事，于天地之故，概乎未之有闻也。①

这里揭示了中国传统学术的一种基本倾向——重人事而轻自然。在这种文化氛围内，自然科学、思辨哲学都难以获得充分发展，而伦理学却滋生扩张，其他一些学科门类往往以伦理学作为自己的出发点和归结点。政治学说成为伦理观念的引申，政事被归结为善恶之别、正邪之争，而很少置于知识论的基础之上加以考察。自然天象也被赋予伦理色彩，地震、陨石遂被解释为上天对人间恶行的惩罚。

如果说西方文化是"智性文化"，那么中国文化可以称之为"德性文化"。中国的"治道"要津不在"法"治，而在"人"治，而"人"治又特别注重道德教化的作用。"以身训人是之谓教，以身率人是之谓化"②，道德的威力始终被看得比法律更有效。孔子所说"道之以政，齐之以刑，民免而无耻；道之以德，齐之以礼，有耻且格"③，

---

① 《广阳杂记》卷三。
② 管同：《与朱干臣书》，《因寄轩文初集》卷六。
③ 《论语·为政》。

正是"德治"的精辟表述。在"德治"的熏陶之下,一方面统治者不单单以法治国,同时也极力强化伦理训条对臣民精神、行为的规范,以此作为治国安邦的根本,即所谓"礼义廉耻,国之四维;四维不张,国乃灭亡"①。另一方面社会成员首先考虑的也不是遵从国家法令,而是如何在错综复杂的人际关系中履行自己的伦理义务,即所谓"父慈、子孝、兄良、弟悌、夫义、妇听、长惠、幼顺、君仁、臣忠"②。这两方面的配合,便构成宗法式社会特殊的、充满人伦情感的和谐秩序。

宗教的创立和流行,是世界各民族共有的文化现象。在古代和中世纪,许多民族、国家都曾以宗教作为撑持社会秩序的首要支柱。但在古代中国,除殷商时期是神权至上外,周代以后三千年间,中国文化系统虽然容纳了本土和外来的多种宗教,却避免了全社会的宗教迷狂。这主要是因为,产生于宗法性社会的纲常伦理观念,如同一具庞大而缜密的"思想滤清器",阻滞、淡化了宗教精神对国民意识的渗透。

大多数宗教都漠视世俗的人伦关系,如原始佛教教义主张无君无父,"口不言先王之法言,身不服先王之法服,不知君臣之义、父子之情"③,注重血亲人伦关系的中国宗法精神恰恰不能容忍这一点。因此,中国宗教在禁欲、绝亲等关乎世俗人伦方面,总是留有充分的灵活变通的余地,而不像西方、印度、中东的宗教那样绝对。从印度传入中国的佛教,正是由于在尽忠、尽孝这伦理的两大端上有所修正,方得以在民众之中存身、发展。佛教鼓励出家,本与孝道相悖,但中国化的佛教宗派却讲究尽孝,其轮回观念竟演为父母死后做超度的佛事。汉译佛典甚至还伪造《父母恩重经》,阐发孝道,宣扬忠君。而

---

① 《管子·牧民》。
② 《礼记·礼运》。
③ 韩愈:《论佛骨表》,《韩昌黎文集》卷二。

作为中国唯一本土宗教的道教，与世界其他宗教分裂灵魂与肉体，划分此岸与彼岸的理论体系大不相同，它是一种现世的宗教，其信仰目标并非到彼岸做尊神，而是"羽化登仙"，在现世享受荣华。道教还专门设立功禄神文昌帝君，以满足教徒们的功名利禄之心。

宗法社会结构所产生的德性文化，自有其积极效用。

在中国文化系统里，强调在道德面前人人平等。孟子说"人皆可以为尧、舜"，王阳明说"满街都是圣人"，都是申述普通人可以在道德修养方面达到最高境界。在古代中国政治体制中，对于统治者，特别是对于最高统治者缺乏有效的行为约束机制，但在道德方面却有严格要求。自周朝开始，天子死后有谥号，群臣根据其德行政绩加一概括语，褒者如成、康，贬者如幽、厉，这实际上成为对君主的最终人格评判。这种评判对于在位的当朝君主，显然能起到诱导与劝诫作用。《诗经》的美与刺，《春秋》的褒与贬，也与此有相似的作用。这样一种道德制约在缺乏政治分权制的古代中国，所发挥的积极社会功用不可低估。此外，德性文化在特定历史条件下，还能鼓舞人们自觉维护正义，忠于国家民族，抵御外来侵略，保持高风亮节。千百年来，无数仁人志士都从传统伦理思想中汲取积极营养，立功立德，青史留名。正如文天祥在《正气歌》中热情赞颂的秉笔直书的史家、刺杀暴君的勇士、痛斥昏佞的诤臣、大义凛然的使节、鞠躬尽瘁的贤相，他们不愧为传统伦理精华铸造的中华民族的脊梁。

当然，德性文化又有其消极的一面。它将伦理关系凝固化、绝对化，以致在一定意义上成为人身压迫和精神虐杀的理论之源。在伦理义务的绝对拘束之下，纲常关系日益成为束缚卑贱者的枷锁，并进而制约了全民族思维方式和生活方式的更新。明、清之后，伦理型文化的负面效应开始受到怀疑、批判。黄宗羲、唐甄、谭嗣同等少数士人对封建纲常发起声讨，但并未获得全社会的响应。直至五四新文化运动，这一清算任务才正式提上中华民族的理性批判日程。

二 专制性社会结构，导致中国文化形成政治型特征

在专制社会结构中，中国文化始终受到强大的中央集权政治力量的控摄。文化活动具有明显的政治功利目的，文化成就须仰仗政权力量的荫庇方能播扬，文化人——知识阶层怀抱异常强烈的"经世"意识。这一切共同构成中国文化的政治型特征。

中国文化的政治型特征的体现之一，是专制政体下两千年一贯制的"思想大一统"。

马克思、恩格斯在《德意志意识形态》中指出："统治阶级将物质的生产归其统治，同时也要求安排精神的生产手段。"对于中国专制君主来说，最适合的"精神的生产手段"便是"思想大一统"。其中的因由，秦始皇时代的李斯一语破的。李斯认为，"古者天下散乱"，故政治与文化均"莫之能一"。而到了"皇帝并有天下"，建立起专制政体之后，如果继续听任"入则心非，出则巷议，夸主以为名，异取以为高"的思想失控状况蔓延，势必导致"主势降乎上，党与成乎下"的恶果，进而根本危及君主专制的"万世一系"[1]。秦始皇采纳了他的建议，"别黑白而定一尊"，焚书坑儒，"以吏为师"，确立了与政治专制相适应的"思想大一统"格局。

汉承秦制，随着专制政体的逐步完善，文化专制也更加严密。武帝时代的董仲舒首次提出"思想大一统"的明确标准："六艺之科，孔子之术。"李斯只强调"禁之便"，不许老百姓如何思想，董仲舒更指出"民知所从"，规定老百姓如何思想。两相配合，思想一统便严丝合缝。

专制君主推行"思想大一统"的露骨行径，莫过于帝王直接出面，干预学术论争。汉武帝以后，虽然"罢黜百家，独尊儒术"的局面已经形成，但儒学内部围绕今古文展开的派别之争并未平息。公元

---

[1] 《史记·秦始皇本纪》。

前51年，宣帝"诏诸儒讲五经同异"，而由"上亲称制临决"①，史称"石渠阁议"②。二十八年后，同样性质但规模更大、影响更巨的"白虎观会议"举行，还留下一份类似"会议纪要"的文献《白虎通义》，为研究君主专制的"思想大一统"，提供了绝好的材料。无论石渠阁议或白虎观会议，学术意义均不足道，值得深思的是，它们开创的"上亲称制临决"的权力干预学术的模式，却从此遗祸千年。

中国文化的政治型特征的体现之二，是专制政治论的早熟与高度发达。

欧洲君主专制主义的理论经典是文艺复兴时期意大利人马基雅维里的名著《君主论》，该书问世于16世纪初。而在中国，先于此前一千八百余年，公元前3世纪的韩非就用十分简洁明快的语言，点明了君主专制的精髓："能独断者，故可以为天下主。"③韩非在总结前人的基础上，将法（政令）、术（策略）、势（权势）三者有机地结合起来：

> 势者，君之马也。无术以御之，身虽劳，犹不免乱；有术以御之，身处佚乐之地，又致帝王之功也。④

> 君无术则弊于上，臣无法则乱于下，此不可一无，皆帝王之具也。⑤

从此，法、术、势三者合一，成为专制君主须臾不可离的护身法宝。

---

① 《汉书·宣帝纪》。
② 石渠阁，诸儒讲"五经"同异的会场。
③ 《韩非子·外储说右上》。
④ 《韩非子·外储说右下》。
⑤ 《韩非子·定法》。

秦、汉以降，专制政治的理论论证不断发展。西汉董仲舒使之神学化，提出"君权神授"论，"天之所大奉使之王者，必有非人力所能致而自至者，此受命之符也"①。他还创造出阴阳"三纲"理论，"君为臣纲"赫然立于"可求于天"的"王道之三纲"之首，神权、君权、父权三者合一，君主专制愈发神圣不可动摇。宋代程颢、程颐、朱熹，又使君主专制理学化。他们申言"宇宙之间，一理而已……其张之为'三纲'，其纪之为'五常'"②"父子君臣，天下之定理"③。宋、明以后，君主专制愈发惨烈，与理学化的"君尊臣卑"理论适互为表里。

由于长期专制政治的压抑和专制文化的熏陶，社会对于凌驾于自身之上的绝对君权，形成一种莫名的顺从、敬畏心理。人们习惯于把帝王的"圣旨"看作无可怀疑、必须无条件执行的"绝对意志"。即便是帝王的"肱股之臣"，面对"真命天子"，亦不免战战兢兢，以至语无伦次。素以"开明之君"著称于史的唐太宗李世民，亦曾询问魏徵："群臣上书可采，及召对多失次，何也？"对曰："臣观百司奏事，常数日思之，及至上前，三分不能道一。况谏者拂意触忌，非陛下借之辞色，岂敢尽情哉！"④

中国文化的政治型特征的体现之三，是知识阶层"入世"的人生态度、"经世"的社会抱负与君主专制政治对知识阶层的笼络利用、恫吓镇压之间的统一。

中国古代知识阶层素以"治国、平天下"为自己学术事业与人生价值的最高实现。他们拥有学问、知识，必须而且只能附丽于政治，或者说最终唯有通过"经世"的政治实践来验证其价值。因此，由学

---

① 《汉书·董仲舒传》引《天人三策》。
② 《朱子文集》卷七。
③ 《二程遗书》卷五。
④ 《资治通鉴·唐纪七》。

而仕，投身宦海，为民请命，替天行道，成为他们最规范的自我角色认同。知识阶层的这种心态，正与专制政治的意识形态与政权建设的需要相契合。因此，牢牢控制知识阶层这一社会的"人才库""思想库"，使之服务于专制政治，是中国古代君主的要务。为此，他们娴熟地运用了笼络与恫吓相结合的两手政策。

笼络利用，体现为"学而优则仕"的选举制度、科举制度的实施。在这种制度下，读书做官，成为知识阶层共认的"光明"前途。为此，他们"两耳不闻窗外事，一心只读圣贤书"。"不闻窗外事"，自然不会危及专制统治；"只读圣贤书"，书中多为纲常名教之类的说教，耳濡目染，士子便成为"温""良""恭""俭""让"的谦谦君子，更无可能对君主专制构成威胁。相反地，倒是士子将自己的富贵声名，乃至身家性命都与专制政治挂起钩来，自觉自愿地为之服务。正因为如此，当唐太宗看见新进士们服服帖帖地从端门列队而出时，不禁得意洋洋地说："天下英雄尽入吾彀中矣。"①

专制君主对知识阶层的恫吓，突出体现为"文字狱"。秦始皇以"诽谤""妖言以乱黔首"等罪名，坑儒生四百六十余人于咸阳，还只能算是小试屠刀。两千年中国专制社会"文字狱"不断，到明、清时代，更演至极端。

明太祖朱元璋出身微贱，曾出家为僧。他对于群臣奏议、贺表中出现与"僧""贼"等音近的文字，近乎病态地敏感。据《闲中古今录》记载，杭州士人徐一夔作贺表，恭维朱元璋"光天之下，天生圣人，为世作则"。朱阅之大怒道："生者僧也，以我尝为僧也；光则剃发也；则字音近贼。"遂斩之。有人作诗，内有"殊域及自惭，无德颂陶唐"句，朱元璋胡乱引申，说："汝用'殊'字，是谓我歹朱也。"下令将作者处死。

---

① 关于选举制、科举制，本书第五章《学而优则仕》将详加论述，此处从略。

清代"文字狱"之森严可怖，更在明代之上，惨案迭兴。仅康熙、雍正、乾隆三朝，载诸史籍的就达百起之多。康熙年间，庄廷鑨修撰《明书辑略》，以南明作为正统，被视为大逆不道，庄廷鑨就被掘坟戮尸，其父死狱中，其弟及子孙，年十五以上均斩首，妻女发配为奴。乾隆年间，礼部尚书沈德潜作诗《咏黑牡丹》，中有"夺朱非正色，异种也称王"之语，被认定影射清代以异族夺朱明皇位，沈德潜因此被剖棺锉尸。

"文字狱"迭兴，令知识阶层惊恐莫名，无所措手足。清代梁诗正总结出如此经验，"不以字迹与人交往，无用稿纸亦必焚毁"。在这样一种朝不保夕、人人自危的空气之下，"学者渐惴惴不自保，凡学术之触时讳者，不敢相讲习"[①]，只得走上史籍考订、音韵训诂的学术之途。"避席畏闻文字狱，著书都为稻粱谋。"[②]知识阶层的思想活力被窒息，言路被堵塞，君主专制制度便得以在万马齐喑之中长期延续。

---

① 梁启超:《清代学术概论》，上海：上海古籍出版社2019年，第46页。
② 龚自珍:《咏史》。

第四章

文字与典籍

信息交流是文化创造的前提，经验传承是文化发展的基础。为此，人类发明了语言。但是语言实现以上功能常常受到空间与时间两方面的限制，于是文字应运而生。文字是记录语言的符号系统，凭借它语言所承载的内容得以表述得更精确、流传得更久远。人类运用特定的书写工具，将文字记录在特定的物质材料上，表达思想，传递信息，便诞生了典籍。文字和典籍的出现，在人类历史上具有划时代的里程碑意义。美国社会学家摩尔根在《古代社会》中，称文明社会"始于拼音字母的发明和文字的使用"；恩格斯进一步指出，人类正是"由于文字的发明及其应用于文献记录而过渡到文明时代"[①]。

广义地讲，文字和典籍是文化进步的基石；狭义地讲，它们又分别是文化的门类之一。文字与典籍不仅以其交流信息的卓越功能服务于人类文化的千秋伟业，而且自身还具有独特的美学和科学价值。一个民族文字与典籍的历史悠久与否，发展程度如何，质量有何特征，都是衡量其民族文化水准的显要标尺。而无论从以上哪一条看，中国文化都当之无愧地卓立于世界民族之林。

---

① 《马克思恩格斯选集》第4卷，北京：人民出版社2012年，第21页。

第一节

汉字起源[1]

关于汉字从何而来,很早就有"仓颉造字"的传说:

> 黄帝史官仓颉,见鸟兽蹄远之迹,知分理可相别异也,初造书契。百工以乂,万品以察,盖取诸夬。[2]

据说这位仓颉"龙颜侈侈,四目灵光,实有睿德,生而能书。于是穷天地之变,仰观奎星圆曲之势,俯察龟文、鸟羽、山川,指掌而创文字,天为雨粟,鬼为夜哭,龙乃潜藏"[3]。仓颉超凡入圣的容貌,"生而能书"的"特异功能",以及造字所引起的异常天象,都给文字的诞生笼罩上神奇的光环。其实,"任何民族的文字,都和语言一样,是劳动人民在劳动生活中,从无到有,从少到多,从多头尝试到约定俗成,所逐步孕育、选练、发掘出来的。它绝不是一人一时的产物。

---

[1] 历史上,中国境内许多少数民族拥有自己的文字。相传通密散布喇创制了藏文,野利仁荣创制了西夏文,八思巴创制了蒙古新字,额尔德尼等人创制了老满文。限于篇幅,本书只讲汉字。
[2] 许慎:《说文解字》。
[3] 《黄氏逸书考》辑《春秋元命苞》。

>>> 汉字从何而来？很早就有"仓颉造字"的传说。仓颉超凡入圣的容貌，"生而能书"的"特异功能"，以及造字所引起的异常天象，都给文字的诞生笼罩上神奇的光环。图为仓颉画像。

它随着社会的发展而发展，有着长远的历程"[①]。

文字发明以前，中华先民经历了结绳而用、刻木为契以记事的阶段。《易·系辞下》称此为"上古结绳而治，后世圣人易之以书契"。关于结绳记事，具体记载不多，大致情形如汉人郑玄所说："事大，大结其绳；事小，小结其绳。"[②] 绳易朽烂，故而至今未见考古实物。但是证诸世界许多民族均有类似结绳记事的传统，大致可以推定为史实。如古代鞑靼民族调拨军马，结草为约；古秘鲁的印第安人"使用一种打结的绳名为'魁普'，意即为'结'，其物系由一条具一种颜色的主要的绳，以及多数的又次要的各种颜色的绳而成。各种颜色代表各种观念或事物，打成各式各样的结或环，便能表示各种复杂的意见"[③]。

刻物为契，即在竹木等材料上刻上各种痕迹、记号，是上古流行的另一种记事方法。东汉刘熙在《释名》中解释，"契，刻也，刻识其数也"。远古所刻之契，很难存留至今，但是世界范围内，直到中世纪，北欧地区某些偏僻乡村还流行在方形木棒上刻出各种纹符以记录年历和节日。在中国，直到20世纪中叶，西南地区的独龙、基诺、布朗、景颇等民族还保存着刻木记账的方法，"独龙族用木刻做交换契约的凭据，进行交换的双方分别将物品的数量在木刻上打上符号，一两年后结账时将木刻当面焚毁"[④]。由此可以断定，有关中国上古时代刻木为契以记事的说法绝非妄言。

到了新石器时代的仰韶文化时期，又出现了陶器刻画符号。西安半坡遗址出土的陶钵口沿上，有二十余种刻画符号，最常见的是一竖画，其次是Z形。在晚于仰韶文化的龙山文化、马家窑文化、良渚文化遗址出土的陶器上，也发现类似的符号，如：

[①] 郭沫若：《古代文字之辩证的发展》，北京：人民出版社1972年，第33页。
[②] 《尚书·伪孔传序·疏》引郑玄语。
[③] 林惠祥：《文化人类学》，上海：商务印书馆1924年，第451—452页。
[④] 林耀华主编：《原始社会史》，北京：中华书局1984年，第440页。

从形体结构看，它们笔画简略，不像某种动物、植物的概括图形。从刻画部位看，大多固定于陶器的外口沿，一般一件器物上只有一个刻符。因而可以断定，它们是中华先民在制作或使用时有意识地刻下的记事符号。不少学者认为，这是现在确知的最古老的一种具有表意作用的文字符号①。如此算来，汉字起码已有六千余年的历史。

　　不同于上述简单抽象符号的复杂图形符号，发现于晚于仰韶文化，距今约四千五百年的大汶口晚期文化遗址的出土陶器上。其中最复杂的一种，为 ♀，上部 ○ 表示太阳，下部 ∞ 表示山峰，中部 △，或释为火，或释为云气。从图形分析，它显然是日出景观的概括摹绘。

　　大致说来，汉字是由原始社会晚期已经普遍存在于陶器上的抽象符号和概括式图形符号这两种表意符号，分化、质变、创新而产生出来的。

　　符号毕竟不能等同于文字。符号的本质是记事，它尚未与语言中具体的词汇相结合。到距今四千余年的龙山文化晚期，这种与具体词

---

① 于省吾认为，陶符"是文字起源阶段所产生的一些简单文字"（《关于古文字研究的若干问题》），郭沫若亦说："彩陶和黑陶上的刻画符号应该就是汉字的原始阶段。"（《古代文字之辩证的发展》）

意相结合的刻画文字，终于出现。例如在河南阳城出土的泥质黑陶薄胎平底器的外底上，就刻有 ⿰，像左右两手有所执持，可能是一个会意字"共"，代表器物所有者的族氏。

阳城是夏禹的都城，由此推断，中国最早的成形文字，大约出现于夏代初期。

从陶符进化到文字，除了依赖于生产发展、经济文化交往增多等社会历史条件，还必须经过专门人才的整理、改造、创制。陶符可以信手画来，只要自己明白就行，而文字却需要得到社会的认可，不可能人人随心所欲地"创作"。完成从陶符到文字的转变、定型工作的，只能是社会中的一小批专门知识人才。这些人从社会流行的符号中去粗取精，归纳整理，改造创制，推广应用，逐步取得全社会的承认和采纳。如果不相信仓颉是怪头怪脑的先知、先圣，而是这样一批专门人才的代表，那么《荀子·解蔽》中"好书者众矣，而仓颉独传者，壹也"的记录，便如实反映了他们在文字创制过程中的真正功绩。

第二节

甲骨文与"六书"

最古老的汉字,当推殷商时代的甲骨文。殷人是迷信的氏族,殷商是迷信的时代。殷人将他们占卜的行为和言辞刻在龟甲和兽骨上,形成特殊的语言符号系统——甲骨文。甲骨文距今已有三千余年的历史,但是它被人们发现,却是不过百年以前的事情。关于此,有一段饶有趣味的传说:

1899年,居官北京的金石学家王懿荣身患疟疾,从宣武门外达仁堂药店抓回一剂中药,内有一味为龙骨。这龙骨本为动物遗骸,性平,味甘涩,中医常用以主治惊悸、癫痫、自汗盗汗等症。偶然之间,王氏发现龙骨上刻有若干文字,大为惊奇,于是去达仁堂以高价将此类龙骨悉数购回,详加研究,并访查出它们均来自河南安阳的殷墟。后经王氏之友刘鹗(即《老残游记》的作者)于1903年著录《铁云藏龟》一书公之于世,甲骨文从此名震中外。

此说首见于1931年北京《华北日报·华北画刊》第89期上一篇署名汐翁的文章《龟甲文》,根据已不可考,其真实性多令人疑。比较确实的甲骨文发现记录,是1911年有人到安阳小屯村殷墟向当地农民所作的调查:

此地埋藏龟骨，前三十余年已发现，不自今日始也。谓某年某姓犁田，忽有数骨片随土翻起，视之，上有刻画，且有作殷色者，不知为何物。……且古骨研末，又愈刀创，故药铺购之，一斤才得数钱。骨之坚者，或又购以刻物。乡人农暇，随地发掘，所得甚多，拣大者售之。购者或不取刻文，则以铲除削之而售。[1]

20世纪以来，甲骨文研究取得长足进展，已发现三千个以上的字汇，包括名词、代名词、动词、助动词、形容词等词类，还有长达一百七八十字的记叙文[2]。研究表明，甲骨文已是比较成熟的文字系统。它上承陶符，下启钟鼎文，在中国文字史上占有非常重要的地位。这首先表现在它已经完整地体现出汉字结构的基本规律。

关于汉字结构的规律，前人总结有所谓"六书"，即六种常用造字条例。"六书"的称谓，前人说法不一，汉代文字学家许慎在《说文解字·序》中调整为象形、会意、指事、形声、假借、转注。应当特别强调，"六书"是根据汉字的结构规律归纳出来的，并非先有"六书"之法，然后才依此造字。甲骨文为"六书"之法提供了大量例证，是"六书"理论最早的基本依据。

一　象形

"象形者，画成其物，随体诘诎。"[3]甲骨文的象形，已非原始的图画，而是抓住表意对象的外形特征，加以形象化。☉（日）、☽（月）象天体；⛰（土）、⊞（田）象地貌；𠆢（人）、𠨞（女）象人形。最生动的是有关兽类的象形字："羊角像其曲，鹿角像其歧，象像其长鼻，

---

[1] 罗振常:《洹洛访古游记》，清宣统三年二月二十三日条。
[2] 胡厚宣:《五十年甲骨文发现的总结》，上海：商务印书馆1951年，第51页。
[3] 许慎:《说文解字》。

>> > 最古老的汉字,当推殷商时代的甲骨文。殷人是迷信的氏族,殷商是迷信的时代。殷人将他们占卜的行为和言辞刻在龟甲和兽骨上,形成特殊的语言符号系统——甲骨文。图为当代韩黎坤、王超、曹兴军《甲骨刻文》。

豕像其竭尾，犬像其修体，虎像其巨口……"① 此类字约占甲骨文可识字数的百分之三十七。

二　会意

"会意者，比类合谊，以见指撝。"② 象形字只宜于表达实体的表意对象，而对表达无形的意念、物性的区别、生物的活动等，就无能为力了。这类表意就要靠组合两个或者更多的象形符号以见意的方法来解决。如以 ☉（日）☽（月）交相辉映为"明"；"明"的另一种写法🪟，意为月光照进窗棂，不仅会意，且富诗情。此外，以手握禾为秉，以爪摘木为采，以手开户为启，以手逮人为及，均属合文会意的例证。

三　指事

"指事者，视而可识，察而见意。"③ 用一点或一画来指示位置所在以表达意义，也是甲骨文常用的构字法。"上"写作 ⼆，"下"写作 ⼆，朩（末）标明树梢，木（本）指出树根。又如点在腋为亦，点在女胸为母，也是典型字例。

以上会意、指事两类，约占甲骨文已识字数的百分之四十。

四　形声

"形声者，以事为名，取譬相成。"④ 形声字由形符（或意符）与声符合并而成。盂（盂），下为形符，上为声符；祀（祀），左为意符，右为声符。同是以工为音符者，从水成江，从系成红，从鸟成鸿（大

---

① 许慎：《说文解字》。
② 同上。
③ 同上。
④ 同上。

鸟）。甲骨文中，形声字约占百分之二十。在现代汉字中，这个比例倒了过来，形声字占总字数的百分之八十。这是因为形声结构造字简便，便于识读，所以甲骨文以后出现的新字，越来越多地沿用此例。

五　假借

"假借者，本无其字，依声托事。"① 语言中有些词汇有音而无字，便借用同音字来代表，被借的同音字也就失去了本来的意义。甲骨文中，借翩翩起舞的"凤"为风，又借以手执斧的 ┠ 为斧。

六　转注

"转注者，建类一首，同意相受。"② 这是说，意义相同的一类字，属于"一首"。也有人认为"一首"是指字形上同一部首，或字音上同韵同声。所以"转注"又有义转、形转、音转三说。总之不外甲等于乙，乙等于甲，可以互注。甲骨之中，此类字有 𦒳（考）、𦒶（老）等。

以上假借、转注二类字，甲骨文中不多，后来的汉字系统中，这两类字也一直很少。

---

① 许慎:《说文解字》。
② 同上。

第三节

字体流变

甲骨文出现以后，随着社会生活的发展，汉字字体发生过多次演变。字体，即文字的书写形态，包括笔画形式、结构布局、构图轮廓诸要素。这些要素发生变化，即产生出新的字体。大致归纳，汉字发展史上先后出现过甲骨文、金文、大篆、小篆、隶书、草书、楷书、行书八种字体，示例如下：

一 甲骨文

甲骨文字体，与其书写工具、材料有直接关系。甲骨文用刀刻在坚硬的龟甲兽骨上，所以笔画短促有力，线条细瘦匀称。笔法有方有圆，有肥有瘦。一幅之中，或稀疏有致，或密集严整，古趣横生。同一段文字，因字的笔画多少不同而大小参差。每个字的写法也不十分规范，如"羊"字，就有 ⿰、⿰、⿰、⿰ 等多种写法，而这正是早期文字不规范的反映。

二 金文

从殷商、西周直到汉代，流行铭刻在青铜器上的文字。青铜器分礼器和乐器两大类，礼器以鼎为最多，乐器以钟为最多，所以"钟鼎"便成青铜器的代称，青铜器上的文字，又称钟鼎文。古代称铜为金，故而又作金文。从文字结构规律看，金文与甲骨文的明显区别是形声字大增。到金文阶段，汉字的形声化已成大势所趋。在文字篇幅上，金文也有大幅度扩充，甲骨文最长为一百七八十字，而金文现已发现的《毛公鼎》铭文，已达四百九十七字，多了一倍还有余。这正表明人们驾驭语言文字的能力有了长足的进步。金文系熔化铜液注入型范浇铸而成，所以笔画远较甲骨文丰满粗壮，转折浑圆，风格端庄，布局更趋严整。

三 大篆

大篆是春秋、战国时代通行于秦国的字体，传说为太史籀创制，所以又称籀文。许慎《说文解字·序》称"（周）宣王太史籀著大篆十五篇，与古文或异"，但太史籀所著久已亡佚，现藏于北京故宫博物院、唐代初年出土于天兴（今陕西宝鸡）三畤原的秦国鼓形石刻上的文字，便成为大篆字体的代表。大篆由金文演变而来，但笔画更均匀，结构更工整。如"是"字，金文作 ⿱，大篆作 ⿱，柳字金文

作 ※，大篆作 ※。

四 小篆

小篆，又称秦篆。前221年秦始皇统一中国，采取多种措施加强中央集权，其一为"书同文"，即统一文字。当时各国文字字体不一，以四、马、安诸字为例：

这种现象严重影响统一政令的颁行，于是秦始皇令丞相李斯主持，以大篆为基础，别创一种更简约的文字体系，颁行全国，同时"罢其不与秦合"的各国文字，这便是小篆的由来。小篆保持大篆圆转遒劲的风格，简化大篆的笔画或部件，字体结构也更加匀称。在文字规范化方面，小篆也大进了一步，甲骨文、金文、大篆中的许多异体字（即同一字的多种写法）在小篆中消失了。由于统一、规范的特点，小篆在汉字史上占有十分重要的地位。现存小篆的代表作有泰山刻石，相传为李斯亲笔，弥足珍贵。

五 隶书

小篆比大篆、金文、甲骨文都简约，但作为通行文字，仍嫌繁复。其时有狱吏程邈，因罪坐狱，他将大篆、小篆的笔画和结构做进一步简化，又将圆转改为方折，以便于书写。这种字体首先由誊录公文的官员徒隶使用，渐次推广开来，所以被称为隶书。由秦至两汉、三国，隶书使用范围日广，形体也略有变化。早期的秦隶，笔画没有点画俯仰之势。到了汉隶，笔画呈"波折之势"，东汉后期，更趋工整精巧，结构扁平，形成隶书的楷模。隶书变小篆的长圆字形为扁平，引起字的偏旁布局的调整。许多上下结构的字，变为左右结构。"裠"隶化为"裙"，"螘"隶化为"蛾"。许多偏旁也简化变形，如 艸 隶变为 艹。这样一来，隶书就在相当程度上消除了汉字的象形意味，这正是文字进步的表现。

六 草书

草书起源于秦末、汉初，系由秦隶连笔快书而成。"盖秦之末，刑峻网密，官书烦冗，战攻并作，军书交驰，羽檄纷飞，故为隶草，趋急速耳。"[①] 草书又分章草、今草两种。章草名称的由来：一说是汉元帝时黄门令史游草书"急就章"；另一说是汉章帝喜爱杜度的草书，令其上奏章时亦用此字体，故称章草。章草横画上挑，撇、捺分别，仍沿袭隶书法式，所不同的是笔画连带之处，细若游丝，圆如转圜。今草在章草基础上演成，始于东汉张芝。今、章之别，在"章草之书，字字区别。张芝变为今草，加其流速，拔茅连茹，上下牵连，或借上字之终，而为下字之始，奇形离合，数意兼包"[②]。今草字体一气呵成，极度简化，便于快速书写，但因无固定法式，难认难学，流行不广，仅为书法家们所喜爱。

---

① 赵壹：《非草书》。
② 张怀瓘：《书断》。

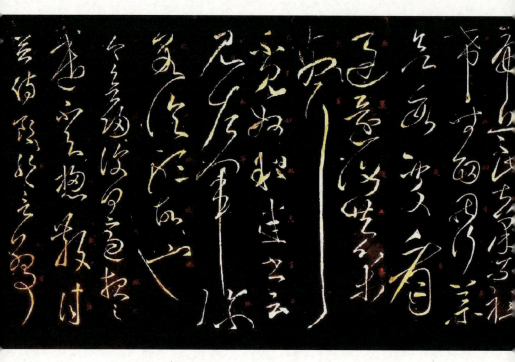

>>> 今草在章草基础上演成,始于东汉张芝。今草字体一气呵成,极度简化,便于快速书写,但因无固定法式,难认难学,流行不广,仅为书法家们所喜爱。图为汉代张芝《冠军帖》。

七 楷书

楷书兴于东汉,兼综隶、草之长,既采纳隶书匀称明晰的优点,又吸取草书的简约精神。相传首创者为王次仲,"次仲始以古书方广,少波势。建初(汉章帝年号——引注)中,以隶草作楷法,字方八分,言有楷模"[①]。"楷",是端正的意思。楷书字体方正,笔画简明,结构平

---

① 王愔:《文字志》。

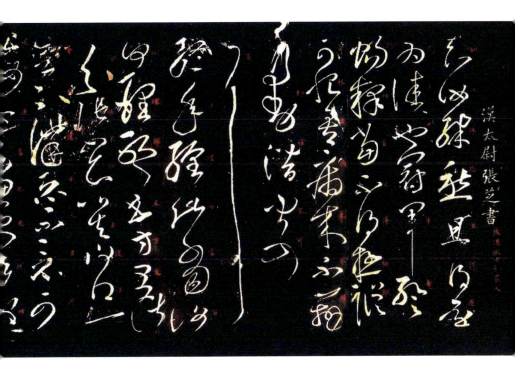

稳,易认易写,所以直到今天,楷书仍然稳固地占据汉字最通用字体的地位。

八 行书

行书始创于汉、魏,相传为东汉末年刘德升所创,但未见刘氏墨迹传世。从字体特征看,行书"即正书(楷书)之小讹,务从简易,相间流行,故谓之行书"[①]。行书减省楷书的笔画,采纳草书联绵笔法,介乎楷、草之间,伸缩性大,实用性强,体变也多。写得规矩一点,更近于楷书的,叫做行楷;写得狂放一点,更近于草书的,称

---

① 张怀瓘:《书断》。

作行草。唐代书法家孙过庭在《书谱》中称"趋变适时，行书为要"，正点明行书的优长所在。直到现在，一般人手写的汉字，基本上都是行书。

　　文字是记录语言、表达思想的工具。但凡工具，总是向着高效、低耗、轻便的方向演进，汉字也不例外。汉字字体的演变，正是不断提高表记效能、降低繁难程度、方便掌握运用的过程。上述诸种字体，便是这个过程的界碑。综而观之，汉字字体的流变，体现为两大趋向，一是简化趋势。从甲骨文到行书，笔形由繁到简，笔画由多到少，构架由诘诎到平易，规范由宽松到谨严，一字多形的现象越来越少。二是音化趋势。任何文字都与语言相联系，都必须具备表音功能。但汉字的"六书"构字法，决定了它主要根据表意原则来造字、用字，因而表音功能相对于其他文字（如英文、法文、德文等）较弱。早期汉字（甲骨文、金文）中占绝大多数的象形字、指事字和会意字，均以整个字形为记音符号，结构上没有独立的表音成分或标志，字形与字音没有直接联系，难以认读。正是由于认识到这个弊病，人们在实践中便着意提高形声字的比例。形声字的结构音义兼顾，既易区别，又善表达，易认易读，所以发展到现在，形声字已占汉字总数的百分之八十以上。

第四节

汉字的优长

作为人类最古老的文字系统之一,汉字已有6 000岁高寿,而且在今后相当长的历史时期内还将生机勃勃地继续存在。如此强盛的生命力之源,除了约定俗成的历史—社会原因,更在于汉字系统自身品质的特殊优长。

历经几千年的创造、积累、新陈代谢,到现在汉字的数量已十分庞大。殷商时代的甲骨文,字数在4 500个左右。商、周金文约3 000字。加上石刻文字,除去重复,可知周、秦时代的文字数目大致为4 000。汉代以后,汉字的数量增长加快。东汉许慎作《说文解字》,收字9 353个。到了六朝时梁朝顾野王作《玉篇》,收字突破2万,达到22 726个。宋仁宗时,丁度奉诏修《集韵》,包括重文和多音,字数达到53 525个。1716年,《康熙字典》刊行,收字47 035个,实际数量超过《集韵》。这个纪录保持了200年。1915年中华书局出版的《中华大字典》、1961年日本学者诸桥辙次主编的《大汉和辞典》和1968年中国台湾出版的《中文大辞典》,字数均未突破5万。1975年以后,湖北、四川300余位专家、学者,积15年之功,编成至今收字最广的《汉语大字典》,共录字54 678个。这是迄今为止汉字统计的最高数量。

这 54 000 余字，包括历史上曾经出现过但现在已被淘汰的古字，也包括数量颇为可观的繁体字、异体字。古往今来，没有任何人能够完全认识这形态纷繁的 5 万多个符号，但这并不妨碍汉字作为有效而便利的语言工具被几百万、几千万乃至几亿、十几亿中国人长久地运用。这是因为，实际生活中经常、必须使用的汉字，只有这个庞大数量的十几、二十分之一。现当代作家老舍的小说《骆驼祥子》总共 17 360 字，但不重复单字仅 2 413 个。《毛泽东选集》前 4 卷中，使用汉字也不过 2 981 个。据统计，3 000 个常用汉字已占全部汉字出现频率的 99%。还有人指出，240 个最常用字竟占全部汉字出现频率的 57.57%。

既有庞大的字库以应对纷繁的大千世界对语言及其记录的无尽要求，又有相对集中而且十分简约的常用字符以满足一般需要，这是汉字在量的方面明显的特点。

人类各民族的文字，不外表意、表音两大类。从历史发展形态看，表意在先，表音在后。表意又分形意与意音两种。世界上独立起源的古老文字，如苏美尔人的早期象形字、古印度文字，均由"记事图画"发展而来，属于形意字。形意字增加表音成分，成为意音字，表意、表音兼顾。苏美尔人的楔形文字、汉字的形声字，便属此类。意音字进一步演化，成完全表音的文字，又分音节文字和音位文字两种。音节文字以表示音节的字母书写，日文的假名最为典型。音位文字用表音位的字母记录语言，如英文、法文、阿拉伯文等。世界上现行的完全表意文字，唯独汉字一种。

一般认为，表音文字用有限的符号（不超过一百个）直接记录语音，只要掌握简要的拼写规则，便可以方便地读、写，所以远比表意文字优越。汉字改革的拼音化方案，便是据此而立。

相对而言，表意的汉字比起表音的英文、法文来，确有其难写、难认的短弊。但另一方面，我们又要看到，惟其表意，汉字在实现其记录语言的社会功能方面，又有超迈诸多表音文字之处。有的学者提出，不同语言的特点决定其文字所属类型，西方学者提出的"文字是记录语言的符号"这一论断并不适用于汉语。作为表意文字，汉字并不是汉语的附属物，汉字本身有着丰富的文化内涵和深邃的哲理。汉字有高度的可识别性，信息储存量大，跨时空可读性强。汉字单音节这一特点是电脑声控语言的最佳选择。

文字记录语言，就其本质讲，是贮存信息。就贮存信息的容量而言，汉字要明显大于英文、法文等表音文字。汉字是方块平面结构，占有宽与高二维空间，而所有的拼音文字均由字母按发音顺序成线性结构，只占有宽度的一维空间。所以汉字的信息含量更大。另一方面，汉字以一个字符代表一个意义，而拼音文字以几个、十几个，甚至几十个字母代表一个意义，所以汉字实际上更简便。这种论点最直接的证据是，联合国所有文件均需印行中、英、法、俄、西班牙文五种文本，除中文外，其余四种均为拼音文字，偏偏中文文本最薄！

由于单字的信息容量大，所以在记录信息的速度方面，汉字也有一定优势。以将文字输入电脑的击键次数为例，拼音文字一个字母需击键一次，输入一个意义单位需几次、十几次，而汉字码方案现在已有数十种，每字击键次数不过三四次。孰繁孰简，不言而喻。

语言的丰富程度随社会发展而发展，新的词汇不断产生出来。一种文字是否具有灵活、便捷的构词能力，也是衡量其优劣的基本尺度之一。在这方面，汉字的优势十分明显。汉语词汇的发展趋势是由单音词（一个字即一个词）占优势向多音词（两个或更多字组成词）占优势演化。单个的汉字自然地由词转化为词素，因此增加新词可以不增加新字，而拼音文字则无法做到这一点。如电子计算机出现后，英文中不得不产生一个新词computer，但汉字用已有的电、子、计、算、机这五个单字很方便地组成一个全新的词，而且十分准确地示明这个新事物的本质：用电子技术来实现数学运算的计算工具。汉字构

147

词力强的特长，使得掌握几千常用汉字的人，可以毫无障碍地掌握几倍、十几倍乃至更多于这个数目的词汇，在社会生活中应付自如。

从快速理解文字所表达的词意方面看，汉字也有"望文生义"的特长。小土为尘，不正为歪，词义一目了然。另外，汉字结构中独具一格的部首，更为人们系统地掌握成类汉字的意义提供了相当准确的标尺。以"禾"为偏旁的字，大都与农事有关；以"疒"为偏旁的字多表示某种疾病，"木"旁多示乔木植物，"扌"旁多示人手动作，即便不会读认，也能估摸其意义八九不离十。

当然，在充分认识汉字的特殊优长的同时，还应指出，相对于拼音文字来说，难写、难读，尤其是不利于传递信息，毕竟是汉字的不足。期待更为成熟的、为海内外中华儿女普遍接受的汉字改革方案的出现。

第五节

形形色色的"书"

文字产生以后,人类运用它来记录思维的结晶,积累认识并改造自然、社会、人生的经验与教训,便出现了书籍。书籍是人类文明的知识宝库,是社会发展的登进阶梯。在不同国度、不同时期,这种宝库、阶梯系由形形色色的物质材料所构筑。古印度人用过椰树叶,巴比伦人用过泥板,公元前的希腊、罗马人用过蜡板,中世纪的欧洲人用过羊皮,那时的一部《圣经》,需花去三百张羊皮,价格十分昂贵。

在中国文化史上,曾作为文字载体、书籍质料而广泛应用的,有甲骨、青铜、石头、竹木、丝帛和纸张。

一 甲骨的书

殷商时代,人们将文字刻在龟甲和兽骨(主要是牛骨,也有鹿骨、羊骨、猪骨和虎骨)上,形成甲骨的书,内容多为占卜的行为和言辞,也有史实记载,一般由祭师或史官书写或契刻下来。甲骨上的文字是先写后刻,还是不写就刻,抑或有写有刻,说法不一。已出土的甲骨文中,以上几种情况并存。从大多数甲骨文刀法娴熟(小字用单刀法,大字用双刀法,宽笔用复刀法)、字迹隽美看,从事刻写者,大约经过专门的训练。如果这一分析不错,那么刻与写的疑问便涣然冰释了：生手先写后刻，熟手则不写径刻。至于所用工具，写字使用毛笔和墨汁，甲骨文本身即有一𦥑字，清楚显示右手握笔的图形[1]。如此计算，毛笔已有三千年以上的历史。刻字工具，一说为动物的尖齿或玉刀，一说为铜刀。根据模拟实验的推断，很可能是含锡量百分之二十到百分之二十五的青铜刀。甲骨的书，提供了极为珍贵的第一手上古史料。如加拿大皇家博物馆的一块虎骨，载二十二字，大意为辛酉日，王帝辛出猎于鸡录，捕获了一只猛虎，三年（推算为前1152年——引注）十月祭于天[2]。

二 青铜的书

殷商、西周时期，中华先民已经熟练掌握青铜的冶炼、铸造技术，他们不仅能制造出品类繁多且工艺精湛的礼器、乐器、兵器，还能在这些青铜器上铸出精美的文字，称铭文，形成青铜的书。清人阮元说："古铜器有铭，铭之文为古人篆迹，非经文隶楷、缣楮传写之比，且其词为王侯、大人、贤者所为，其重与'九经'同之。"[3]青铜的书记载了祭典、训诂、征伐、宠赐册命、授土授民、盟誓契约等多方面的社会生活内容，是研究殷商历史的重要文献依据。

三 石头的书

就文字记录的材料性质而言，石头比甲骨、青铜更优越。其一，石料来源充足；其二，质量厚重，难以毁弃，便于存留。秦、汉以后，石刻之书日见普遍，逐渐取代了青铜铭文的地位。

现存最古老的石头的书，是公元前8世纪至前7世纪秦国遗留下来的10块鼓形石，其高度45厘米至90厘米不等，横切面周长平均为

---

[1] 罗振玉：《殷墟书契后编》卷下，北京：中国青年出版社1994年，第38页。
[2] White, *Bone Culture of Ancient China* (Toronto, 1945), pp.28, 97.
[3] 《揅经室三集·商周铜器说》。

210厘米，四周刻有文字；现存的宋代拓本，尚存465字，内容为记述秦国国君游猎的10首四言古诗。石刻之书中最为壮观的巨作，是《石经》，即儒学经典的石刻碑文。东汉灵帝时，"经籍去圣久远，文字多谬"[①]，为了准确、统一、恒久地保存儒学经典，蔡邕等人将《易》《书》《诗》《仪礼》《春秋》《公羊传》和《论语》详加校订，刻成石碑，立于洛阳太学门前，供天下学子抄阅。此后，魏、唐、后蜀、北宋、南宋、清，亦有大规模刻制石经之举，其中不少珍贵残留，现存西安碑林博物馆。

四　竹木的书

竹简和木牍，是纸张出现以前，人们使用最为普遍的书写材料。竹简是经过刮平、烘烤除水处理的竹片。南宋文天祥的名句"人生自古谁无死，留取丹心照汗青"，用"汗青"喻史册。"汗青"二字，便由青竹烘烤出"汗"而来。竹简长度从十余厘米到几十厘米不等，宽度多为1厘米左右，每片直行书写几字至几十字，用绳索或牛筋连接起来。现在以"册"为书籍的单位，这"册"字便是当初绳索或牛筋串连竹简的形象摹写。秦、汉时代的竹简出土颇丰。1975年湖北云梦睡虎地秦墓出土竹简1 100余件，其中的秦代律令，是目前所见最早的成文法。1972年山东临沂银雀山汉墓出土竹简近5 000件，内容多为兵书，其中有《孙子兵法》《孙膑兵法》两种，解决了史学界争讼多年而未决的《孙子兵法》的作者问题。

木牍，又称版牍，即在窄而长的木板上写字行文。常见于汉、晋时代。杨修《答临淄侯笺》所言"握牍持笔"，具体描画了当时人们的写作方式。直到现在，人们仍用"尺牍"代表书信之义，来源即在于此。1972年甘肃武威旱滩坡东汉墓出土木牍就是2件——长约23

[①] 《后汉书·蔡邕传》。

厘米，宽窄不一，质地为松木和杨木，载有约100种药物名称，是迄今发现的东汉较完整的医方著作。

五　丝帛的书

中国古代的丝织业素称发达。殷商时代的甲骨文中，便有丝、帛等字样出现。《晏子春秋》卷八中有"著之于帛"的记载，可见迟至公元前6世纪至前5世纪，人们已经使用丝帛作为书写材料。现存最早的帛书实物，1934年出土于湖南长沙楚墓，通称楚缯书，长38.7厘米，宽47厘米，上有毛笔书写文字1 000余个，记载有炎帝、祝融、帝俊等古代传说人物及四季、四方等名词。1973年长沙马王堆西汉墓出土大批极珍贵帛书，计图书10余种，共12万字，为公元前2世纪或更早之物。其中《老子道德经》写本2种，上下篇次序与今本相反；《战国策》12 000千多字，大半为今本所无。

丝帛质地轻软，便于携带保管；表面光滑洁白，便于书写，是优良的书写材料。帛书一般以木棍为轴，从左向右卷成一束，称为卷轴书。现在称书为"卷"，成语中有"手不释卷"之说，盖源于此。

六　纸张的书

丝帛虽好，但价格昂贵；竹木虽贱，又过于笨重。西汉学者东方朔给汉武帝上一奏章，用去三千支竹简，两个身强力壮的汉子好不容易才抬进宫去。史传东汉蔡伦发明纸张，取代丝帛、竹木，由此推动了图书事业乃至人类文明的突飞猛进。

中国是纸的故乡。考古发掘证明，早在东汉蔡伦的时代以前，已有纸张出现。1954年，在新疆罗布淖尔发现公元前1世纪的麻纸。1957年陕西灞桥又出土西汉古纸残片，最大者约10厘米见方。纸张始用于写字的确切年代已不可考。1942年内蒙古居延古烽火台废墟中出土一片字纸，上有20余字，字体为隶书。据考证，年代约与蔡伦

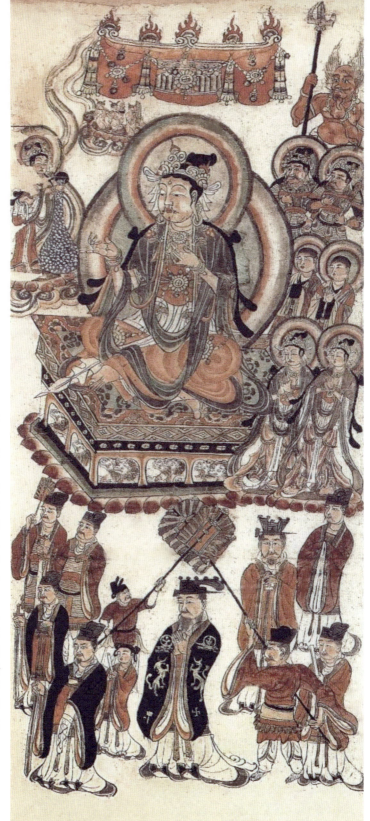

>>> 现存最珍贵的古代纸质文书,当推20世纪初年发现于敦煌的纸卷,共达3万余卷,大多为写本,内容多半为佛经,亦有儒家与道家经典,以及史籍、韵书、诗赋、小说及各种公私文件,除中文外,另有梵文、波斯文、回纥文、藏文。图为五代《维摩经变相图》。《维摩经》是大乘佛教最重要的经典之一,《维摩经变相图》是在敦煌发现的纸质绘本。

同时，为公元110年前后。现存最珍贵的古代纸质文书，当推20世纪初年发现于敦煌的纸卷，共达3万余卷，大多为写本，内容多半为佛经，亦有儒家与道家经典，以及史籍、韵书、诗赋、小说及各种公私文件，除中文外，另有梵文、波斯文、回纥文、藏文。年代为公元5世纪至10世纪。除9 800余卷现藏北京图书馆外，其余分藏于伦敦英国图书馆、巴黎国立图书馆、圣彼得堡（原列宁格勒）五洲民族研究所。

第六节

煌煌中华,"有典有册"

煌煌中华,素称"世界四大文明古国"之一。其重要标志,是它数千年积累、存留下来的极为宏富的文化典籍。无论是从典籍的数量、质量,还是从典籍管理系统的科学水准看,中华文明都大大领先于古代文明诸国。

早在殷商时代,社会就拥有相当数量的书籍,故《尚书·多誓》有"唯殷先人,有典有册"之说。其时巫史"掌官书以赞治"[①],可见已有国家图书管理机构。春秋、战国时代,诸子并起,百家争鸣,竞相著书立说,学术文化事业兴旺发达,图书数量因而剧增。据《左传·昭公十二年》载,当时即有"三坟、五典、八索、九丘"之称。这些书籍,早已亡佚,具体内容,亦多争议[②],但西晋学者杜预注曰"皆古书名",则无疑义。私人藏书,已成风气。《庄子·天下》载,"惠施多方,其书五车",后世遂以学富五车的成语,来形容某人读书广博、学问精深。秦始皇统一中国,下令没收并焚毁《诗》《书》《百家语》及《秦纪》以外的史书,"故明堂、石室、金匮玉版,图籍散

---

① 《周礼·天官》。
② 据东汉贾逵解释:"'三坟',三王之书;'五典',五帝之典;'八索',八王之法;'九丘',九州亡国之戒。"(《左传解诂》)

乱"①，遭受严重损失。

汉代是中国历史上的强盛王朝，文化事业出现空前繁荣景象。公元前124年，汉武帝下诏"广开献书之路"，"于是建藏书之策，置写书之官。下及诸子传说，皆充秘府"②。到公元前26年，"书积如丘山""天下遗文古事，靡不毕集"。就在这一年，成帝又命陈农求遗书于天下，并诏光禄大夫刘向等人校定经传、诸子、诗赋、数术、方技等各类典籍。刘向每校完一书，便写成《叙录》一篇，介绍该书作者生平行事、思想内容、学术源流及校勘经过。他将各书《叙录》汇编成册，别行于世，称之《别录》。刘向死后，其子刘歆在《别录》基础上删繁就简，编成中国第一部综合性图书分类目录《七略》。《七略》依书的内容性质分类为六：（一）六艺略；（二）诸子略；（三）诗赋略；（四）兵书略；（五）数术略；（六）方技略。加上总序性质的辑略，是为《七略》。《七略》今已不存，但其大致风貌，可从班固所修《汉书·艺文志》中得以窥见。班固赞赏"刘向司籍，九流以别""因《七略》之辞""删其要以备篇籍"。他取消辑略，保留其余"六略"38种的分类体系，又增加刘向、扬雄、杜林3家著作，共收录典籍596家、13 269卷。

西晋时，荀勖著《晋中经簿》，创甲、乙、丙、丁四部图书分类法。甲部收"六艺"及小学之书，乙部收诸子、兵书、数术之书，丙部收史学之书，丁部收诗赋、图赞，共录书目1 885部、2 935卷。

唐太宗贞观年间，魏徵监修《隋书》。《隋书·经籍志》著录存书3 127部、36 708卷，佚书1 064部、12 759卷，按经、史、子、集四部（分别相当于《晋中经簿》的甲、乙、丙、丁四部）40类排列，奠定了中国古籍目录分类法的经典形式。

在世界范围内，就图书管理专门学问——目录学的早熟与发达

---

① 《史记·太史公自序》。
② 《汉书·艺文志》。

而言，中国居于遥遥领先的地位。相当严密成熟的经、史、子、集四部分类法诞生之时，西方还鲜有这方面的成果可言。欧洲第一部图书分类表，迟至1545年才在德国出现，晚于《隋书·经籍志》九百余年。而刘向父子编纂分类目录的时间，更比号称"俄罗斯目录学之父"的索比可夫早出一千八百余年。

东汉造纸技术的成熟，隋、唐雕版印刷术，尤其是宋代活字印刷术的发明、运用，给源远流长的中国图书事业插上了腾飞的双翼。下表展列汉至清历代书籍出版的年平均量：

	部　数	卷　数
西汉及西汉以前	1 033	13 029
东汉	1 100	2 900
三国	1 122	4 562
晋	2 438	14 887
南北朝	7 094	50 855
隋、唐	10 036	173 324
五代	770	11 750
宋	11 519	124 919
西夏、辽、金、元	5 970	52 891
明	14 024	218 029
清	126 649	1 700 000
总　计	181 755	2 367 146

降及明、清，图书事业达于鼎盛。世界文化史上罕有其匹的巨型类书、丛书相继问世，充分展示了中华典籍之宏富、文化之昌明。

类书是一种广泛采择古今图书中的语词、诗文、人物、典故等各种资料，分类编排，汇辑成册，供人检阅翻查的工具书。中国最早的类书当推三国时魏文帝曹丕令王象、桓范等人编纂的《皇览》。《皇览》分40余部，每部有数十篇，共800余万字，可惜今已亡佚。此后类书代有巨制。唐代著名者如《北堂书钞》《艺文类聚》《初学记》《白氏六帖》，流传甚广。宋代编类书风气更甚，《太平广记》《太平御览》《册府元龟》《文苑英华》四大类书先后问世，至今仍为治史学、文学者经常查阅。

明代永乐年间，诞生了中国文化史上规模最大的百科全书式类书《永乐大典》。《永乐大典》由姚广孝、郑赐、解缙监修，参与编校者达2 169人。全书正文22 877卷，凡例和目录60卷，装成11 095册，字数高达3.7亿，为世界闻名的18世纪法国启蒙思想家狄德罗主编的《百科全书》的12倍。

《永乐大典》收入典籍七八千种，包括经、史、子、集、释藏、道经、戏曲、平话、医方、技艺等各类著作，均据原书整部、整篇、整段收入，"直取原文，未尝擅改片语"①。宋、元以前许多佚书和珍本赖以完整保存。令人遗憾且愤慨的是，《永乐大典》仅有正本、副本两部，正本明亡时悉数毁弃，副本亦陆续佚散，至清乾隆年间已残缺2 422卷。20世纪初年，八国联军入侵北京，对《永乐大典》焚毁、劫掠，甚至用来铺垫马槽，使之损失殆尽，至今仅残留810卷，只是原本的三十分之一。

现存规模最大、体例最完善的类书，是清康熙四十五年（1706）成书、雍正四年（1726）印行的《古今图书集成》。全书1万卷，分历象、方舆、明伦、博物、理学、经济6篇32典、6 109部，每部又有汇考、总论、图表、列传、艺文、选句、纪事、杂录、外编等项目，它所辑录的古籍，均保留原貌，并详注书名、篇目和作者，以利检索原书。乾隆皇帝赞其为"书城巨观，人间罕觏"，确非溢美之虚言。

类书之外，又有丛书，即将多种著作整部地编印在一起，并冠以

---

① 全祖望：《钞〈永乐大典〉记》。

总书名。在成批地完整保存典籍方面，丛书功用尤其显著。中国最早的丛书为宋嘉泰二年（1202）俞鼎孙、俞经辑的《儒学警悟》，收入宋代著作六部四十一卷。另外，宋代左圭辑《百川学海》、元末明初陶宗仪辑《说郛》、明代胡文焕辑《格致丛书》，都是丛书中的拔萃之作。

在历代编纂的丛书中，以清中叶乾隆年间面世的《四库全书》规模最为浩繁，令人叹为观止。《四库全书》由皇帝亲自主持，集中硕学鸿儒、书工写匠4 000余人，历时15年方告全功。共收录图书3 503种、79 000余卷，仅存书名而未录其书者6 766种、93 000余卷。这是中国文化史，乃至世界文化史上最宏伟的图书工程。《四库全书》先后誊抄了7部，分别藏于北京故宫内文渊阁、圆明园文源阁、奉天文溯阁、热河文津阁及镇江文宗阁、扬州文汇阁、杭州文澜阁。第二次鸦片战争中，英法联军火烧圆明园，文源阁所藏《四库全书》毁之一炬。

现在仅存文渊、文溯、文津、文澜四部，统收归中国国家图书馆珍藏。

煌煌中华，"有典有册"，现存古籍数量，雄踞世界首位。特别应该指出的是，除了现在得以见到的珍贵古书以外，在漫长的历史长河中，因自然灾害、兵燹战祸，以及人为毁弃的古代典籍，更不知凡几！近代陈登原归纳典籍亡佚的四大原因分别为"受厄"于独夫之专断、人事之不臧、兵匪之扰乱、藏弆者之鲜克有终，确为史据凿凿的痛心疾首之言。像秦始皇那样明令焚书的专横之举自不待言，即便是在乾隆皇帝下令编纂《四库全书》的过程中，大批被认为不利于清代统治的珍贵古籍同样经历一场浩劫。据不完全统计，其间全毁、抽毁书籍近3 000种，焚书24次，共毁13 862部，未详者尚不在内。

从数量看，中华典籍独步于世界。但从门类分布来看，却有重大

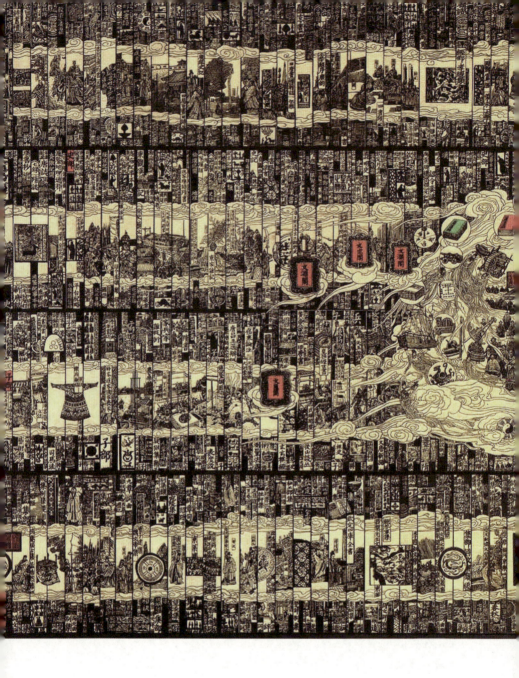

>>> 在历代编纂的丛书中，以清中叶乾隆年间面世的《四库全书》规模最为浩繁，令人叹为观止。图为当代张敏杰《〈四库全书〉与南北七阁》。

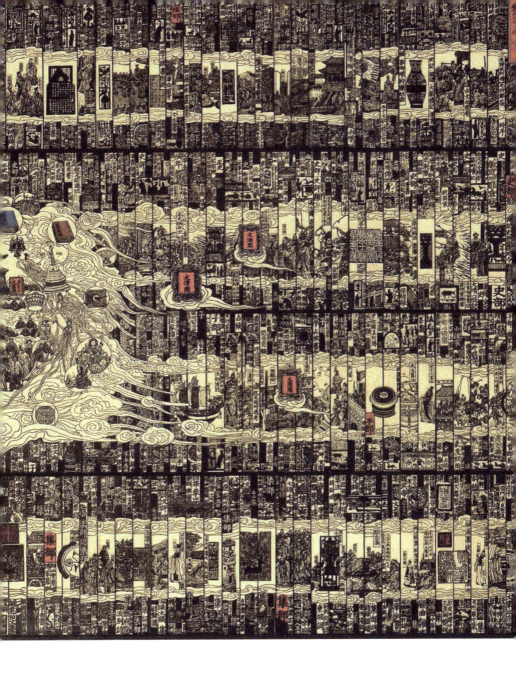

缺陷。现存古籍的压倒多数，均为文史类著作，相对而言，科学技术类著作数量极微。追溯缘由，主要是因为汉代以后，儒学渐居文化主流地位，伦理型文化范式日趋强固，社会普遍心理认为关于道德伦理的经、史、文学之作是学问的大端，而关乎自然科学、工艺技术的研究不过是学术末流、雕虫小技，这方面的著作因此多受冷遇。像明代宋应星著《天工开物》，影响远及欧洲，但在中国却失传三百余年，直至20世纪初，才从国外返归故土。此中意味，发人深省。

第五章

学而优则仕

中国传统的"文化"一词的基本含义，是"以文教化"，即以蕴涵道德伦理的诗书、礼乐教化世人。"以文教化"的功能，既体现在全社会范围内的风气熏陶，更体现在学校的正规训导。正因为如此，《说文解字》释"学"为"觉悟"；《白虎通义》也称："学之为言觉也，以觉悟所不知也。""觉悟"，即开启智慧的混沌，焕发德行的潜力。开发智慧，激励德行，本是世界各民族共同追求的教育目标，而中华民族由于自身文化的伦理——政治型特征，在"求学"与"修行""从政"之间架起直通的桥梁，其规范化、制度化的体现，便是教育制度与选举制、官僚制的合一。孔子的弟子子夏用十分精练的语言将这种合一关系表述为"学而优则仕"[①]。

"学而优则仕"，一方面规范了中国古代教育的模式，读书就是为了做官，求学成功的标志是金榜题名、乌纱上顶，得官则得志、得意，失官则失志、失意，学问本身在读书人心目中的地位，反倒退居次席了。另一方面，又从制度上保证了庞大的行政官员队伍拥有稳固的人才补充之源。虽然历代官场之中迂腐的冬烘与昏贪的墨吏史不绝书，但治国安邦、经世济民的英隽之才亦代不乏人。启蒙时代的欧洲哲人莱布尼茨、伏尔泰等人对中国的教育——选官制度钦羡不已，自有文化史上的确实依据。

---

① 《论语·子张》。

第一节

学校的萌生

中国文化史上正规学校产生的准确年代,已不可考。据汉代董仲舒《春秋繁露》记载,远在"五帝"时代,已有"成钧之学"。成钧之学的教育内容,以乐教为主。其根据在于"钧字即韵字之古文。古代教民,口耳相传,故重声教。而以声感人,莫善于乐"[①]。成钧之学已具专门化倾向,施教者为文化素养较高的专职或半专职乐师,受业者为脱离生产实践的贵胄子弟。有关成钧之学的细节,尚待进一步研究,但可以基本断定,它已是学校的萌芽。

历史演进到原始社会末期的有虞时代,产生了虞庠之学。虞,指有虞氏;庠,本义为食羊者所居之处。古代羊为佳肴,供氏族长老享用。故而庠乃氏族敬老、养老的地方。老一辈自觉地以向后人传授生产、生活经验为职志,所以庠渐渐演变成教育机关,敬老和孝的教育,也就成为虞庠之学的首要内容。氏族社会末期,社会不平等已显端倪,虞庠因之也有等级之分,据《礼记·王制》记载,"有虞氏养国老于上庠,养庶老于下庠"。从学校的发展趋势看,上庠近似国学的前身,下庠则近似乡学的前身。

---

① 孟宪承等:《中国古代教育史资料》,北京:人民教育出版社1961年,第31页。

夏代以后，学校已成定制，不过各代名称不一，"夏曰校，殷曰序，周曰庠"[①]；但教学内容与目的却并无二致，"学则三代共之，皆所以明人伦也"[②]。这既是对成钧、虞庠之学的继承，又正与中国文化的伦理型特征是相互发明。

---

① 《史记·儒林传》。
② 《孟子·滕文公上》。

第二节

官学与私学

殷商西周时期,是中华民族由野蛮时代步入文明时代的大门,社会分工日趋细密、固定。专司人神交通的巫,逐渐职业化、世袭化。同时,随着阶级分野的明朗、统治秩序的完善,以及文字的创制和普遍应用,巫的职责也由单一的占卜扩大为参与政治管理,"掌官书以赞治"。他们在甲骨文中被称为"史""尹"。史与巫通常二任而一身,所以后世也就以"巫史"相称。

作为中华民族的第一代文化人,巫史从事着卜筮、祭祀、书史、星历、医药等多方面的文化活动,在教育方面也发挥了重要作用。当时,"有平民贵族之等级,其教育亦因之而异。贵族教育,又有大学与小学之分。贵族之小学,与平民之学校,皆仅授以日用之知识技艺,及当时所谓为人之道,绝不足语于学术。大学则本为宗教之府,教中之古籍,及高深之哲学在焉。然实用之学,亦无所有,而必求之于官守"[①]。日用知识,如计算、文字、礼乐、射御之类,非巫史无以教之,而宗教、古籍等高深学问,更非巫史莫属。后人尝谓这一时期"学在官府",其实是"学在巫史"。巫史掌管文化教育,其内容局限在礼制、法度、宗教、神学的范围之内,政教不分,官私合一。

---

① 吕思勉:《先秦史》,上海:上海古籍出版社2020年,第468页。

> 有官斯有法，故法具于官；有法斯有书，故官守其书；有书斯有学，故师传其学；有学斯有业，故弟子习其业。官守学业皆出于一，而天下以同文为治，故私门无著述文字。①

春秋时期的社会大动荡，冲破了西周宗法等级制的僵化社会模式，也从根本上改变了贵族垄断文化事业的"学在官府"的局面。随着周天子权力旁落，公室衰败，许多原依附于王公贵族、诸侯大夫门下的文化人，不得不流落民间。《论语·微子》记载，原在周王宫中司礼、司乐的挚、干、缭、缺、方叔等人做鸟兽散，移居齐、楚、蔡、秦等国。与此同时，原先深藏于宫廷密室的图书典籍也散落民间，成为平民的读物，"天子失官，学在四夷"②已是大势所趋。

官学崩溃，必然导致私学的兴起。在这一文化巨变中，春秋战国时代崛起的士阶层，尤其是他们的领袖人物，推波助澜，倡导新潮，开创出一片兴旺景象。章太炎曾下一断语："老聃、仲尼而上，学皆在官；老聃、仲尼而下，学皆在家人。"③点明官、私之学交替的枢纽，正当此时。

私学打破了贵族对文化教育的垄断，使大批新兴地主、商人、平民子弟，也有了受教育的机会。在孔子的学生中，就有穷居陋巷的颜渊，"三年不举火、十年不制衣"的曾参，居"上漏下湿"之室的原宪，还有"卞之野人"子路。南郭惠子曾问子贡："夫子之门，何其杂也？"其实，学生成分之"杂"，并非"夫子之门"一家如此，而是这一时期各家私学的共同特征。

春秋战国时期，私学的规模已经相当可观。"孔子以诗、书、礼、乐教，弟子盖三千焉。"④孟子"后车数十乘，从者数百人"⑤。田

---

① 章学诚：《校雠通义·原道》。
② 《左传·昭公十七年》。
③ 《国故论衡》。
④ 《史记·孔子世家》。
⑤ 《孟子·滕文公下》。

骈在齐,"资养千钟,徒百人"①。在教学内容方面,各家私学自有侧重,如儒家重视政治思想、道德规范的灌输,"子以四教:文、行、忠、信"②;墨家重视生产实践,讲求科学、逻辑学知识;法家"以法为教""以吏为师"③。总括起来看,包含了思想修养、政治学说、文化知识、劳动技能等多方面的内容,较之殷商、西周时代的官学,要丰富、实用得多。

私学的繁荣,也得力于当时统治者的扶植和资助。各国君主、诸侯都允许私学集团自由流动,而各学派也奉行"合则留、不合则去"的原则,政治与学术的互相选择,促进了双方的共同发展。齐国的稷下学宫,便是在这种自由气氛里,蓬勃兴旺,历桓、威、宣、湣、襄五代君王而不衰,存在一百五十年之久,在中国学术史、教育史上留下了辉煌的记录。

稷下学宫具有多方面的功能。首先,它是各派私学收徒授业的基地。作为学校,稷下学宫似有统一的学则:

先生施教,弟子是则。温恭自虚,所受是极。见善从之,闻义则服。温柔孝悌,毋骄恃力。志毋虚邪,行必正直。游居有常,必就有德。颜色整齐,中心必式。夙兴夜寐,衣带必饬;朝益暮习,小心翼翼。一此不懈,是谓学则。④

其次,稷下学宫又是学术研究的中心。"谈说之士,期会于稷下也。"⑤少长咸集,群贤毕至,各派学者,有的长期居住,潜心钻研,著书立说。《宋子》《田子》(均已佚失)等著作都产生于此;《管子》

---

① 《战国策·齐策》。
② 《论语·述而》。
③ 《韩非子·五蠹》。
④ 《管子集校·弟子职》。
⑤ 刘向:《别录》。

>>> 齐国的稷下学宫,便是在这种自由气氛里,蓬勃兴旺,历桓、威、宣、湣、襄五代君王而不衰,存在一百五十年之久,在中国学术史、教育史上留下了辉煌的记录。图为当代赵永强《稷下学宫》。

《晏子春秋》《司马法》《周官》等书的编成，也有稷下学者参与其事。有的短期访问，聚会论辩，孟子与淳于髡的名实之辩，与告子的人性之辩，与宋牼的义利之辩，都发生于此。

再次，稷下学宫还是齐国统治集团的咨询机构。稷下学士们"不任职而论国事"①，"各著书言治乱之事，以干世主"②。他们或以史为鉴，规劝君主，"得道者多助，失道者寡助"③；或犯颜直谏，批评国君好味、好色，"矜功不休"④。齐国经济的繁荣和政治的强盛，显然大得益于稷下学士的智囊作用。

稷下学宫以上的多重功能，典型地显示了中国古代学校一身而多任的品性，因而成为古代教育模式的标本。

春秋、战国时代官学向私学的转移，并非意谓官学从此消亡。一方面，秦、汉以后，随着君主专制政治体制的逐渐强化，国家政权控制教育的格局也日趋完善，其体现是隶属于中央各部门及地方各级官府管辖的各类学校成龙配套，形成完整严密的官学体系。另一方面，在广大乡村城镇，由儒生塾师收徒讲学，传道、授业、解惑的私学，仍然普遍存在。一般说来，官学讲授的内容多为高深典雅的经传典籍，比较专业化、学术化；而私学讲授的内容多为启蒙性质的识字、计数，也包括道德伦理方面的初步熏陶⑤。从学习内容的递进与学生输送两方面讲，私学都是官学的基础。

秦、汉以降直至明、清，各代典制不尽相同，官学体系的构成，也迭经变更。限于篇幅，不能一一罗列，仅以唐代为例，列图表示之：

---

① 《盐铁论·论儒》。
② 《史记·孟荀列传》。
③ 《孟子·公孙丑下》。
④ 《盐铁论·论儒》。
⑤ 当然，私学中也包括类似于稷下学宫，发端于唐，大盛于宋、元、明诸朝的书院。书院一般由硕学鸿儒主持，研习内容精深。但其数量相对于遍布城乡的私塾是非常微小的，不构成私学的主体。

一　唐代中央学校分类表[①]

隶属关系	学校	教师额 博士	教师额 助教	学生数	招生对象	学习内容
国子监	国子学	2	2	300	文武三品以上子孙，若从二品以上曾孙，勋官二品县公，京官四品带三品勋封之子	分《周礼》《仪礼》《礼记》《毛诗》《春秋左氏传》五专业，兼习《周易》《尚书》《春秋公羊传》《春秋谷梁传》。《孝经》《论语》皆须兼通。暇习隶书，读《国语》《说文》《字林》《三苍》《尔雅》，间习时务策
国子监	太学	3	3	500	文武官五品以上子孙，职事官五品替亲，若三品曾孙，勋官三品以上有封之子	
国子监	四门学	3	3	1 300	五百人为勋官三品以上无封，四品有封，文武七品以上子；八百人为庶人之俊异者（即俊士）	同国子学、太学
国子监	书学	2		30	八品以下子及庶人之通其学者	《石经》《说文》《字林》为专业；余字书亦兼习之
国子监	算学	2		30	同上	分为两种专业：①《九章》《海岛》《孙子》《五曹》《张丘建》《夏侯阳》《周髀》《五经算术》；②《缀术》《缉古》，兼习《数术记遗》《三等数》
国子监	律学	1	1	50	同上	以律令为专业，格式法令亦兼习之
门下省	弘文馆	学士无定额		30	皇宗缌麻以上亲，皇太后、皇后大功以上亲，散官一品，中书门下三品同中书门下平章事，六尚书，功臣身食实封者，京官职事正三品，供奉官三品子孙，京官职事从三品，中书黄门侍郎子	学书法、兼经史，如国子学

---

① 此表录自毛礼锐等编：《中国古代教育史》，北京：人民教育出版社1983年，第262—265页。

（续表）

隶属关系	学校	教师额		学生数	招生对象	学习内容
		博士	助教			
东宫	崇文馆	学士无定额		20	同上	如国子学
尚书省词部	崇玄学	1	1	两部各100		《道德经》《庄子》《列子》《文子》等
太医署	医学 医师	1	1	40		《本草》《脉经》、分为体疗、疮肿、少小、耳目口齿、角法五专业
	医学 针科	1	1	20		镵针、圆针、鍉针、锋针、铍针、圆利针、毫针、长针、文针。《素问》《黄帝针经》《明堂脉诀》《神针》等
	医学 按摩	1		15		消息导引之法，治损伤折跌之法
	医学 咒禁	1		10		咒禁
	医学 药师			16		绘图《新修本草》
太卜署	卜筮	2	2	45		卜筮
司天台	天文	2		50		天文
	历数	2		55		历数
	漏刻	20		40		漏刻
太仆寺	兽医	4		100		兽医
校书郎	校书			30		校理典籍

注：①书学曾隶兰台，算学曾隶秘书局，律学曾隶详刑寺。
② 入学年龄，律学生为18岁至25岁，余均为14至19岁。

二 唐代地方学校分类表[①]

学名		教师名额		学生名额
		博士	助教	
京都学（包括京兆、河南、太原）		经学 1	2	80
		医学 1	1	20
都督府学	大	经学 1	2	60
		医学 1	1	15
	中	经学 1	2	60
		医学 1	1	15
	下	经学 1	1	50
		医学 1	1	12
州学	上	经学 1	2	60
		医学 1	1	15
	中	经学 1	1	50
		医学 1	1	12
	下	经学 1	1	40
		医学 1		10
县学	京县（包括长安、万年、河南、洛阳、太原、晋阳、天县）	经学 1	1	50
	畿县（包括京兆、河南、太原所管诸县）	经学 1	1	40
	上	经学 1	1	40
	中	经学 1	1	35
	中下	经学 1	1	35
	下	经学 1	1	20
市镇学、里学		没有规定		

注：州县学通一经以上的学生或未通经学而聪悟有文词史学的，可升入四门学。毕业生可参加科举考试。

[①] 此表录自毛礼锐等编：《中国古代教育史》，北京：人民教育出版社1983年，第265—266页。

在历代官学体系中，最高学府或为国子学，或为太学，或二者并设。国子学和太学，教学内容同一，二者并设时，其区别仅在于国子学对于学生出身有更高的品级限制。太学，即大学，西周时已有其名，《大戴礼记·保傅》便有"帝入太学，承师问道"的记载。汉武帝时，董仲舒建议"立大学以教于国，设庠序以化于邑，渐民以仁，摩民以谊，节民以礼"。他称"太学者，贤士之所关也，教化之本原也""愿陛下兴太学，置明师，以养天下之士，数考问以尽其材，则英俊宜可得矣"①。武帝欣然应允，罢黜秦代所立之各家博士，专立儒家的《诗》《书》《易》《礼》《春秋》五经博士，"把始皇时的博士之业《诗》《书》和'百家之言'分开了。这是一个急剧的转变，使得此后博士的执掌不为'通古今'而为'作经师'。换句话说，学术的道路从此限定只有经学一条了"②。汉武帝又令丞相公孙弘等制定设立太学的具体方案，规定五经博士教授的学生，每经10人，全国共50人，择年在18岁以上、仪状端正者充之。有汉一代，太学规模不断扩大，昭帝时翻了一番，至100人；宣帝时再翻一番，至200人；元帝好儒，又增至300人；到了成帝时代，仿孔子弟子三千的故事，更将博士弟子员额增至三千之众。随着学生的增加，太学校舍也不断扩建。顺帝于永建六年（131）建太学校舍240间房、1 850室③。东汉光武帝时，太学讲堂长十丈，广三丈，可容纳学生数百人④。

太学的学生称为"博士弟子"，也称"太学生"。其来源除由太常选送的正式生，还有由地方选送的"好文学，敬长上，肃政教，顺乡里，出入不悖"的特别生。正式生有官俸，特别生则全靠自费求学。太学生一般师从某一博士，研习某经或某经之某一学派，但也有

---

① 《汉书·董仲舒传》。
② 顾颉刚：《秦汉的方士与儒生》，上海：上海古籍出版社1978年，第64页。
③ 《后汉书·儒林列传序》。
④ 《后汉书·光武帝纪注》引陆机：《洛阳记》。

博习诸经而不守章句者。如东汉学者王充，受业太学，"好博览而不守章句。家贫无书，常游洛阳市肆，阅所卖书，一见辄能诵忆，遂博通众流百家之言"①。太学生中也有研习天文、数学的。张衡"入京师，观太学，遂通'五经'，贯'六艺'……尤致思于天文、阴阳、历算等"②。他发明浑天仪和候风地动仪，成为名垂青史的大科学家。

京师太学是官学的代表，而遍布城乡的蒙学，则是私学的主体。蒙学，又称小学、乡校、村学，或是由宗族设立的义学，或是富豪乡绅的家塾。历朝历代均有蒙学，地处东南西北，数量成千上万，规模、形式、教学内容及方法，不可能整齐划一。这里介绍元代程端礼所订《程氏家塾读书分年日程》，以求管中窥豹之功。

《程氏家塾读书分年日程》规定：孩童八岁入家塾，先读《小学》正文；十五岁以前读完《大学》《论语》《孟子》《中庸》正文；十五岁后读《易》《书》《诗》《仪礼》并《礼记》《周礼》《春秋经》，并读《通鉴》、韩（愈）文、楚辞，熟悉科考制度。关于学习方法，程端礼强调：（一）读书应专一，"日止读一书，自幼至长皆然"。（二）读书应烂熟于胸，"每细段，必看读百遍，倍读百遍，又通倍读二三十遍"。（三）注重写字基本功，四日内以一日专习写字，"他日方能写多，运笔如飞，永不走样"。（四）注意复习，教师翌日应讲昨日已讲之书，学生更应反复倍读玩索已读经书，以求温故而知新。

家塾教学的基本功课是讲书、背书、写字。所用教材除前列儒家经籍外，还有专门为培养孩童识字明理而编写的教本。这类教本历代均有，宋代以前的有《急就篇》《千字文》《开蒙要训》《太公家教》等，多为四言韵文，便于孩童忆诵。宋代以后的这类教本，种类更多，内容更丰富，最著名的有《百家姓》《三字经》等。

《百家姓》相传出现于宋初，因皇族为赵姓，故将赵列为百姓之

---

① 《后汉书·王充传》。
② 《后汉书·张衡传》。

首。南宋时陆游曾说"农家十月，遣子入学，读《百家姓》"，可见当时此书已广为流传。《三字经》相传为宋人王应麟所作，全书语言简练，娓娓道来：

> 人之初，性本善，性相近，习相远。苟不教，性乃迁，教之道，贵以专。

《三字经》由教育的重要性开篇，次及伦理道德、名物知识、历史典故，内容丰富，朗朗上口。在浅显易懂和便于儿童理解、记忆等方面，值得今人借鉴。

第三节

书院讲习

在中国古代众多的教育组织机构中,书院是尤具特色的一种。

书院的开办者多为私人,亦有私人设立、官府资助的。从渊源上看,它是先秦时代便已大兴的私人讲学传统的衍生物。与政府控制的各级官学与遍及城乡的种种蒙学、家塾不同,书院倡导自由研究的学术风气,追求身心修养的道德目标。一般说来,书院虽不绝然反对科举,但大多不重视科举。从政治上看,书院又是统治阶级在野派的学术基地,历代抨击朝政的"清议"之声,多出自此。

书院的建置,始于唐、五代,至宋代大兴,明、清不绝于缕。从社会环境看,书院的出现与山林讲学、习业风气大有关系。从魏晋南北朝至唐、五代,硕学鸿儒择深谷幽林聚徒授学蔚然成风,如南朝大经师雷次宗"开馆于鸡笼山,聚徒教授,置生百余人"[1]。唐代学者卢鸿、元德秀亦于嵩山收徒授业。此风沿袭至宋,学者往往"依山林,依山林,即闲旷以讲授"[2],书院因此而蓬勃发展。有人统计,宋代书院达229所,一说397所,其中最为著名者为江西庐山白鹿洞书院、湖南衡山石鼓书院、湖南长沙岳麓书院、河南登封嵩阳书院、河南商

---

① 《宋书·雷次宗传》。
② 吕祖谦:《鹿洞书院记》。

>>> 书院的建置，始于唐、五代，至宋代大兴，明、清不绝于缕。最为著名者为江西庐山白鹿洞书院、湖南衡山石鼓书院、湖南长沙岳麓书院、河南登封嵩阳书院、河南商丘应天府书院和江苏江宁茅山书院。图为当代魏怀亮《湖湘之门·岳麓书院》。

丘应天府书院和江苏江宁茅山书院。

宋代书院的形成，深受南北朝、隋唐以来佛教禅林制度的影响。禅林是佛家讲学修行的处所，多有较为详密的讲经规程，如唐代大智海禅师所立"百丈山清规"、永明寿禅师立"日用小清规"、怀海禅师立"百丈清规"，等等。这些清规直接启发了书院学规、学约的产生。此外，禅林中记录禅师讲经"法语"的语录法也为书院所袭用。书院山长讲学的言论被弟子记录下来，成为语录。语录的编撰和诵习是书院功课的重要内容。

书院大兴，是对于科举功名利禄之风弥漫学林的一种反动。白鹿洞书院的主讲之一朱熹就曾尖锐批评官学"但为声利之场"，他在《白鹿洞书院揭示》中称：

> 熹窃观古昔圣贤所以教人为学之意，莫非使之讲明义理，以修其身，然后推以及人，非徒欲其务记览、为词章，以钓声名，取利禄而已也。今人之为学者，则既反是矣。然圣贤所以教人之法，具存于经。有志之士，固当熟读深思而问辨之。

正由于书院的办学宗旨超然于仕途登进的现实功利目的之上，而以"讲求经旨，明理躬行"为目标，故而对于社会的黑暗、朝政的腐败，每每口诛笔伐，突出者如明代万历年间的东林书院，更成为当时讨伐阉宦政治的正直士人的聚集之处。也正是因为如此，书院又往往成为朝廷禁毁的目标。明代权臣张居正就认为书院讲学足以"摇撼朝廷，爽乱名实"，奏请"不许别创书院，群聚徒党，及号召他方游食无行之徒，空谈废业""尽改各省书院为公廨，凡先后毁应天府等书院六十四处"①。

---

① 《明通鉴》卷六十七。

在教学形式、方法上，书院不同于一般学校呆板的、被动的"灌输式"，而倡导学生自学为主，先生指导为辅，独立钻研与共同切磋相结合，形成一种较为生动活泼的学术氛围。书院讲学，形式多样，既有教师主讲，亦有研究有成的学生汇报心得，有时还邀请著名学者来书院宣讲自己的学术主张，如南宋时陆九渊应朱熹之邀到白鹿洞书院讲学，便是突出的一例。书院盛行学术论辩之风，其表现形式主要是讲会。讲会即师生共聚一堂，切磋琢磨，学术上观点一致者互相发明，分歧者相互辩难。不唯学生之间讨论热烈；师生意见不同，亦尽可各抒己见；而且书院主持与应邀来院讲学者之间，也往往激烈争鸣。这种自由、生动的风气，极大地促进了学术事业的发展，正如现当代学者胡适所论，自书院兴起后，"真正的学问研究所，却在书院。求道问学，非书院不可"[①]。

书院多订有"学规"或"学则"，内容包括办学宗旨、为学次第、治学方法、求学守则等。朱熹制定的《白鹿洞书院学规》（即《白鹿洞书院揭示》），可视作这类文献的范本。在这个"学规"中，朱熹申明办学的根本目标是阐明"义理""父子有亲，君臣有义，夫妇有别，长幼有序，朋友有信""学者学此而已"。他又提出，为学之序有五，即"博学之，审问之，慎思之，明辨之，笃行之"。对学生如何修身、处事、接物，也有明确要求。修身之要，在"言忠信，行笃敬，惩忿窒欲，迁善改过"；处事之要，在"正其谊，不谋其利；明其道，不计其功"；接物之要，在"己所不欲，勿施于人；行有不得，反求诸己"。从单纯的教育学理论角度分析，学规将道德伦理修养与文化知识教育统一起来，又总结出一套基本符合认识规律的"博学—审问—慎思—明辩—笃行"的"为学之序"，这些都为后世教育提供了珍贵的思想资料。

---

① 胡适：《书院志史略》，《北京大学日刊》1923年12月24日。

第四节

科举与选举

如何选拔、任用治国安邦的各级行政管理人才,是任何一个文明社会必须解决的有关政治稳定、经济发展与社会进步的重要问题。在中国历史上,这类选拔、任用方式,经历了若干变化。

夏、商、周时代,贵族统治集团按照血缘关系的亲疏分封自己的亲属,中央和地方的各级行政权力,都掌握在贵族手中,世代相传。这种纯粹"血统论"的"世卿世禄"选官制度,是宗法社会的必然产物。

春秋战国时代"礼崩乐坏"的社会巨变,松动了宗法制度的坚硬地表,也为非贵族出身的政治人才破土而出创造了条件。《周礼·地官·司徒》所载"使民兴贤,出使长之;使民兴能,入使治之",就是讲把庶人中的"贤者""能者"选拔出来担任一定的职务。这方面的典型人物,如平民出身的苏秦,主持"合纵"(联合燕、赵、韩、魏、齐、楚)攻秦,一人佩六国相印,成为当时政治舞台上的风云人物。这一时期,各国统治集团开始通过新的途径来选拔人才。有的招募大批贤士于门下,以备任用,多者竟达千人以上;有的则从兼并战争中立有军功的将士中选贤使能。思想家们也纷纷论证打破等级身份限制、选任官员的合理性和必要性。孔子倡导"举贤才",他培养的学生中，就有不少出身微贱而长于政事者，如子路"片言可以折狱"①；子贡能耐更大，传说"子贡一出，存鲁、乱齐、破吴、强晋而霸越"②。墨子也提出"官无常贵，而民无终贱""虽在农与工肆之人，有能则举之。高予之爵，重予之禄，任之以事，断予之令"③。

据史籍记载，较大规模的、正式的选举制度，始于汉代。汉代君王常下诏举贤，名目繁多，有"贤良方正能直言极谏者""明当世之务、习先圣之术者""文学高第者""孝弟、有行义闻于乡里者""茂才异等者"等。具体方式有两种：一为"察举"，即由州、郡等地方长官在行政辖区内访察，推荐给中央，经考核后委以官职；二为"征辟"，即由皇帝或地方官直接聘任。察举和征辟虽然拓宽了人才来源，但由于缺乏严密的评审标准，往往产生"选举不实，邪佞未去，权门请托，残吏放手"等弊端，甚至形成"举秀才，不知书；察孝廉，父别居；寒素清白浊如泥，高第良将怯如鸡"④的讽刺性局面。

魏晋时期，九品中正制取代了察举和征辟。九品中正制又称九品官人法，即在各州、郡设立中正官，或由祖籍该地、"德充才盛"的中央官员兼任，或由该地"贤有识鉴"的地方官担任。中正官的职责是将辖内的人才分为上上、上中、上下、中上、中中、中下、下上、下中、下下九品，由政府按品录用。九品之中，前三品限于士族，称为上品；后六品为下品，由寒门选出。下品不能升入上品，形成"上品无寒门，下品无世族"的格局。东晋以后，高门世族政治势力膨胀，把持了各级中正官职位，九品中正制在相当程度上转化为一种特权制度，失去了其初期在广开才路方面的积极意义。

隋统一中国，极力扩大政权基础，以分科举人制取代九品中正制。文帝开皇十八年（598），诏京官五品以上，"以志行修谨，清平

---

① 《论语·颜渊》。
② 《史记·仲尼弟子列传》。
③ 《墨子·尚贤》。
④ 葛洪：《抱朴子·审举》。

干济二科举人"[①]；炀帝大业三年（607）又诏文武有职事者，分孝悌有闻、德行敦厚、节义可称、操履清洁、强毅正直、执宪不挠、学业优敏、文才秀美、才堪将略、膂力骁壮十科举人。后世"科举"这一名称，即源于此。隋炀帝置明经、进士二科，以"试策"即书面考试的方式取士，揭开了中国科举制度的序幕。

唐代建立后，科举考试形成定制。唐代科举分常科与制科两大类。常科每年举行，科目分为明经、进士、秀才、俊士、明法、明算等五十余种，而以明经、进士两科最为重要。制科则由皇帝根据需要，临时颁诏设置。常科考生来源有二：一是国子监、弘文馆、崇文馆及各州县学学生经过考试合格而选送的，称为生徒；二是不在学校学习而学业有成者，向州县"投牒自举"，经考试合格而选送的。这些人随各州进贡物品解送，所以称为乡贡。唐代常科考试初分两级：先经州县考试，合格者中举人，参加省试；省试由礼部组织。后来武则天时代又增加了殿试，并在常科、制科之外又设武举，由兵部主持，考试马射、步射、负重等。制科考试通常由皇帝亲自主持，考试及格即可授官。

唐以后历代，科举制度科目、内容及方法多有演变，其总趋势是日渐精密。宋开宝六年（973），太祖赵匡胤怀疑主持省试的翰林学士李昉徇私舞弊，下诏从已录与未录的考生中选出一百九十五人，于讲武殿复试，由自己亲自主持。从此，殿试成为科举制度的最高一级考试，乡试—会试—殿试的三级考试制度确立。为了防止主考官"徇情取舍"，宋代科考还实行一系列保密措施：一曰锁院，即考选期间将主考官与外界隔离；二曰糊名，即将考卷上的姓名、籍贯等项密封起来，又称封弥；三曰誊录，即令人将考卷另行抄写，使主考官无从辨认考生的字迹。

[①] 《册府元龟》卷六四五《贡举部》。

明代以前，学校只是科举考生的来源之一。到了明代，进学校成为科举的必由之路。洪武三年（1370），朱元璋诏告天下，"中外文臣皆由科举而进，非科举者毋得与官"①，教育与选官制从此完全合一。明初规定各级学校的员额：府学四十人，州学三十人，县学二十人，以后又陆续增加。各校学生都必须参加岁考和科考，按成绩的优劣分六等。只有科考列名第一等、第二等者，才有参加乡试的资格，这就将天下士人都逼上了读书做官的独木桥。

清承明制，学校仍为科举必由之路。府、州、县学的学生称为生员。未入府、州、县学者，无论幼稚童子或耄耋老翁，统称童生，童生必须经过童试（包括县试、府试和院试），合格者方取得生员资格（俗称秀才），可以参加乡试。与生员同样可参加乡试者，还有贡生和监生。贡生和监生同为国子监的学生，不同之处在于，贡生本属府、州、县学，作为人才贡献皇帝，入国子监就读者，又分岁贡、恩贡、拔贡、优贡、副贡、例贡诸种；而监生则是因种种优惠条件，或者捐纳若干钱财而取得国子监学生资格，但不一定在监读书者，又分恩监、荫监、优监、例监诸名目。

在科举考试中，通过童试者为生员，亦称秀才；通过乡试者为举人，第一名称解元；通过会试者为贡士，第一名称会元；通过殿试者为进士。进士名次分一、二、三甲（一甲仅三人），依次称状元、榜眼、探花，均赐进士及第；二甲若干人，赐进士出身；三甲若干人，赐同进士出身。解元、会元、状元，合称"三元"，若有幸连中三元，便是读书人无上的荣耀。下为科举考试程序图：

---

① 《明史》卷七十《选举志》。

>>> 科举制实行长达近一千三百年，给予中国社会生活的诸多方面以深刻影响。在科举考试中，通过童试者为生员，亦称秀才；通过乡试者为举人，第一名称解元；通过会试者为贡士，第一名称会元；通过殿试者为进士。进士名次分一、二、三甲，一甲仅三人，依次称状元、榜眼、探花，均赐进士及第；二甲若干人，赐进士出身；三甲若干人，赐同进士出身。解元、会元、状元，合称"三元"，若有幸连中三元，便是读书人无上的荣耀。图为明代仇英《观榜图》。

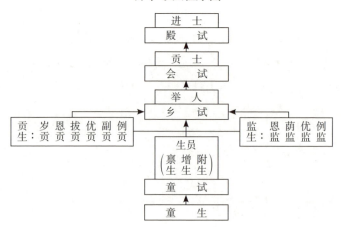

科举考试程序图

从隋大业六年（610）炀帝开科取士至清光绪三十一年（1905）清廷"谕立停科举以广学校"，科举制实行长达近一千三百年，给予中国社会生活的诸多方面以深刻影响。从积极的一面看，它扩大了国家政权的社会基础，保证了行政机构拥有稳固的人才来源，促进了社会机体的有效运转；从消极方面看，它又成为专制君王控驭政权的工具。唯其如此，当唐太宗李世民看见新进士诚惶诚恐、服服帖帖地从端门列队而出时，才得意洋洋地说："天下英雄尽入吾彀中矣！"[①]另外，科举制还严重禁锢了知识阶层的思维空间，窒息了文化、学术事业自由发展的蓬勃生机，在相当程度上阻碍了自然科学的进步。当然，仅就选拔人才的标准化、程序化、系统化而言，科举制坚持"在成绩面前人人平等"（起码在表面上如此），自有它相对合理的一面。因此，它才得以在东方延续千年，并得到西方学者的称誉：

---

① 王定保：《唐摭言》卷一。

中国政府中文武官吏所由产生的这种著名的考试制度,虽在古代的埃及或有类似的制度,但在古今任何一个大国中都可算是一种无可比拟的制度。①

---

① 转引自邓嗣禹:《中国考试制度史》,北京:商务印书馆2021年,第390页。

第五节

八股取士及科举制的衰败

八股文,是明、清两代科举考试的一种特殊文体。这种文体,专取"四书""五经"命题,行文格式有极严格的限制。它的形式,经历了由微而显的发展过程。

科举考试的内容,主要是儒家经典。各科考试的形式,历代又有不同。以唐代最为士人重视的进士、明经两科为例,进士试诗赋,明经试帖经、墨义。帖经,又称帖括,"以所习之经,掩其两端,中间唯开一行"①,类似现在的填充题。墨义,"直书其义,不假文言"②,但只要求默写经文及注疏,不需阐明经义。故而当时就有人批评为"只念经疏,何异鹦鹉能言"③!

宋熙宁四年(1071),王安石变法,对科举考试也进行改革。停开明经科,进士科也不试诗赋、帖经、墨义,规定参加考试者各占治《易》《诗》《书》《周礼》《礼记》一经,兼试《论语》《孟子》,注重通解经义,并规定一定的行文格式:"试义者须通经、有文采,乃为中格。"④变法失败后,王安石推行的新法都被废除,但科举考试的新文

---

① 《文献通考·选举二》。
② 《唐会要》卷十五。
③ 《册府元龟》卷四十六《帝王部·智识》。
④ 《宋史》卷一五五《选举志一》。

体却被保留下来。就要求考生以一定文体格式答题这一点看，王安石之举实开明、清两代以八股取士的先河，所不同处在限制较宽松，而且比较讲究经义的阐发，不像明、清八股文那样死板、僵化。降及南宋，经文的格式渐趋严密，出现冒子、官题的段落区分。冒子之下又分破题、接题、小讲、缴结，官题之下又分原题、大讲、余意、原经、结尾诸多名目[①]，八股文的雏形已现。

元代推行民族歧视政策，科举考试也分蒙古、色目与汉人、南人两类分别进行，前者要求较宽，后者较严，内容均为《大学》《论语》《孟子》《中庸》，并以朱熹的《四书章句集注》为答题标准。又试"五经"，《诗》以朱熹《诗集传》为准，《尚书》以蔡沈《书经集传》为准，《周易》以程颐《程氏易传》及朱熹《周易本义》为准，《春秋》《礼记》用古注疏。行文格式，亦分冒题、原题、讲题、结题四段，字数也有限制。

进入明代，八股文终于形成定制。成化二十三年（1487），会试试题为《乐天者保天下》，要求考生起讲先提三句，即讲"乐天"四股；中间用四句过渡，复讲"保天下"四股，再收四句；最后为大结。弘治九年（1496），会试试题为《责难于君谓之恭》，要求仿前例，即分"责难于君"四股和"谓之恭"四股，八股文至此完备。

八股文由破题、承题、起讲、领题、起股、中股、后股、束股等部分组成。

破题：八股文开始的两句，称破题，其作用是简明扼要揭示题目主旨要义，又分暗破、顺破、分破、对破几种类型。

承题：破题之后的三四句，称承题，"承"是承接之义，即将破题句中的关键字词加以说明。其规则与破题紧密相关，如明破则暗承，暗破则明承；顺破则逆承，逆破则顺承，等等。

---

① 倪士毅：《作义要诀序》。

起讲：承题以后，用三四句（明代）或十句左右（清代）概括全篇内容，称起讲。起讲是议论的开始，写法有起、承、转、合或反、正、开、合诸种。因为八股文的要旨是"代圣人立言"，所以在议论之始，通常以"意谓""若曰""尝思"等开头。

领题：起讲后，用一两句或三四句引入本题，称领题。领题为文章主要内容的入手处，所以亦称入手。入手以后，才是文章的主要部分。

八股文的主要部分，是起股、中股、后股、束股四段，每段又各有两股，字句声调要求两两相对成文，总共八股，这便是八股文名称的由来。

起股：又称起比。比，对偶之意，五、六、七、八句不等。此股要提纲挈领，所以又称提比。

中股：起股后用几句点题，点题后为中股，又称中比。中股长短无定，内容是从正反两面发挥题义。

后股：中股之后为后股，又称后比，进一步阐发论题主旨，长短依中股而定，中长则后短，中短则后长。

束股：如前六股意犹未尽，再用两股加以收束，称束股，要求是宜短不宜长。如前六股已完成全文，则不用束股亦可。

八股文的字数，也有硬性规定。如清顺治二年（1645）规定每篇限五百五十字，康熙二十年（1681）增为六百五十字，乾隆四十三年（1704）又增至七百字，违者不予录取[①]。

文章写作讲究格式，规范篇幅，此无可厚非。但像八股文这样要求考生将题目千差万别的写作内容硬塞进八股的死板框架之中，不允

[①] 唐代、北宋前期及清乾隆以后，科举考试还包括作诗，称试帖诗。试帖诗亦有浓厚的八股味。如清规定必用五言八韵，结构大致与八股文同，首韵如破题，次韵如承题，三韵如起股，四、五韵如中股，六、七韵如后股，末韵如束股。试帖诗除与一般律诗一样讲究对仗、平仄、用典外，还有内容及字句方面的诸多禁忌。

许丝毫出格,实在有悖于思维及其表达的本来规律。加之八股文出题局限于"四书""五经"的范围,为了出其不意,考官挖空心思,出所谓"截答题"刁难考生,"强截句读,破碎经义,于所不当连而连,不当断而断"①。如《中庸》中有"及其广大,草木生之"句,考官上去"及其广"三字,下去"木生之"三字,仅以"大草"二字为题。令人不知所云。面对这类割裂义理的试题,再加上八股的格式枷锁,考生们当然只好牵强附会地胡乱敷衍成篇,甚至写出"夫天地乃宇宙之乾坤,吾心实中怀之在抱。久矣乎,千百年来已非一日矣"②之类的连篇废话。

尤其严重的是,八股文出现于政治——文化专制登峰造极的明、清两代,或者说,它本身就是极端专制的文化表征,它不仅意谓着文体的衰败,也不仅意谓着科举制走向穷途末路,而且从一个侧面昭示着根本性的社会危机的降临——八股文章无法衡量人的真实才学,科举制度因此而失去其相对公平地选拔人才的效用,转化成为禁锢思想、摧残文化、压抑人才的工具,治国安邦的英隽之才,也从此断绝来源。加之明、清两代专制君主为钳制异端,迭兴文字冤狱,对知识阶层恫吓其胆魄,扭曲其灵魂,有意强化科举制消极的一面,"非不知八股为无用,而牢笼志士,驱策英才,其术莫善于此"③,这就更加速了八股、科举乃至整个社会的败落。

由于以上原因,明、清直至近代,八股文及科举制,一直受到有识之士的尖锐抨击。明代末年,便有人指出,八股文会断送朱姓江山,他们在朝堂上张贴柬帖,大书"谨具大明江山一座、崇祯夫妇两口,奉申赘敬。晚生文八股顿首"④,调侃之中,不无痛切。清人顾炎

---

① 丘濬:《大学衍义补》。
② 梁绍壬:《两般秋雨盦随笔》卷三《墨派滥调》。
③ 乾隆朝大臣鄂尔泰语,《满清稗史》第三十七节。
④ 吕留良:《伥伥集》卷三《真进士歌》自注。

武指斥"八股之害等于焚书,而败坏人才,有甚于咸阳之郊所坑者但四百六十余人也"①。吴敬梓的《儒林外史》,对于科举制进行了生动而辛辣的讽刺。曹雪芹借贾宝玉之口,一针见血地指出八股文"原非圣贤之制撰,焉能阐发圣贤之奥,不过是后人饵名钓禄之阶"。而与曹雪芹同时代的徐灵胎《徊溪道情》里面,有一首曲子叫《时文叹》,更是对八股及科举做了痛快淋漓的批判:

> 读书人,最不齐。烂时文,烂如泥。国家本为求才计,谁知道变作了欺人技。三句承题,两句破题,摆尾摇头,便道是圣门高弟。可知道"三通""四史",是何等文章?汉祖、唐宗,是哪一朝皇帝?案头放高头讲章,店里买新科利器。读得来肩背高低,口角嘘唏。甘蔗渣儿嚼了又嚼,有何滋味!辜负光阴,白白昏迷一世。就教他骗得高官,也算是百姓朝廷的晦气。②

历史演进到20世纪,八股及科举再也混不下去了。连一门心思维护君主制度的张之洞等人,也觉得非弃之不可。光绪二十七年(1901),清廷废除八股,改试策论。四年之后,又"谕立停科举以广学校"。八股文与科举制终于寿终正寝。不过,它们对于知识阶层、对于社会民众的负面影响,却没有也不可能立即消亡。所以直到20世纪30年代,鲁迅还在《伪自由书·透底》中批评"八股原是蠢笨的产物""无论新旧,都应当扫荡"③;40年代,毛泽东在延安还号召共产党人"反对党八股以整顿文风"④。

---

① 《日知录》卷十六《拟题》。
② 袁枚:《随园诗话》卷十二。
③ 《鲁迅全集》第5卷,北京:人民文学出版社1957年,第83页。
④ 《毛泽东选集》第3卷,北京:人民出版社1991年,第812页。

第六章

士林风采

知识分子是任何一个民族文化共同体中的精英集团。作为一个明确的概念，"知识分子"迟至18世纪60年代才由俄国作家彼得·鲍保雷金首先使用，不过作为社会成员中受过相当教育、从事脑力劳动、"对神圣事物具有特殊的敏感，对他们所处环境的本质和导引他们的社会的规律具有不寻常的反思能力"[①]的特殊阶层，知识分子在各民族文化演进的较早阶段，便已出现于历史舞台，并在多方面的文化活动中，发挥无可替代的重要作用，施展才华，显露风采。

中国文化史上，知识分子通常被称为士。士原本是一个内涵丰富、外延广泛的概念，在上古典籍中，有时它专指青年男子而与女子对称，有时特指甲胄之人而与平民对称，有时还泛指一般的卿大夫。孔子以后，士才逐渐成为知识分子的专有称谓："士不可以不弘毅"[②]"彼学者，行之，曰士也"[③]。

---

① 爱德华·希尔斯：《知识分子与权力》，芝加哥：芝加哥大学出版社1972年，第3页。
② 《论语·泰伯》。
③ 《荀子·儒效》。

第一节

士的崛起

士作为拥有独立社会地位、掌握专门文化知识，不耕而食、不富而贵的专职脑力劳动者阶层，崛起于春秋、战国时代，是有经济、社会、政治等多方面原因的。

春秋、战国时期，铁器的普遍使用和牛耕的推广，大大提高了劳动生产效率。社会生产力的大发展一方面促进了更高层次的劳动分工，使脑力劳动与体力劳动完全分离，由"劳心者"和"劳力者"两部分社会成员分别承担；另一方面也提供了足够数量的劳动产品以养活一定数量的"不耕而食"的"劳心者"。职业分工被社会所承认，这就是荀子所谓"农以力尽田，贾以察尽财，百工以巧尽械器，士大夫以上至于公侯，莫不以仁厚、知能尽官职，夫是之谓至平"[①]。

士原本属于统治阶级的一部分，处于贵族的最低层，有一定数量的"食田"，又受过礼、乐、射、御、书、数多种教育，平时做卿大夫的家臣，战时充任下级军官。在严格的宗法社会里，士终生依附于卿大夫，不得有僭越之举。进入春秋、战国时代，礼崩乐坏，宗法制松弛以至于瓦解，奴隶起义，国人暴动也冲击、威胁着士的安稳生活。这些都从根本上改变了士的社会地位：一方面，他们失去了生

---

① 《荀子·荣辱》。

活保障，除了"六艺"知识，已经一无所有；另一方面，他们在失去"铁饭碗"的同时，也摆脱了宗法制度的枷锁，不再依附于宗族，也不受卿大夫的役使，获得了较大的人身自由。他们成为独立的知识分子阶层中最早的基本的成员。

动乱时世也改变了大批王公贵族子弟的命运，随着宗法制的破坏，他们丧失了往日的尊贵和荣华，再也不能躺倒于祖荫之下，过声色犬马的惬意日子，而沦落到士的行列中，不得不依靠自己的心智和口舌，谋生立命。这批人有相当数量，构成知识分子的重要组成部分。

士阶层的另一大来源，是庶人中的佼佼者。这些人即管仲所称的"秀民"："其秀民之能为士者，必足赖也。"[①]春秋、战国时代的社会剧变，松动了宗法制度的坚硬地表，也为庶人中大批知识人才的破土而出创造了条件。

大国争霸，是春秋、战国时代的政治主题。各国君主为了实现政治霸权，千方百计地招揽知识人才，充分发挥他们的智慧才干。"六国之时，贤才之臣，入楚楚重，出齐齐轻，为赵赵完，畔魏魏丧"[②]，士成为君主们首先争取的对象。"朝为布衣，夕为卿相"的戏剧性身份变化；出入车马，锦衣玉食的优厚待遇，尤其是出将入相，位极人臣的政治地位，更大大刺激了士阶层的急剧膨胀。

总之，春秋、战国时代士的崛起，确立了知识分子在社会系统中的独立地位与独特功能，揭开了中国知识分子历史的序篇。

[①]《国语·齐语》。
[②]《论衡·效力篇》。

第二节

众星璀璨

中国知识分子自春秋、战国时期形成独立社会群体之后，以积极的人生态度参与社会生活的方方面面，他们作为政治智囊、军事参议、外交使节、学术精英、文坛大师、科学巨匠，活跃于中华民族的历史正剧的每一幕、每一场，以耀眼的智慧光芒，装点出中华民族思维夜幕的璀璨星空。在有限的篇幅里不可能哪怕是仅仅罗列这数以千百计的闪光的名字，权且从以上划分的若干门类中，每类简介两位，以管中窥豹的方式，一睹中国古代知识分子的风采。

一 政治智囊

诸葛亮是中华民族家喻户晓的智慧偶像，三国时琅琊阳都（今山东沂南）人，字孔明，早年"躬耕陇亩"，隐居于湖北襄阳隆中，以春秋时代的管仲、乐毅自况。刘备思贤若渴，"三顾茅庐"，诸葛亮感念其诚，慨然出山，辅佐刘备父子两代君主，为蜀汉振兴，取得与魏、吴三足鼎立的地位，屡出奇计，鞠躬尽瘁，死而后已。正史《三国志·蜀书》称其"抚百姓，示仪轨，约官职，从权制，开诚心，布公道……可谓识治之良才"，多从其政绩立论；而在老百姓心目中，"羽扇纶巾"的诸葛亮却是中华民族智慧的化身。一座空城摈退司马懿十万大军的"空城计",成为舞台上常演常新的保留剧目,而诸葛亮的名字也成为中华机智人物的共同代称。

唐太宗李世民的"贞观之治"是古代贤明政治的楷模,其间少不了魏徵的功劳。魏徵历任谏议大夫、秘书监、侍中,封郑国公。他忠心耿耿,向唐太宗提出许多忠告,如"兼听则明,偏听则暗""居安思危,戒奢以俭""近忠厚,远奸佞",多次提醒唐太宗认清君如舟,民如水,"水能载舟,亦能覆舟"的道理。这些思想不仅为李世民治国安邦提供了理论指导,而且也成为后世明君贤相的借鉴。尤其难能可贵的是,魏徵耿直不阿,敢于犯颜直谏,哪怕唐太宗盛怒不息,仍毫不退缩,据理力争,甚至当着群臣的面,使唐太宗下不来台。正因为如此,魏徵死后,唐太宗至为悲痛,说:"人以铜为镜,可以正衣冠;以古为镜,可以见兴替;以人为镜,可以知得失。魏徵没,朕亡一镜矣!"

二 军事参议

春秋时代,有一研习军事的学派,史称兵家。兵家的首要代表人物,是齐国人孙武。孙武著《兵法》十三篇,以之见吴王阖闾,被任命为大将,率军大破楚国,"北威齐晋,显名诸侯"。孙武认为"兵者国之大事",又提出"知己知彼,百战不殆"的万古不易军事定理,强调"兵无常势,水无常形,能因敌变化而取胜者,谓之神",注重分析敌我、众寡、强弱、虚实、攻守、进退的矛盾及其转化,机动灵活,克敌制胜。其著《孙子兵法》,又称《吴孙子》,被认为是"世界古代第一兵法"。

孙武的后世子孙孙膑,生于战国年间,亦为军事家。他早年与庞涓俱学兵法,后庞涓事魏惠王,"恐其贤于己",使用阴谋诡计,摘除同窗好友的膝盖骨,使之残废。去膝盖骨古称"膑刑",孙膑因此而得名。孙膑虽行动不便,但仍以卓越的军事才华被齐威王任命为军师，开创了"围魏救赵"等著名战例，取得桂陵、马陵大捷，迫使庞涓兵败自刎。孙膑特别强调人在战争中的决定性作用，"天地之间，莫贵于人"，"甲坚利兵，不得以为强"。所著《孙膑兵法》，又称《齐孙子》，流传久远，千百年来，备受各国军事界推重。

三　外交使节

战国时代，秦昭王凭借强盛国力，口称愿以十五座城市交换，实则意欲霸占赵国国宝和氏璧。蔺相如奉命使秦，见秦王并无以城换璧的诚意，机智地以"璧有瑕，请指示王"为词，从秦王手中夺回和氏璧，倚柱而立，怒发冲冠，义正词严地声明："臣观大王无意偿赵王城邑，故臣复取璧。大王必欲急臣，臣头今与璧俱碎于柱矣！"[①]随后，他又令随行助手秘密将和氏璧安全地护送回国，以超人的大智大勇捍卫了国家的利益和尊严，并留下"完璧归赵"的千古佳话。

天汉元年（前100），西汉苏武出使匈奴，因随行者中有人卷入谋叛事件而被羁押，苏武自谓"屈节辱命，虽生，何面目以归汉"[②]，引佩刀自刎，被左右阻拦。匈奴单于欲迫降苏武，将他囚禁在地窖之中，断其饮食，苏武"卧啮雪，与旃毛并咽之，数日不死"。匈奴又迁苏武至北海（今贝加尔湖）边牧羊，称公羊产子之日，方允他归国。苏武在极为艰难的环境里，食野鼠，饮雪水，"杖汉节牧羊，卧起操持，节旄尽落"，但忠于国家、民族的耿耿赤心与铮铮铁骨愈益坚贞。直至十九年后，匈奴与西汉重归和好，苏武才得以返归。这时，他已是"须发尽白"。文天祥浩然一曲《正气歌》，盛赞"在汉苏武节"，在亿万中华子孙的心目中，铭刻下这位外交使节的不朽英名。

[①]《史记·廉颇蔺相如列传》。
[②]《汉书·李广苏建传附苏武传》。

>>> 西汉苏武出使匈奴,因随行者中有人卷入谋叛事件而被羁押,他在极艰难的环境里,食野鼠,饮雪水,但忠于国家、民族的耿耿赤心与铮铮铁骨愈益坚贞。十九年后他已是"须发尽白"才得以返回。图为现代傅抱石《苏武牧羊》。

四　学术精英

《史记》是中国文化史上彪炳千秋的学术巨著。它的作者司马迁，志向高洁而命运多蹇。天汉三年（前98）蒙冤下狱，次年受宫刑。遭此奇耻大辱之后，司马迁怀着"究天人之际，通古今之变，成一家之言"的崇高目的，"忍辱苟活"，完成洋洋五十二万言，包括十二本纪、十表、八书、三十世家、七十列传，共一百三十篇的鸿篇巨制，通过描绘极其广阔的历史画面，全方位揭示社会发展的脉络。在《史记》前后，西方出现过希罗多德的《希波战争史》、修昔底德的《伯罗奔尼撒战争史》及波利比乌斯的《通史》这样的史学巨著。《史记》与它们相比，在宽广视野和宏大气魄方面毫不逊色，而在卓越史观和深刻史识方面，更超乎其上。司马迁因此而荣膺"中国史学之父"的美称。

清代乾隆年间，朝廷征集四千余人纂修中国文化史上空前浩大的《四库全书》，总领其事者为"无书不读，博览一时"的大学者纪昀。纪昀字晓岚，直隶献县人。他在主持修纂《四库全书》的同时，倾其心血，纂定《四库全书总目提要》。"提要"以精湛的学术眼光扫瞄中国三千年典籍之林，"凡六经传注之得失，诸史记载之异同，子集之支分派别，罔不抉奥搜纲，溯源彻委"①，绝非一般的目录之作可望其项背。纪昀卓越的学术贡献历来受到人们的高度评价。现当代余嘉锡称赞"剖析条流，斟酌古今，辨章学术，高挹群言……故衣被天下，沾溉靡穷。嘉、道以后，通儒辈出，莫不资其津逮，奉作指南。功既巨矣，用亦弘矣"②。纪昀以一部《四库全书总目提要》在中国学术史上占有综会源流、抉奥阐幽的显要地位。

---

①　阮元：《纪文达公遗集序》。
②　余嘉锡：《四库提要辨证·序录》。

五　文坛大师

屈原是战国时杰出的爱国诗人。他在政治上郁郁不得志，屡遭奸佞谗害，自沉汨罗而死。屈原的代表作《离骚》近两千五百字，是我国古代最长的抒情诗。《离骚》抒发了诗人的崇高社会理想和炽热爱国情怀，表现了诗人疾恶如仇、洁身自爱的节操，是中国古代诗歌浪漫主义的扛鼎之作。神话传说、历史人物、日月风云、美人香草在屈原笔下构成雄奇壮丽的画面；事实的叙述、感情的抒发、理想的追求水乳交融，波澜壮阔。在艺术形式上，屈原在当时民歌的基础上创造出一种新的文学体裁——骚体，他的一系列作品，就是这一体裁的奠基之作和典范。

屈原身后两千年，又一颗文坛巨星升起，他便是清代长篇小说《红楼梦》的作者曹雪芹。曹雪芹祖上曾受皇帝恩宠，后因官场倾轧的牵连，家道败落。曹雪芹本人也经历了由锦衣玉食到贫病交困的人生之旅。感怀社会衰败、人生艰难的切肤之痛，曹雪芹写下"字字看来皆是血，十年辛苦不寻常"[①]的《红楼梦》。《红楼梦》以贾、史、王、薛四大家族的纠葛为背景，以贾宝玉、林黛玉的爱情悲剧为主线，从贾家荣、宁二府的盛衰透视时代的兴亡。《红楼梦》文字典雅洗练而又生动优美，人物刻画个性鲜明、栩栩如生，情节设置起伏跌宕、引人入胜，特别是它对于封建末世"半是谤文，半是挽歌"的丰富而深刻的思想内涵，不仅奠定了它在中国文学史上现实主义经典之作的不可摇撼的地位，而且在世界文学史上也占有崇高的地位。

六　科学巨匠

南北朝时代，出现了大数学家、天文学家祖冲之。祖冲之继承前人的成果，潜心研究，在圆周率的推算方面取得重大成就。人们很早就注意到圆的周长与直径之间存在一定的比例关系，而确定这个

[①]《红楼梦》第1回。

>>> 南北朝时代，出现了大数学家、天文学家祖冲之。祖冲之继承前人的成果，潜心研究，在圆周率的推算方面取得重大成就。图为当代张文新《祖冲之与圆周率》。

关系的比值，具有十分重要的实践功用和理论意义。祖冲之算出圆周率值在3.141 592 6和3.141 592 7之间，提出圆周率约为22/7，密率为355/113，这个成就，领先于西方一千年。祖冲之还编制出中国历史上第一次考虑到岁差影响的历法《大明历》，回归年长度取365.242 814 8日，在391年间置144个闰月。祖冲之的学术成就，不仅是中华民族的骄傲，而且是对人类智慧宝库的杰出贡献。因此，国际科学界又称圆周率为"祖率"，并特意将月球上一座环形山以"祖冲之"命名，以纪念这位大科学家。

中国古代科技到宋代发展到高峰，沈括是这一高峰的代表人物。他"于天文、方志、律历、音乐、医药、卜算无所不通，皆有所论著"[①]，堪称"百科全书式"的科学巨匠。沈括在数学方面创立了"隙积术"（二阶等差级数的求和法）、"会圆术"（已知弓形的圆径和矢高求弧长法）；在物理学方面首次进行凹面镜成像和声音共振实验，发现地磁偏角的存在，领先于西方四百多年；在地质学方面，论及流水侵蚀地貌及冲积平原形成过程；他还首次为人类工业的血液"石油"命名，指出石油"生于地中无穷"，将来"必大行于世"。他的传世之作《梦溪笔谈》二十六卷，内容涉及数、理、化、天、地、生、医、工、技诸多领域，总结了中国古代，尤其是北宋时期科学技术的成就，是极珍贵的科技史料。

---

① 《宋史·沈括传》。

第三节

群体品格

作为社会中一个独立的、拥有专门文化知识,以脑力劳动为特征的阶层,士具有不同于其他社会阶层的群体品格,它包括以下诸侧面。

一 博大胸怀与依附人格

春秋以后,士在思想境界方面开拓出广阔的天地。他们不再受"封邦建国立家"宗法制度下固定职事和局促生活圈的束缚,而能够以较为开阔的心态将整个社会文化秩序,作为自己关怀思考的对象和一试身手的场所。从经济地位上看,士不属于任何一个特定的阶级。"无恒产而有恒心者,唯士为能"①,士与一般社会成员的重要区别,就在于他们往往能超越个人经济地位和阶级背景的狭隘限定,从社会进步、国家兴旺、民众富足的宏观视野和长远目标上思考人生。"士不可以不弘毅,任重而道远。"②由是观之,孟子"天将降大任于斯人也"的豪语,便不可视为轻薄书生的妄自尊大,而应看作士的博大胸怀与开放心态的真诚自白。

但另一方面,中国古代的士阶层又始终附着于政权,这与欧洲古

---

① 《孟子·梁惠王上》。
② 《论语·泰伯》。

代及中世纪的情形有明显区别。古希腊城邦民主制度下的知识分子有较大的独立性；中世纪知识阶层则主要依附于教会，而独立于政权之外。但在中国，士历来以从政为自己的理想归宿，学术总是扮演着附庸的角色，士人品格也因此产生了一定的扭曲。

二 强烈的政治参与意识

"士"，添上一"人"字旁为"仕"，即从政做官。由士而仕，是千百年来知识阶层理想的人生大道。从春秋、战国时代开始，强烈的政治参与意识便形成士阶层最突出的品格之一。孔儒公开树立起"学而优则仕"的旗帜，孟子宣称"如欲平治天下，当今之世，舍我其谁也"[①]。即便是"其学以自隐无名为务"的老庄道家，也并非与政治无涉，老子最终的归隐，只是在实现自己"小国寡民"政治理想无望的时局下，强烈政治参与意识的表现。后代士子在仕途不得志时，也往往遁于此门，但一朝时来运转，又总是以加倍的热情，投身于政治旋涡。"了却君王天下事，赢得生前身后名"[②]，是士阶层强烈而经久的政治激情的率真表白。由政治参与意识生发而来的，是士阶层的政治忧患意识。"闲居非吾志，甘心赴国忧"[③] "位卑未敢忘忧国"[④] "居庙堂之高则忧其民，处江湖之远则忧其君。是进亦忧，退亦忧"[⑤]。绝妙的一个"忧"字，将庙堂江湖、台上台下、在朝在野的士表现有异而本质实一的政治参与意识，活脱脱展示在世人面前。

三 以先知觉后知，以先觉觉后觉的社会责任感

相对而言，士阶层是社会成员中文化知识层次最高的一部分。这

---

① 《孟子·公孙丑下》。
② 辛弃疾：《破阵子·为陈同甫赋壮词以寄之》。
③ 曹植：《杂诗七首》（其五）。
④ 陆游：《病起书怀》。
⑤ 范仲淹：《岳阳楼记》。

>>> 由政治参与意识生发而来的,是士阶层的政治忧患意识。"居庙堂之高则忧其民,处江湖之远则忧其君,是进亦忧,退亦忧"。绝妙的一个"忧"字,将庙堂江湖、台上台下、在朝在野的士表现有异而本质实一的政治参与意识,活脱脱展示在世人面前。图为明代唐寅(传)《论道图》。

种优越地位,使得他们自然萌生出当仁不让的社会责任感,用孟子的话讲,便是"天之生此民也,使先知觉后知,使先觉觉后觉也。予,天民之先觉者也;予将以斯道觉斯民也。非予觉之,而谁也"①?千百年来,士子们对"斯道"的理解不尽一律,但他们无不以先知者自居,无不将"后觉"的一般民众视为自己启发教育的对象。当然,由

---

① 《孟子·万章上》。

于传统的偏见，士对于劳动民众往往表现出轻蔑的态度，甚至也主张统治者实行愚民政策。但这种"愚民"，并非要让社会民众永远处于冥顽不化的文化水准，而是防止他们掌握了"狡诈诡辩之术"，起来反抗剥削和压迫。而正是为了泯灭民众的反抗意识，士又极力主张对"下愚"们进行伦理纲常的规范和基础文化知识的"教化"。明乎此便不会奇怪，为什么孔子既主张"民可使由之，不可使知之"，但在回答冉有的提问时，又强调对庶民在"富之"以后，要继以"教之"①。中国素以"礼仪之邦"著称，这除了血缘宗法制度的风习遗传、世世相继的原因，知书达礼的士阶层两千年来自觉不懈地鼓吹、灌输，也起到了不断强化的作用。

四　道德修养自觉

注重道德修养，是士阶层的传统品德。它体现在以下几点：

其一，卓立不群的"清高"意识。士阶层自认为"万般皆下品，唯有读书高""羞利而不与民争业"②。他们以"治人者"自居，但又不同于权欲熏心的纯粹官僚，讲究"君子不党"，在"世溷浊而不清"的官场浮沉中，"宁廉洁正直，以自清乎"③。宋代周敦颐《爱莲说》中赞美荷花"出污泥而不染"，正是士阶层"清高"之风的形象描画。

其二，超越物质欲望的精神追求。"君子谋道不谋食"④，将精神品位的追求置于人生目标的首位，是士区别其他阶层的又一特征。"见得思义"，在"义"与"利"发生矛盾时，士总是毫不犹豫地选择前者。"非其义也，非其道也，禄之以天下，弗顾也。"⑤这种追求的最

---

① 《论语·子路》。
② 《荀子·大略》。
③ 《文选·卜居》。
④ 《论语·卫灵公》。
⑤ 《孟子·万章上》。

高境界便是"朝闻道，夕死可矣"①，当生与义"二者不可得兼"时，断然"舍生而取义者也"②。正是在这种精神支柱的坚强支撑下，文弱书生才得以做到"富贵不能淫，贫贱不能移，威武不能屈"，一身正气，两袖清风。

其三，"自省"修养方式。孔子主张"见贤思齐焉，见不贤而内自省也"③。他的学生曾子更做到"吾日三省吾身"④，都是力求通过"内省"这种独特的思想修养方式，达到道德和理智的自我完善。这种修养方式，突显了士的自律精神，它所要达到的目的，是将对于宇宙、社会、人生的理性认识，凝聚为个体的意志，使感性行为成为一种理性自觉。这种自觉即孟子所谓"浩然正气"。养成浩然正气，必须经过刻苦的修炼，要求养气之士"苦其心志，劳其筋骨，饿其体肤，空乏其身，行拂乱其所为，所以动心忍性，曾益其所不能"⑤。养成浩然正气，要靠道德的经常积累，而不能指望正义的偶然冲动，这就更要求士时时刻刻严以律己，于是内省式修养，又是一个长期的艰苦过程，圣贤如孔子，也只有到了七十高龄，才能真正达到道德修养的完美境界，"从心所欲，不逾矩"。

综括而言，士的群体品格具有两重性。从正面看，他们关心天下忧乐，提倡经世致用，注重修身养性，讲究道德文章。而从负面看，他们一般又具有轻视劳动群众，脱离生产实际等品格缺陷。只有全面观照，才能对于知识阶层的社会地位和历史作用，得出符合文化史本来面目的正确认识。

---

① 《论语·里仁》。
② 《孟子·告子上》。
③ 《论语·里仁》。
④ 《论语·学而》。
⑤ 《孟子·告子下》。

第四节

文人雅趣

由于文化素养方面的差异,士阶层的生活情趣,也明显区别于一般的社会民众,而以清雅脱俗为显要特征。这主要体现在他们对于琴、棋、书、画的钟爱品玩,乐于以此调适性情,抒发情怀,自得怡乐,颐养天年。

琴是中国最古老的乐器之一。《诗经·小雅》中已有"我有嘉宾,鼓瑟鼓琴"的记载。琴身为狭长形木质音箱,琴底有出声孔,称"风沼""龙池"。初为五弦,后增至七弦,故又称"七弦琴",音域宽广,演奏时右手拨弦,左手按弦,称"抚琴"。古代文人,多有抚琴吟咏的雅趣,并留下不少意味隽永的轶事佳话。相传春秋之时,"伯牙善鼓琴,钟子期善听"[①],伯牙抚琴,志在高山,子期应曰:"峨峨兮若泰山!"伯牙改弦易调,志在流水,子期应曰:"洋洋兮若江河!""曲每奏,钟子期辄穷其趣。"伯牙感慨万端,舍琴而叹:"子之听夫,志想象犹吾心也!"[②]后世遂以"高山流水"的典故,来指喻朋友之间的心心相应,灵犀相通。琴声是情感的流泻,心态的显示,故而古代又称寄心思于琴声为"琴心"。诸葛亮以空城一座应对敌方的

---

① 《列子·汤问》。
② 同上。

琴是中国最古老的乐器之一。古代文人，多有抚琴吟咏的雅趣，并留下不少意味隽永的故事佳话。图为明代张风《月下抚琴图》。

数万甲兵，正是以城楼之上，优雅闲适、不露丝毫破绽的琴声向司马懿显示自己胜券在握的心理态势。至于日常生活中，士林聚首，抚琴吟咏，相互唱和，更是不同于凡夫俗子庸俗应酬的高雅精神享受。

棋，指围棋，古代称为弈。规则是弈者分别将黑白两色棋子交替下在棋盘纵横各19道线的361个交叉点上，以占"地"多者为胜。围棋出现很早，成书于战国时代的《左传》中便有"弈棋""举棋不定"等记载。《孟子·告子上》中，也出现了"通国之善弈者"弈秋的大名。古代士人多有弈棋的嗜好，不仅是因为在研讨棋势的无穷无尽的变化①中可以充分地锻炼智力，领略高深玄妙的棋艺魅力，更重要的还在于"精其理者，足以大裨圣教"②，从棋理的钻研中，把握统摄全局、弃取转换、处变不惊、随机应变、"流水不争先"等人生的真谛，在"纹枰对坐，从容谈兵"之间，实现情操的净化、道德的升华。由于围棋的这种高品位文化功能，历代名士多乐此不疲，不少大诗人的笔下，都曾记载玄机莫测、雅趣盎然的弈棋场面。如唐人代刘禹锡的《观棋歌送儇师西游》："初疑磊落曙天星，次见搏击三秋兵；雁行布阵众未晓，虎穴得子人皆惊。"又如杜甫的名句："棋局动随寻涧竹，袈裟忆上泛湖船。"③在士人心目中，"棋品"与"人品""文品"之间，显然存在着相互融通之处。才华横溢的苏轼，甚至将不善弈棋视为自己平生"三不如人"之一，由此足见围棋与士人生活的密切关系。

书法、绘画，本身即为中国传统文化的奇葩。这两种艺术门类的纸上作业方式，与士阶层的笔墨生涯自然发生直接的联系。专攻书法、丹青，卓然成家，名重千古者，代不乏人，其艺术成就固非常人所及，但更为普通的文化现象是，大凡读书人，每以书画为自娱自乐、陶冶性情的高雅方式。他们或多方搜罗名家名作，观赏把玩，爱

---

① 宋代沈括计算，361个交叉点上，均有置黑子、置白子和不置子3种可能，那么全盘变化即有3的361次方之多，这是一个天文数字。
② 《西京杂记》载杜陵语。
③ 《因许八奉寄江宁旻上人》。

>>> 由于围棋的高品位文化功能，历代名士多乐此不疲，不少大诗人的笔下，都曾记载玄机莫测、雅趣盎然的弈棋场面。图为宋代李嵩《高士对弈图》。

不释手；或自备"文房四宝"（湖笔、徽墨、宣纸、端砚），泼墨写意，工笔描绘，笔走龙蛇，尽情挥洒。生活情趣与学业专攻相互推引，致使诗文书画的全面文化才能每每集于一人之身。初唐王维，字摩诘，既是大诗人，又工书法、精绘画，苏轼评论道"味摩诘之诗，诗中有画；观摩诘之画，画中有诗"。苏轼本人，不仅是宋词雄浑豪放的宗师一派，而且擅长行书、楷书，列"宋四家"之一，又善画竹，"论画以形似"。他吟诵道："诗人与画手，兰菊芳春秋。又恐两皆是，分身来入流。"① 苏轼认为，诗、书、画皆是士人心迹的自然流露，"诗不能尽，溢而为书，变而为画"。形式虽有差异，本质并无不同："以诗为有声画，画为无声诗。盖诗者心声，画者心画，二者同体也。"② 直到现在，文人交友，每每互赠墨宝，或书或画，或诗或赋，君子之交，绝无铜臭之气，却淡洁如水，幽香似兰，风雅之情，自与声色犬马判若霄壤。

---

① 《苏轼诗集》卷四十七。
② 杨维桢：《东维子文集》卷十一《无声诗意序》。

第七章

儒、释、道

谈及中国文化，人们往往首先想到孔子创立的儒学。汉代以后两千多年，儒学始终占据着中国文化的主流地位。但又要看到，儒学之所以能够长盛不衰，学术方面极重要的原因，便是它在自己的发展过程中，大量吸收了佛、道两教的营养，不断充实自己的内容，改善自己的形式，从而保持了蓬勃的生命力。两汉以后，魏晋玄学与佛学合流，宋明理学更糅合佛、道，三教归一，正表明了佛、道二教在儒学发展史，乃至中国文化史上的重要地位。可以这样认为，儒、佛、道三足鼎立，共同支撑起中国文化精神的基本架构。

第一节

孔儒与老、庄

春秋、战国时代,以激烈的社会变迁为背景,学术思想界出现了诸子并起、学派林立、相互驳难、"百家争鸣"的空前繁荣的文化气象。司马迁的父亲司马谈曾将"诸子"划分为阴阳、儒、墨、名、法、道六家,区别"所从言之异路",予以评论。他认为阴阳家"使人拘而多所畏,然其序四时之大顺,不可失也";儒家"博而寡要","然其序君臣父子之礼,列夫妇长幼之别,不可易也";墨家"俭而难遵","然其强本节用,不可废也";法家"严而少恩,然其正君臣上下之分,不可改矣"。司马谈对道家评价最高,称"道家使人精神专一,动合无形,赡足万物","与时迁移,应物变化,立俗施事,无所不宜,指约而易操,事少而功多"[①]。

诸子学说中,对后世中国文化的流变产生重要而深刻影响的,当推由孔子创立的儒家和由老子、庄子创立的道家。

孔子名丘,字仲尼,是春秋末期的思想家、教育家,鲁国陬邑(今山东曲阜)人。他创立的儒家学说,以重血亲人伦、重现世事功、重实用理性、重道德修养的醇厚之风,在"诸子百家"中独树一帜。儒家继承血缘宗法时代的原始民主和原始人道遗风,切合当时谋求安

---

① 《史记·太史公自序》。

>> > 孔子创立的儒家学说,以重血亲人伦、重现世事功、重实用理性、重道德修养的醇厚之风,在"诸子百家"中独树一帜。图为当代佚名《孔子七十二圣贤》。

定生活的普遍社会心理,并为之设计了简便易行的实践手段,因而成为时代的显学。孔儒之学的要点,在下列数端:

一 以"礼"为行为规范

孔子认为,春秋时代的社会争乱,根本原因在于欲穷乎物,物屈于欲,人欲横流,名分紊乱。要纠正这种时弊,唯一可靠的途径就是重建作为社会行为规范的周代之"礼"的权威,用周礼来约束人们的一切行为:"非礼勿视,非礼勿听,非礼勿言,非礼勿动。"[①]他非常强调"正名",即辨正礼制等级的名分,严格遵守"君君、臣臣、父父、子子"的等级秩序,使人人都明白自己在社会之网中所处的位置,控制自己的"欲",不超出名分规定的范围,从而消弭社会动乱。

在孔儒之学里,"礼"的内涵丰富。举凡社交礼仪、生活标准、政治秩序、风俗习惯,无不囊括在内。换言之,即完整的社会系统从各个侧面、各个层次、各个角度,细致而微地限定了每个社会成员的地位、责任、义务。从积极方面看,它承认每个个体的基本生存权利,认为每一个社会成员在获得一份生活资料的同时,又要承担一定的社会责任,从而为整个社会的和谐运作,预设下一个个安定的"细胞"。从消极方面看,它又限制了人的主观能动精神和创造欲望,在严格的社会名分的重压下,剥夺了人的自由意志和人格尊严。这种两重性作用于孔子以后的悠悠岁月,造成中华民族崇奉公德、压抑私欲、强调义务、蔑视权利,以及安贫乐道、因循保守等社会文化心理。

二 以"仁"为思想核心

如果说"隆礼"是孔儒之学的表层结构的话,那么"贵仁"才是它的思想核心。"人而不仁,如礼何?"[②]孔子正是以"仁"释"礼",

---

[①]《论语·颜渊》。
[②]《论语·八佾》。

力图将社会外在规范化为个体的内在自觉，从而铺垫了中国民族文化心理的根基。

在仅万余字的《论语》中，"仁"出现百次之多。孔子解释，仁者"爱人"[1]，"孝弟也者，其为仁之本与"[2]！参以孟子"亲亲，仁也"[3]，"仁之实，事亲是也"[4]等阐述，可以得知强调血亲人伦关系是"仁"的理论重心所在。这决定了儒家思想区别于其他各家的最根本特征。"仁"是人的本性的表现，是人的美德的最高概括，"仁者，人也"[5]。因此，"志士仁人，无求生以害仁，有杀身以成仁"[6]。"仁"有丰富的、多层次的伦理体现，如先难而后获；己所不欲，勿施于人；居处恭，执事敬，与人忠；刚、毅、木、讷……

孔儒之学以"仁"为思想核心的本质意义，在于把外在的社会等级制度、历史传统，转化为内在的道德伦理的自觉要求，从整顿人际关系中最基本的家庭关系入手，讲求父义、母慈、兄友、弟恭、子孝，并以家国同构精神推而广之，讲求"父子有亲，君臣有义，夫妇有别，长幼有叙，朋友有信"[7]。这种由血统而政统而道统的致思路径，深刻启发了后世儒者，创造出一整套正心诚意、修身齐家、治国平天下的理论。先由社会政治收缩为家庭人伦，再由家庭人伦发散到社会政治，完成这样一次往返之后，孔儒之学便因其植根于亿万人心深处最亲近、最难以摆脱的血亲观念之上，而获得胜于其他学派的巩固地位，从而构筑起中国传统文化伦理—社会—政治学说的理论基础。

---

[1] 《论语·颜渊》。
[2] 《论语·学而》。
[3] 《孟子·尽心上》。
[4] 《孟子·离娄上》。
[5] 《礼记·中庸》。
[6] 《论语·卫灵公》。
[7] 《孟子·滕文公上》。

三 以"义"为价值准绳

如何确定人的行为是否符合"礼"的规范、"仁"的精神，儒家提出必须以"义"为价值准绳。孔子说"君子喻于义"[①]，"君子义以为上"[②]；孟子也说"义，人之正路也"[③]。

孔子一生不问某事之有利无利，"子罕言利"[④]，只问合不合"义"。合于"义"，即是真、善、美；不合于"义"，即是假、恶、丑。到了孟子，尚"义"更趋极端，"非礼之礼，非义之义，大人弗为"。"大人者，言不必信，行不必果，唯义所在"。他甚至将"君子犯义"与"小人犯刑"相提并论[⑤]，正如"刑"是国家对于人民的法律制裁一样，"义"也是个人对于自己的道德裁判。因此，"舍身取义"也就人生价值的最高实现。

本来，在孔子那里，"义"作为价值准绳，并不是与物欲（"利"）绝对对立的，二者之间不存在二律背反的关系。不过，孔子之言"义"，毕竟与人们直接的物质利益脱钩，而过分与抽象的伦理原则相联系，这就为"尚义"滑向极端——如西汉董仲舒所论"仁人者，正其道不谋其利，修其理不急其功"[⑥]，预留了通道。

四 以"知"（智）为认识手段

孔子强调以"知"（智）为认识手段，诱导社会成员知仁、循礼、行义。他承认人的先天素质有差异，"唯上智与下愚不移"，但毕竟任何人都有"知"的可能条件，这正是社会意义上"为仁由己"[⑦]的前提。

---

① 《论语·里仁》。
② 《论语·阳货》。
③ 《孟子·离娄》。
④ 《论语·子罕》。
⑤ 《孟子·离娄》。
⑥ 《春秋繁露·对胶西王越大夫不得为仁》。
⑦ 《论语·颜渊》。

值得注意的是，孔子虽然一般地称赞"生而知之者上也"，但他从未肯定任何人就是这种"生而知之者"。孔子更关注的，是"学而知之"的理论与方法。他强调："好仁不好学，其蔽也愚。"①学必须与思结合起来："学而不思则罔，思而不学则殆。"②学还必须与习结合起来："学而时习之，不亦说乎？"③学是"知"的起源，思是"知"的途径，习是"知"的应用。勤奋地学、思、行的一致，既是求学之道，更是为人之道。

孔子非常重视对人民进行"教化"。这种教化寓于日常生活之中。荀子诠释曰："君子之学也，入乎耳，著乎心，布乎四体，形乎动静；端而言，蠕而动，一可以为法则。""君子之学也，以美其身。"④一切从自己开始，从身边做起，不需要到彼岸世界的冥冥之中去搜寻，也不需要脱离世俗生活的苦行修炼，就在平凡自然的人生中，实现思想的净化和行动的自如。

应该说，这种充满理性实践精神的问学、施教之道，是孔儒之学体系中最具科学意义的组成部分，它对于中华民族以入世思想为社会主导心理，避免全民族陷入宗教迷狂，起了良好的导向作用。

先秦诸子中，以"道"为学说核心内容的学派，被称为道家。道家的创始人和主要代表是老子和庄子。老子姓李名耳，字伯阳，谥曰聃，楚国苦县（今河南鹿邑）人。相传孔子曾向他问礼。庄子名周，宋国蒙（今河南商丘）人。道家在基本人生态度和政治理想方面，与儒家相悖。老子认为道、德在仁、义、礼之上，所谓"失道而后德，失德而后仁，失仁而后义，失义而后礼。夫礼者，忠信之薄，而乱之首也"⑤。庄子也主张弃仁背义，废礼毁智，这恰与儒家隆礼贵仁、尚

---

① 《论语·阳货》。
② 《论语·为政》。
③ 《论语·学而》。
④ 《荀子·劝学》。
⑤ 《老子》第三十八章。

>>> 先秦诸子中,以"道"为学说核心内容的学派,被称为道家。道家的创始人和主要代表是老子和庄子。图为清代任伯年《老子骑牛图》。

义主智的学说相左。具体而论,道家要义如下:

一 天道无为

老子给"道"做如下定义:

> 有物混成,先天地生。寂兮寥兮,独立不改,周行而不殆,可以为天下母。吾不知其名,强字之曰"道"。强为之名曰"大"。①

道是世界万物的本源,同时又是宇宙运行的总规律。作为前者,道生万物;作为后者,"道法自然"②。老子和庄子都把"道"看作流贯宇宙、社会、人生的规律。规律的表现形态,是自然地运行,既然是自然运行,当然无须人为操作,也即"无为"。自然无为,便是道家心目中的"德"。如果有人故意去有所作为,那便违背了道与德,必致天下大乱。道家认为儒家大讲特讲的仁、义、礼、智,正是人为的产物,所以老子主张:"绝圣弃智,民利百倍;绝仁弃义,民复孝慈;绝巧弃利,盗贼无有。"③庄子则说:"闻在宥天下,不闻治天下也。"④"在""宥"的意思,都是听其自然,不治而治,无为而为。

道家的"天道""无为"思想,一方面体现了人对自然、社会规律不可抗拒性的初步认识,显出理性的冷静;但另一方面,在强调"无为"的同时,又贬斥了人的积极进取精神。儒家把人固定在等级名分之中,限制个人的奋斗欲望;道家超越了等级名分,但又将人完全被动地从属于"道"的运行,随遇而安。在这一点上,互补的儒、道两家正所谓"一致而百虑,同归而殊途"了。

---

① 《老子》第三十八章。
② 同上。
③ 《老子》第十九章。
④ 《庄子·在宥》。

二　朴素的辩证观与相对主义

老子超然于自然、社会领域诸多矛盾的绝对对立之上，看出矛盾双方的相互依存关系，"有无相生，难易相成，长短相形，高下相倾，音声相和，前后相随"[①]。他又指出，事物矛盾着的两方面，遵循"物极必反"的法则，相互转化，此即"反者道之动"[②]，于是便有"祸兮，福之所倚；福兮，祸之所伏"[③]。矛盾双方的转化，亦即"道"的自然运行。

老子的朴素辩证观忽视矛盾转化的前提条件，这一思想因子为庄子所继承，发展为相对主义。庄子泯灭矛盾双方的本质规定性，"是亦彼也，彼亦是也；彼亦一是非，此亦一是非"[④]。在庄子看来，是非、生死、可与不可，其性质、差异都是相对的，以"道"观之，这一切都处在循环无穷的圆圈运动之中，"道通为一"，所以他得出万物齐一的结论。

三　个体价值与精神自由

在先秦诸子中，老子第一个说明人在自然界中的重要地位。"故道大、天大、地大，人亦大。域中有四大，而人居其一焉。"[⑤]庄子又进一步从人的本性的意义上突出个体的尊严与价值。

春秋、战国时代，财富、欲望与权势、罪恶同步增长。文明进步与道德沦丧的二律背反，尖锐刺激着思想家，生发出改变社会现实的种种主张。如果说儒家是试图从调节人际关系入手，以阻止"世风日下"；那么道家，尤其是庄子，则从强调个体自身的价值入手，呼唤人性的复归。

---

① 《老子》第二章。
② 《老子》第四十章。
③ 《老子》第五十八章。
④ 《庄子·齐物论》。
⑤ 《老子》第二十五章。

庄子认为，三代以下，人的自然本性被名、利、家族、事业等外在的物所掩盖、扭曲、损害。只有超越这些外在之物的束缚，复归原始社会"耕而食，织而衣，无有相害之心"①的人的自然本性，方"可以保身，可以全生，可以养亲，可以尽年"②。这才是人的价值的真正实现。

但是，社会发展不可逆转，复归原始时代的人的本性，是无法实现的，于是庄子便逃离现实物质世界的藩篱，到纯粹的精神世界去寻求自由。只要摒除情欲，虚静端坐，彻底忘掉尘世的一切，让精神离开肉体的躯壳，无拘无束地遨游于无功、无名、无己的绝对的自由境界。庄子称这种境界为"吾丧我"③。在他人视之，"形如槁木""心如死灰"，而在"吾"看来，却是获得了真正的幸福。

四　超世、顺世、游世

与儒家汲汲于仁、义、礼、智，修、齐、治、平的"游方之内者"不同，道家是视这一切为秕糠、粪土的"游方之外者"。人们通常称前者为"入世"，后者为"出世"。老子身体力行，"莫知其所终"④，为后人树立"出世"的楷模。庄子将这一思想丰富发展为超世、顺世和游世三种境界，以便于立足"出世"人生哲学基点的芸芸众生，获得不同层次的心理满足。

庄子极端厌恶诸侯争战、杀人盈野的黑暗现实，愤世嫉俗的情怀表现为超然世外的孤傲独行。这种"超世"后来为不事权贵、不媚时俗的正直之士无数次地仿效。但是，一味地愤世嫉俗，并不能丝毫改变社会的黑暗，更可悲的是，"超世"之士往往在现实生活中处处碰

---

① 《庄子·盗跖》。
② 《庄子·养生主》。
③ 《庄子·齐物论》。
④ 《史记·老子韩非列传》。

壁，于是"超世"便转化为"顺世"。"适来，夫子时也；适去，夫子顺也。安时而处顺，哀乐不能入也……"①顺世，在中国后来几乎成了人们自我解脱的精神法宝。其高雅者有如陶渊明的"聊乘化以归尽，乐夫天命复奚疑"②；其卑贱者有如鲁迅笔下的阿Q，以为人生天地间，"大约有时未免要杀头的"，"上是他睡着了"。

在"超世""顺世"的基础之上，庄子又提出"游世"的最高境界："人能虚己以游世，其孰能害之！"③相传老子在回答孔子问道时也说："古之圣人，假道于仁，托宿于义，以游逍遥之虚。"④孔子也主张"天下有道则见，无道则隐"⑤。如此看来，道家的出世又与儒家的入世在宇宙人生的最高规律——"道"的照耀之下走向一致：寓身仁义，仍能游心于尘世之外；位居高官，也可以不为世俗所累。惟其如此，后世士大夫们在志得意满之时，无不以治国、平天下为己任；而在心灰意冷之日，又可以毫无耿介地皈依老庄，隐入山林。仕途上的进退自如，正是以心理上的儒道互补为思想基础的。

与孔子创立的儒家一样，老子、庄子创立的道家在中国文化史、思想史上，占有十分重要的地位。它不仅深刻地影响知识阶层的心态与行为，而且也是以下层民众为主要信徒的中国本土宗教——道教的重要思想、理论来源之一。

---

① 《庄子·养生主》。
② 《归去来辞》。
③ 《庄子·山木》。
④ 《庄子·天运》。
⑤ 《论语·泰伯》。

第二节

"独尊儒术"

先秦诸子,学说各异。但他们的理论目标又相当一致,即都是为了论证治国安邦之道。

> 周秦之际,士之治方术者多矣,百家之学,众技异说,各有所出,皆有所长,时有所用。虽然,阴阳、儒、法、刑名、兵、农之于治道,辟犹榱之于盖,辐之于轮也。①

地处关中的秦国,实行法家路线,富国强兵。公元前221年,秦王嬴政统一中国,自称始皇帝。秦始皇父子急功近利,严刑峻法,将法家学说阴惨刻毒的一面推衍到极致,结果二世而亡。汉初统治者吸收秦亡教训,拨乱反正,改行以道家学说为基础的黄老之学②,"无为而治",扫除烦苛,经过六十年的休养生息,天下太平,人给家足。

公元前140年,年方二八的汉武帝刘彻即位。如日中天的汉家王朝,新换一位意气风发的少年天子,清静寡欲的黄老之学开始背

---

① 刘文典:《吕氏春秋集释序》。
② 黄老之学,尊传说中的黄帝和老子为创始人。其学以道家为主,也吸收儒、法等各家思想。

运了。武帝对繁文隆礼、讲求事功的儒学大感兴趣，一反先祖故训，变寡欲政治为多欲政治，尊儒兴学，制度教化，开辟轰轰烈烈的新事业。

武帝令群臣荐举"直言极谏之士"参与重定国策。专治《春秋公羊传》的董仲舒脱颖而出，援引"春秋大一统"之精义，鼓吹"黜百家，尊儒术"。他向武帝建策：

> 臣愚以为诸不在"六艺"之科、孔子之术者，皆绝其道，勿使并进。邪辟之说灭息，然后统纪可一而法度可明，民知所从矣。①

董仲舒"独尊儒术"的主张，正满足了汉武帝在先辈奠定的雄厚经济基础上，王霸并用，振武开疆，扩张皇权的理论需求，因此得以全面推行。

董仲舒对儒术的"独尊"，本质上是对先秦儒学理论的再创造。

董仲舒首先肯定"天"是宇宙、人世的最高主宰。天有意志，春、夏、秋、冬就是它爱、乐、严、哀的表情。他继承殷商以来盛行的天人相通观，并使之理论化：第一，"王权天授"，王者为天之子，受命于天，治理人世。第二，"天人感应"，君王顺天而行，修饬德政，就会得到天的庇佑；否则，天将降下灾祸，以示谴责。第三，"屈民伸君，屈君伸天"，民众必须服从君王，君王必须服从天意。

这些有关天人关系的思想因子，多见于先秦典籍。董仲舒的新贡献就在于他把这一切巧妙地纳入天—人"阴阳五行"的宇宙图式之中，使之具备缜密的逻辑力量。他提出，"天"是由天、地、人、阴、阳、金、木、水、火、土共"十端"构成。"十端"又组合成"四

---

① 《汉书·董仲舒传》。

时""五行"。君王必须依循"五行"相生、"四时"相继的规律来施政。因为天有阴阳之刑德,所以君王治天下亦须王霸并用、宽猛相济。又因为天之春、夏、秋三时主德,仅冬一时主刑,所以君王行政应以仁政为主、刑罚为辅。董仲舒将儒学倡导的君臣、父子、夫妻"三伦",提到阴阳形上学的理论高度,称之为"三纲":"君为阳,臣为阴;父为阳,子为阴;夫为阳,妻为阴。……王道之'三纲',可求于天。"[1]他又把儒学坚持的仁、义、礼、智、信"五常",与东木、西金、南火、北水、中土一一配合,给它们涂上"天道五行宇宙论"的神圣油彩。

董仲舒是汉代最有影响的思想家,在当时就享有"群儒之首"的声誉。他以治《春秋公羊传》起家。《公羊传》开篇第一句,就讲"大一统"。董仲舒学说的基点,正是维护专制王朝的"大一统",但它的文化史意义,又绝不仅限于此。董仲舒自觉地用儒家精神改造"阴阳五行说",建构起天人一统的宇宙论系统图式,创造性地完成了自战国末期以来,随着人们认识、改造世界能力的大提高而产生的对宇宙、社会、人生做出统一的规律性解释的精神追求。这种系统图式,将宇宙万事万物统统组织进一个整齐划一、"以数为五"的先验模式之中,这并不单纯是意识形态领域方面的成就。从更广阔的文化演进大趋势看,将零碎、分散的种种经验组织起来,以数字来整理、解释宇宙发展,是人类文化进步到一定阶段必然出现的现象。如在古希腊,就有毕达哥拉斯学派及其理论的产生。

当然,董仲舒学说的消极影响也是严重的。从他以后,"阴阳五行说"成为"中国人的思想律,是中国人对宇宙系统的信仰,两千年来它有极顽固的势力"[2]。更糟糕的是,它还诱导了荒诞不经的谶纬神

---

[1] 《春秋繁露·基义》。
[2] 顾颉刚:《五德终始说下的政治和历史》,《古史辨》,上海:上海古籍出版社1982年,第404页。

学怪胎的投世。

汉武帝与董仲舒的"尊儒",两千年来,已成定论。但若因此便将"罢黜百家"的文化专制罪名强加给他们,却有违史实,亦欠公道。"罢黜百家"首见于《汉书·武帝纪赞》,是班固的评论之辞,而武帝和董仲舒本人,并没有此类极端言论。他们的"独尊儒术",无非是突出儒学的主流地位,避免因"师异道,人异论,百家殊方,指意不同",而妨碍了汉家王朝的一统纪明法度。儒家的"独尊",并非儒学的独存。实际上,有汉一代,"诸子传说,皆充秘府",在尊奉儒学的同时,"博开艺能之路,悉延百端之学"[①]。刘向、刘歆父子集校群书,在《七略·诸子略》中评论各家短长,正是"百端之学"存而不废、续而不绝的史证。

---

① 《史记·龟策列传》。

第三节

佛陀东来与道教创立

中国文化史上,严格意义上成熟的宗教,出现于两汉。其表现为佛教的传入与道教的形成。佛教和道教不同于一般的迷信观念、神灵崇拜之处,在于他们都有自圆其说的哲理、系统的神谱、完整的仪式和严密的组织。

佛教何时传入中华本土,说法不一。比较可靠的时间记载,见《魏书·释老志》:

> (西汉)哀帝元寿元年(公元前2年——引注),博士弟子秦景宪,受大月氏王使伊存口授《浮屠经》。

公元前6世纪至前5世纪,古北印度迦毗罗卫国(今尼泊尔南部)净饭王之子释迦牟尼创立了佛教。公元前3世纪以后,佛教分两路北传:一路经中亚细亚(即秦、汉时代所称"西域")传入中国内地;一路传入中国西藏地区,形成藏传佛教。此外,佛教还进入斯里兰卡,经过东南亚传入中国西南傣族等少数民族聚居区。

公元前2世纪至前1世纪,西域大月氏、安息、康居、龟兹等地,佛教已广为流行。而此时,连接西域与中国内地的"丝绸之路"上,使臣、商旅的驼队，正风尘仆仆，往来不绝。在这种文化背景下，大月氏来华的使臣中有伊存这样的佛学经师，便是很自然的事情。

佛教传入中国，首先表现为西域各国的高僧携来并翻译了大批佛经。民间流传颇富诗情画意的"白马负经"的传说，并称这便是今天河南洛阳白马寺的由来。东汉桓帝建和二年（148），安世高从安息来到洛阳，"宣译要经，改梵为汉"①，二十年间，译出《安般守意经》等佛典九十五部、一百一十五卷。此外，来自大月氏的支娄迦谶、来自天竺的竺佛朔、来自安息的安玄，也各有译经传世。

佛经的传译并不等同于佛教的流行。某人携带并翻译某部宗教经典，可能是出于信仰、爱好等个人原因，但是一种宗教要赢得群众，流行开来，却必须有一定的社会条件。

东汉初年，佛经虽已传入，但仅被社会上层少数人视为神仙方术之一种加以信奉，影响并不广泛。东汉末年的社会境况，为佛教的初步传播提供了适宜条件。和帝以后，外戚、宦官交替专权，政治腐败达于极点，加之天灾连绵，瘟疫流行，揭竿而起的黄巾大起义，又在豪强地主的血腥镇压下归于失败。于是，痛感人生悲苦，渴求安宁生活，成为普遍的社会心理，而佛教教义正是以人生之苦为最基本的命题。"宗教里的苦难既是现实的苦难的表现，又是对这种现实的苦难的抗议。"②生苦、老苦、病苦、死苦、怨憎会苦、爱别离苦、求不得苦、五取蕴苦的"八苦"之说，正对应了社会民众的心境；而"十二因缘说""业报轮回说"等宿命理论，又为他们提供了在苦难中挣扎的精神慰藉。于是，佛教便开始由上层社会走向民间，渐次传播开来。

除佛教以外，中国还流行过伊斯兰教、基督教、祆教等多种宗教，但它们都是从异邦移植的意识形态之花，真正土生土长的中华本

---

① 释慧皎：《高僧传·安世高传》。
② 马克思：《〈黑格尔法哲学批判〉导言》，《马克思恩格斯全集》第1卷，北京：人民出版社2001年。

佛教传入中国，首先表现为西域各国的高僧携来并翻译了大批佛经。民间流传颇富诗情画意的"白马负经"的传说，并称这便是今天河南洛阳白马寺的由来。图为明代丁云鹏《白马驮经图》。

土宗教，唯有道教。

东汉末年，外戚、宦官争权，"贪淫放纵，僭凌横恣"，经济崩溃，"农桑失所"，"贫穷转死于沟壑"[①]。在精神和道德方面，儒学日益脱离人生日用，其末流谶纬神学更将"天人感应论"对统治集团的劝惩功用抛弃殆尽，使之成为赤裸裸的黑暗政治的工具。当社会无法忍受政治、经济的全面动乱，同时又苦于找不到现成的精神避难所的时候，道教的产生，便成为社会成员，尤其是社会下层民众的急需。正如马克思所言，"宗教是被压迫生灵的叹息"，原始道教的第一批信徒主要来自社会最下层的受苦受难而又富于反抗精神的人们。黄巾军便是聚集在原始道教之一派——太平道的杏黄旗下，高呼"苍天已死，黄天当立，岁在甲子，天下大吉"，把东汉王朝送进了坟墓。

道教的思想渊源，杂而多端。其一，是远古以来流行于民间的巫术。迷信盛行的古代社会，巫作为人与神的中介，发挥着降神、释梦、预言、祈天、医病等多种职能。先民以为疾病是鬼魂附体，自然灾害是上天震怒，这些都要靠巫术来祛除祸灾。道教的道术和医术，便起源于原始巫术。其二，是神仙传说和成仙方术。先秦时代，燕、齐等地多有鼓吹长生之术的方士。齐威、燕昭、秦皇、汉武等帝王汲汲觅求成仙不死之药，极大地助长了仙术的泛滥。这些神仙信仰，都为道教所承袭，方士也成为道士的前身。其三，是"阴阳五行"的谶纬之学。道教的"天地人三合一致太平"的思想，明显地吸收了"阴阳五行"宇宙论图式的因子。《太平经》大讲特讲阴阳灾异，道教效法谶纬之学神化孔子的办法，神化老子，奉之为教主。其四，先秦道家及其后衍黄老之学。道教以老子的《道德经》为主要经典，规定教徒必须习诵。东汉以后，"无为自化，清净自正"的黄老之学转向祀祠求神，与神仙家结合。道家的"清静无为"与神仙家的"肉体成

[①] 仲长统：《昌言》。

仙"互为补充,更令艰难时世中人,心向往之。在黄老学说中并尊的黄帝、老子,地位也发生微妙变化,黄帝地位下降,老子被独奉为神明,成为道教的始祖——"太上老君"。

道教信奉多神崇拜,认为宇宙万事万物乃至人的各种器官,俱有神灵。上居天穹的有大明、夜明之神,五星五行之神,下居地面的有五岳、四海之神,管日用有土地神、灶君、门神、财神。就连人体各器官,也各由神灵镇守:脑神精根、眼神明上、鼻神玉垄、耳神空闲。众神之上,最高神有三,即居于玉清境清微天的元始天尊(天宝君)、居于上清境禹余天的灵宝天尊(太上道君)、居于太清境大赤天的道德天尊(太上老君)。

道教追求双重的理想境界:其一,在现实世界上建立没有灾荒、没有战争、没有疾病,"高者抑之,下者举之;有余者损之,不足者补之"①的平等社会。这种理想表达了社会下层民众对黑暗现实的否定和对安居乐业、宁静生活的企望。其二,追求超凡脱俗、不为物累的"仙境"世界。道教津津乐道的三十六洞天、七十二福地,并非存在于冥冥上天,而就在自然界的美妙山水之间。人们经过修炼,便能长生不死,既可与凡夫俗子为伍,也可逍遥于仙山琼阁。在道教的发展进程中,前一种理想曾经鼓舞被压迫民众一次次高举义旗,向统治者讨还生存的基本权利;而后一种理想则推动人们为争取延年益寿而孜孜不倦地探求生命的奥秘。

道教乐生、重生、贵术。世界上形形色色的宗教几乎全都关心"人死之后如何"的问题,而道教却独树一帜,热衷于"人如何不死"的问题。许多宗教都认为人生充满罪恶与痛苦,而将希望寄托于天国,幻想死后灵魂得到安宁。道教却认为,生活是乐事,死亡最痛苦。道教秘典《老子想尔注》改《老子五千文》中的"天大,地大,

---

① 《道德经》。

王亦大"为"天大，地大，生大"。《道藏》首经的《元始无量度人经》，也鼓吹"仙道贵生"。以乐生、重生为宗旨，当然就重视研究长生的方法，这就是"贵术"。人欲长生不死，必须安神固形，性命双修。既追求精神的超越，又讲究肉体的健康。为此，需修炼诸种养生之功，如外丹、内丹、服气、胎息、吐纳、服饵，等等。社会上流行的种种养生之术，科学的、迷信的，甚至有害无益的，统统被道教加以吸收和发挥。

作为从华夏之地土生土长的本土宗教，道教以其鲜明的"中国特色"，长久作用于民族文化心理、风俗习惯、科学技术，以及社会、政治、经济、生活的方方面面。正因为如此，鲁迅才说："中国根柢全在道教"，"以此读史，有多种问题可迎刃而解"[①]。

---

① 《鲁迅全集》第9卷，北京：人民文学出版社1993年，第285页。

第四节

"玄之又玄，众妙之门"

魏晋南北朝时代，社会动荡，政权分裂，兵燹连绵达四个世纪。动乱时世带来经济的衰败和民众的苦痛，但在中国文化史上，它"却是精神上极自由、极解放，最富于智慧、最浓于热情的一个时代"[①]。其首要标志，便是援引道家思想解释儒家经籍，并逐渐与佛学趋于合流的玄学独领风骚。

"玄"出自《老子》的"玄之又玄，众妙之门"。魏晋时期奉《周易》《老子》《庄子》为"三玄"，故有"玄学"之称。魏晋时玄学又称玄远之学。其要义在超越于世俗名教和具体事物之上，专注于"本末有无"等形而上学本体论问题。为什么在社会大乱、急需大治的时代条件下，这种以虚无玄妙相标榜的"清谈"之学却能蔚然成风？这需从社会文化的大环境，尤其是学术发展本身的规律中去寻求原因。

由于汉武帝、董仲舒的推崇，儒学在汉代取得"独尊"的优越地位。但是，儒学还在迸发出雄丽光华时，内部已潜伏着危机因子。董仲舒的"天人感应"宇宙论，从理论上论证了"大一统"帝国统治秩序的神圣不可动摇。但是，这一理论体系中的"阴阳五行""天人感

[①] 宗白华：《美学散步》，上海：上海人民出版社1981年，第177页。

应"等观念却在今文经学家手中被推衍为谶纬神学，并由此导致西汉末年以后神秘主义大流行，再经过东汉统治者加以官方化，整个思想学术界被搞得乌烟瘴气。从经学内部崛起的古文经学派，一反今文经学主观随意阐扬"微言大义"的学风，着意于名物训诂的缜密考证，但又在相当程度上陷于繁琐、支离。这些日趋严重的弊端，使得一度光芒夺目的汉代儒学到东汉末年已颇为黯淡。接踵而起的社会大动乱，更明确宣告等级名分之类的儒家虚伪说教"不周世用"[1]，在世人的心目中，儒学的"独尊"地位一落千丈，陷入深刻的危机之中。

儒学信仰危机的深化，社会苦难之中芸芸众生对人生的思索，把魏晋思想引向玄学。这一时期大规模发展起来的门阀世族庄园经济，也为这一文化动向提供了物质根基。庄园经济具有分散的、自成一统的特性，因此，世家大族所关注的不是社会——国家的总体利益，而是独立个体的生存与发展。这更推动了魏晋士人热衷用注重个体价值与精神自由的老庄学说，来改造儒家思想，在新基础上加以阐发。

玄学思潮经历了不同发展阶段。魏正始年间，何晏、王弼祖述老、庄，创"贵无论"，认为"天地万物皆以'无'为本"[2]。与此同时，阮籍、嵇康等主张"法自然而为化"[3]"越名教而任自然"[4]。西晋元康年间，裴頠反对"以无为本"，提出"始生者，自生也""济有者皆有"的"崇有论"。郭象又"述而广之"，认为无不能生有，万物乃"块然而自生"，提出兼容"贵无"与"崇有"的"独化说"。降及东晋，张湛一方面继承王弼的"以无为本"；另一方面又吸收裴頠的"崇有论"，认为"群有以至虚为宗，万品以终灭为验"[5]，论证"万有"以"无"为本。这一思想与魏晋时期流行的佛教般若学十分接近。般

---

[1] 《魏书·杜恕传》。
[2] 《晋书·王衍传》。
[3] 阮籍：《通老论》。
[4] 嵇康：《释私论》。
[5] 《列子注·序》。

>>> 魏晋时玄学的要义在超越于世俗名教和具体事物之上，专注于"本末有无"等形而上学本体论问题。为什么在社会大乱、急需大治的时代条件下，这种以虚无玄妙相标榜的"清谈"之学却能蔚然成风？图为清代禹之鼎《竹林七贤图》。

若学分宇宙为色（物质）与心（精神）两部分，认为两者皆空。至此，玄学与佛学趋于合流，名士与名僧心心相印，名士以"三玄"来阐扬玄学，名僧也以"三玄"来解释佛理。

魏晋玄学是动乱时世的产物。天下大乱，使现存一切事物、以往所有认识的矛盾性与相对性暴露无遗。"名则有所分，形则有所止"，于是，意在以不变应万变，超越变动不居的现实事物而直接诉诸本体、追求无限的"玄远"之学应运而生。这种"玄远"之学，显然不能依靠纯经验的观察，更无法仰赖烦琐的考证，而必须运用抽象的哲理思辨。因此，玄学自诞生之日起，便具有浓烈的"纯"哲学意味。玄学家们大不同于喜好连事比类的两汉儒者，他们专注于辨析名理，以清新俊逸的论证来反对沉滞烦琐的注疏，以天马行空般的抽象思辨来取代支离破碎的章句之学。名士们超然物外，口若悬河，剖玄析微，"注而不竭"。他们相互之间的论辩不仅义理深邃奥衍，而且"兼辞条丰蔚，甚足以动心骇听"[1]，充分显示出思维活动的理性美与智慧美。

玄学思辨深刻影响了魏晋时期的学人。文学批评家刘勰的《文心雕龙》、钟嵘的《诗品》，都具有前代少见的理论系统建构和深刻的美学内涵。数学家刘徽在《九章算术注》中以"析理"的自觉去"总算术之根源"，提出"情推""贵约"等数学研究原则，也是极富思辨色彩的创造。

---

[1] 刘义庆:《世说新语·文学》。

第五节

佛教的流行及其中国化

两汉之际,佛教传入中国;但它的大流行,却开始于东晋南北朝;进入隋、唐,更趋大盛。

东晋南北朝政权林立,战乱不已。社会各阶层普遍产生"人生若尘露"的"忧生之嗟",纷纷寻求安身立命的处所。玄学的时兴,为相当一部分士人开辟了逃避忧患的玄妙之境。道教的发展,使社会民众在对"神仙乐园"的向往中得到心灵的慰藉。而东来的佛教,又为人们另辟一番精神解脱的新天地。

首先,佛教树立起观世音、弥勒佛、阿弥陀佛等大慈大悲且法力无边的"救世主",宣扬"若有无量百千万亿众生,受诸苦恼,闻是观世音菩萨,一心称名;观世音菩萨即时观其音声,皆得解脱"①。这对于苦难民众不啻黑暗中的光明。

其次,佛教的"轮回说",为人们提供了解除生命忧患的希望通道。"轮回说"以为,人虽必死,但其神魂不灭:"身譬如五谷之根叶,魂神如五谷之种实。根叶生必当死,种实岂有终亡?"②人死以后,灵魂将在天、人、畜生、饿鬼、地狱中轮回,"随复受形",转脱来生。

---

① 《法华经·观世音菩萨普门品》。
② 牟融:《理惑论》。

来生的命运则受"善恶报应"原则支配,"此生行善,来生受报","此生作恶,来生必受殃"。与玄学、道教相比,"轮回说"更具理论吸引力。玄学讲究精神超越世俗的牵累,但并没有切实回答生命存在的实际问题。道教对人们最大的诱惑是长生不死,得道成仙,可这又绝无可能。"轮回说"却不同。它承认人的肉体必灭,但"散之必聚",轮回之后,又将复生,这便使得人们对现世的死亡不再极度恐惧。"善恶报应"理论,则驱使人们一方面对今生的苦痛采取"认命"的消极态度;另一方面又积极地为来世的好运作"积善"的努力,骚动情绪大为消除。

南北朝时期,佛教大行。"王公大人,观生死报应之际,莫不瞿然自失",纷纷"竭财以趣僧,破产以趋佛"。北魏帝王多信佛,都城洛阳佛寺竟达一千三百余座。南朝梁武帝原信道教,即位后舍道归佛,将佛教抬到国教的地位,几次舍身入寺,由群臣花巨金奉赎回宫。由于统治阶层的尊奉,佛经的传译以更大规模展开,众多佛教教派如涅槃、成实、毗昙、楞伽等先后确立,佛教艺术也跟随佛法弘扬之旅,在甘肃敦煌、山西云冈、河南龙门等处觅得立足之地,形成辉煌的石窟雕塑艺术宝库。

当然,作为一种异邦、异质意识形态系统,佛教在流传过程中也受到中华本土文化的顽强排拒。随着佛教势力的胀大,双方冲突日益激烈,甚至以血腥暴力形式出现。

佛教与中华本土文化的抵牾,集中在伦理纲常的焦点上。

强调"君为臣纲""父为子纲"的伦理纲常,是以儒学为主流的中国传统文化的精神内核。然而,佛教教义却"无君无父",与儒家的忠孝观根本背离。在儒家看来,"百善孝为先""夫孝,德之本也"[①]。孝的根本原则是"善事父母",因此,子女必须珍惜自己的发

---

① 《孝经》。

肤,"身体发肤,受之父母,不敢毁伤,孝之始也"①。为了继承香火,子女必须婚育,"不孝有三,无后为大"②。但是,佛教徒出家首先就要剃除须发,又受"不邪淫"之戒,不得婚配。如此教规,当然为儒家文化难容,并受到严厉批评:"一有毁伤之疾,二有髡头之苦,三有不孝之逆,四有绝种之罪,五有亡体从诫。"③在儒学观念中,"忠"与"孝"不可分离,"以孝事君则忠"④。但是,佛教却有"不敬王者"的传统。东晋僧人慧远著《沙门不敬王者论》,论证出家者既为"方外之宾",当然不受世俗礼法约束,理应置身王法之外。这当然激起中国专制君主的强烈敌视。北周武帝灭佛,明确宣称"帝王即是如来,宜停丈六;王公即是菩萨,省事文殊"⑤,根本否定了佛教的"不敬王者"论。

在佛教与中国本土文化的冲突中,儒学当仁不让地担负起捍卫传统的主力军角色,而道教则给予儒学以强有力的支持。道教拒佛,除了因文化根基不同而产生的不相容性外,更有一个在宗教领域里排斥对方,争取信徒的强烈动因。道教编造老子西游化"胡成佛"的故事,称佛祖为道教弟子。佛教徒也伪造经典,称佛遣三弟子震旦化教,儒童菩萨为孔丘,净光菩萨为颜回,摩诃迦叶为老子,将儒、道宗师一起贬为佛门之后。双方针锋相对,甚至演成流血冲突。北魏太武帝拓跋焘杀戮沙门,扬道灭佛;北周武帝宇文邕下令僧人还俗,毁灭佛教;唐武宗李炎没收寺院土地,拆毁寺庙四千六百所,给佛教以沉重打击。"三武灭佛"当然有复杂、深刻的社会政治、经济动机,但从文化根本上检讨原因,无不与儒、道、佛之间的势力相互消长直接相关。

① 《孝经》。
② 《孟子·离娄上》。
③ 刘勰:《灭惑论》。
④ 《孝经》。
⑤ 《广弘明集》卷七。

在中国本土文化的强大抵御面前,佛教体现出灵活的调适性,改变自身面貌,以适应新的文化生态环境。

佛教的自我调适从传入中国之初便已开始。两汉之际来华的西域僧人对中国盛行的神仙方术多有钻研。魏晋玄学兴起,佛学译经家遂以佛理附会"三玄",将梵语 tathatā 直译为玄学的重要概念"本无",甚至在生活上也模仿名士风度,一改"乞胡"习性,"神风清潇"。在传教形式上,也注意依附中国民间习俗。六朝经师唱导佛经时,针对听众的不同身份,采用不同形式:

> 如为出家五众,则须切语而常,苦陈忏悔;若为君王长者,则须兼引俗典,绮综成辞;若为悠悠凡庶,则须指事造形,直谈闻见;若为山民野处,则须近局言辞,陈斥罪目。①

更重要的调适,体现在经义的内容上。为了与中国本土根深蒂固的孝亲意识相接近,佛学家们改造出许多与"孝"有关的经典,如《佛说父母恩重难报经》《佛说孝子经》等,其中不少直接取材于中华古代典籍。

经过四五个世纪的调整、适应,进入隋、唐,佛教呈兴盛发达局面。这不仅体现为信徒人数的增加、寺院规模扩大,更体现在中国化的佛教宗派纷纷创立,其代表是天台宗、华严宗和禅宗。

天台宗形成于隋代。因其创始人智𫖮居天台山(今浙江天台)而得名。又因此宗教义以《法华经》为依据,亦称法华宗。天台宗认为一切事相都是法性真如的体现,一切佛经都是方便圆通以利众生成佛的手段。它以方便法门为辞,融通印度佛教与中国儒道思想,将神仙迷信、道教的丹田、炼气说等纳入自己的学说之中,甚至将佛教止观法门与儒家穷理尽性的理论与实践调和起来。其经典主要有《摩诃止

---

① 释慧皎:《高僧传·唱导论》。

>>> 禅宗的中国化特色更为鲜明,它由南朝宋末菩提达摩来华传授禅法而立,经过慧可、僧璨、道信,至第五世弘忍而分为北宗神秀、南宗慧能两支。图为宋代梁楷《六祖撕经图》。

观》《法华玄义》和《法华文句》，统称"天台三大部"。

华严宗建立于唐武则天时期，创始人为法藏，以《华严经》为宗经而得名。又因宣传"法界缘起"，亦称"法界宗"。华严宗区分世界各现象为"理""事"二"法界"，理为体，事为用。华严宗重视发挥中国佛学家的独到思想，理体事用之说，便是竺道生"理不可分"命题的展开。至于李通玄以《周易》解释《华严》，宗密以《周易》的元、亨、利、贞"四德"配佛身的常、乐、我、净，以"五常"配不杀生、不偷盗、不邪淫、不妄语、不饮酒的"五戒"，更是华严宗融会儒家思想的极好表征。

与天台宗、华严宗相比，禅宗的中国化特色更为鲜明。禅宗由南朝宋末菩提达摩自天竺来华传授禅法而立，经过慧可、僧璨、道信，至第五世弘忍而分为北宗神秀、南宗慧能两支，时称"南能北秀"。北宗教传后即衰微，南宋遂成禅宗正统。禅宗公开向所有印度佛教经典权威挑战，自奉慧能的说法语录为《六祖坛经》，认为心性本净，佛性本有，觉悟不假外求。在领悟佛理的致思路径上，禅宗排斥甚至否定语言文字的作用，一秉中国传统注意直觉、顿悟的思维定势，主张直指人心，见性成佛，自称"顿门"。由于禅宗推行"一悟即至佛地"[①]的简易修持方法，逐渐取代了其他佛教宗派的繁琐义学，成为中国化佛教的主流。禅宗否定偶像崇拜，追寻个人清净本心的内在理性，沉思冥想、活参妙解的思维方式以及幽深清远、适意淡泊的审美情趣，深刻影响了唐代以后千余年间中国文化的发展，特别是给士大夫阶层的心理性格、价值观念、行为方式，打上难以消蚀的烙印，直到现在这种烙印仍未褪尽其痕迹。

---

① 《六祖坛经·般若品》。

第六节

"三教归一"的理学

进入宋、元、明时代,理学渐居学坛主流地位。理学亦称道学或新儒学。所以称为理学,是因为这一思想体系以"性与天道"为讨论的中心内容,以"理"为宇宙最高本体和哲学思辨的最高范畴;所以称为道学,是因为理学家们自诩承继尧、舜、禹、汤、文、武、周公、孔子的道统,以"明道"为学问的终极目标;所以称为新儒学,是因为理学虽以儒家礼法、伦理思想为核心,但其张扬的孔、孟之学已在融合佛、道思想精粹中被加以改造,具有大不同于先秦原始儒学的新面貌。

从学术流变的脉络方面辨析,宋明理学的最大特点是儒、佛、道"三教归一",其实质是一种以儒学为主体,吸收并改造释、道哲学而形成的精致的伦理本体论。它是儒、释、道三家思想在几个世纪中,互诘互补、融会贯通的结晶。

东汉以后,佛教传入,道教建立,在意识形态领域内渐次扩大影响。虽然在整体势力上,尚不足以与传统儒学分庭抗礼,但其不少思想因子,亦被儒学所吸纳。儒、佛、道三家之间,存在着千丝万缕的学理联系,互摄共进,谁也吃不掉谁。早在东汉末年,牟子便"锐志于佛道,并研《老子》五千文,玩《五经》为琴簧",开创儒、佛、道三教调和的先声。南朝宗炳称:"孔、老、如来虽三训殊路,而习

水面紅蓮半吐時凌波
仙子步瑤池詩成獨坐虛
亭上風送清香襲肌

沈周

>>> 宋明理学的发展可分为宋元、明及清初两大阶段。北宋周敦颐、邵雍是理学的开端人物。周敦颐常居道州营道濂溪，人称濂溪先生，其学亦称濂学。图为明代沈周《周茂叔爱莲图》。

善共辙。"① 梁武帝萧衍"少时学周礼""中复观道书""晚年开释卷",得出的结论是"穷源无二圣,测善非三英"。道士张融临死时遗命入殓"左手执《孝经》《老子》,右手执《小品》《法华经》"②,更是南北朝时代"三教调和"的典型征象。唐武则天时编《三教珠英》,集儒、释、道经典于一册。唐、五代时完成的四川大足石刻造像中,将三教造像同处一龛窟之中,可见在当时世人的心目中,三家地位并无轩轾之分。降及两宋,一代鸿儒周敦颐、朱熹等人承继前贤,从学理上兼综儒、佛、道三家精华,建构起"为天地立心,为生民立命,为往圣继绝学,为万世开太平"的理学体系,使之成为中国古代社会后期的文化主流与社会统治思想。

宋明理学的发展可分为宋元、明及清初两大阶段。

北宋周敦颐、邵雍是理学的开端人物。周敦颐常居道州营道(今湖南道县)濂溪,人称濂溪先生,其学亦称濂学。周敦颐沿"出入于释老"而"反求诸六经"的治学路径,以道教《太极先天之图》与《无极图》为主要依据,又参考佛教《阿黎耶识图》,并融会阴阳、五行观念,构制《太极图说》,建立起"无极"→"太极"→"阴阳"→"五行"→"男女"→"万物"的宇宙生成图式,从中推导出"圣人定之以中正仁义而主静"的结论,为理学的发展奠定了基础,规划了方向。他在《易通》中,依据《周易》与《中庸》,论证"诚"为最高道德伦理境界,进一步将《太极图说》中的宇宙图式与"诚"→"几"→"德"的伦理范畴沟通起来,显示了理学援引释、道宇宙论、认识论成果以构造伦理哲学的基本趋向。

邵雍长于象术学,后世亦有人将他视为占卜宗师。邵雍提出"以物观物,性也;以我观物,情也。性公而明,情偏而暗"③,此说开启

---

① 《弘明集》卷二。
② 《南齐书·张融传》。
③ 《皇极经世·观物外篇》。

了日后理学的"天理""人欲"对立论。

周敦颐、邵雍以后，张载与程颢、程颐兄弟为理学奠定了根基。张载祖籍陕西关中郿县（今眉县）横渠，世称横渠先生，其学又称关学。张载以"气"为本体，解说宇宙万物的形成变化、动静聚散，进而探讨"天"（宇宙）与"人"（伦理）的合一关系。他论证"诚"是"天性"的本质，而且"天人异用，不足以言诚"①，从而通过天、地、人三位一体的结构，将本体论与道德论、认识论浑通为一。

"二程"兄弟是周敦颐的学生，祖籍河南洛阳，其学又称洛学。他们最重要的理论贡献，是阐发"天理"的伦理本体性质与至高无上地位。他们自称："吾学虽有所授受，'天理'二字，却是自家体贴出来。"②他们认为，"万物皆只是一个天理"，"在天为命，在义为理，在人为性，主于身为心，其实一也"③。天理不仅是天下之至理，而且是社会等级秩序与道德规范的总称，"穷理、尽性、至命，只是一事"④。他们的"天理说"明显取鉴于佛教禅宗的真如佛性和华严宗的"理事说"，其人性论的"才禀于气，气有清浊"，亦与唐末道士杜光庭鼓吹的"得清明冲朗之气，为圣为贤；得浊滞烦昧之气，为愚为贱"之论，如出一辙。

南宋朱熹是理学的集大成式人物。朱熹长期寓居并讲学于福建建阳，其学又称闽学。朱熹自述"某年十五六时，亦尝留心于禅"⑤，"熹于释氏之说，盖尝师其人，尊其道，求之亦切至矣"⑥。对于道教，他也下过一番研读功夫，曾托名"空同道士邹䜣"为《参同契》作注，自谓"清夜眠斋宇，终朝观道书"。正是在"集诸儒之大成"并充分吸取

---

① 《正蒙·诚明》。
② 《上蔡语录》卷上。
③ 《二程遗书》卷十八。
④ 同上。
⑤ 《朱子语类》卷一〇四。
⑥ 《朱子文集》卷三十。

>>> 南宋朱熹是理学的集大成式人物。朱熹长期寓居并讲学于福建建阳,其学又称闽学。图为元代佚名《朱熹和友人像》。

释、道哲理的基础上，朱熹对理学进行了系统的、创造性的总结。

朱熹建构起以"理"（太极）为最高范畴的哲理思辨结构。"理"借"气"而存在，"气"派生万物，"理"即随气进入"物"中。"物"中之"理"经过"格物穷理"的环节，破除"物"与"理"的障碍，向自身复归，从而最终形成"理—气—物—理"的逻辑行程。"理"是宇宙万事万物的本体存在，"宇宙之间，一理而已。天得之而为天，地得之而为地，而凡生于天地之间者，又各得之以为性"[①]。"理"并非玄妙莫测，它具象化为人世间的伦理纲常："天理流行，触处皆是。暑往寒来，川流山峙，父子有亲、君臣有义之类，无非这理。""天理只是仁义礼智之总名，仁义礼智便是天理之件数。"[②]宇宙论与伦理学的贯通，使得纲常、道德成为一种理性本体，主宰社会的每一个成员。

朱熹还高度强调人对"天理"的自觉意识："若讲得道理明时，自是事亲不得不孝，事兄不得不悌，交友不得不信。"[③]为指明自觉领悟天理的途径，朱熹改造儒学经典《大学》，突出"正心""诚意"的"修身"功夫，"自天子以至于庶人，一是皆以修身为本"，修身必先正心，正心必先诚意，诚意必先致知，致知在格物。"格物，是物物上穷其至理；致知，是吾心无所不知"[④]，从"格物"到"致知"，实质上是体验外在的规范"天理"并转化为内在的主动欲求，亦即伦理学上的"自律"。只有基于这种"自律"，方可正心、诚意、修身、齐家，成就治国、平天下的伟业。

元代统一南北，偏于东南一隅的朱熹之学经赵复、刘因、许衡等人的著述，传入北方。从仁宗延祐年间开始，朱熹所撰《四书集注》成为科举圭臬，理学地位愈益不可动摇。

进入明代，王阳明心学的崛起，朱熹之学退居次要，理学也由此开始渐入衰境。

---

① 《朱子文集》卷七。
② 《朱子语类》卷十三。
③ 《朱子语类》卷九。
④ 《朱子语类》卷十五。

王阳明是朱熹以后宋明理学史上的关键人物。朱熹集理学大成，王阳明则造成理学的瓦解，其武器便是他承接南宋陆九渊而发展起来的心学。陆九渊，自号象山居士，是与朱熹同时代的又一理学大师。其学主"心即理说"，以"心"为宇宙本体，曾与以"理"为宇宙本体的朱熹之学相互驳难，为理学的分裂潜伏下种子。王阳明上承陆九渊，高扬心学旗帜，与朱熹理学相对抗。

王阳明心学的枢纽有三。一曰"心即理""心外无理"。他认为："人者，天地万物之心也；心者，天地万物之主也。心即天，言心则天地万物皆举之矣。"① "吾心"不仅化生天地万物、纲常伦理，而且"六经"学术，亦在"吾心"之中。二曰"知行合一"，"知行原是两个字说一个工夫"②，"知是行之始，行是知之成"③，知与行合一并进。三曰"致良知"，"致"有推及、恢复和实践之意，"良知"即天理。"致吾心良知之天理于事事物物，则事事物物皆得其理矣。"④

王阳明心学从人的主体地位及主观能动性基点上展开其宇宙论、认识论、价值论，否定以外在之"理"来禁"心"锢"欲"，形成对于僵化滞锢的朱熹之学的反动，有其促动思想界"震霆启寐，烈耀破迷"⑤的积极一面，但它片面强调"心"的绝对意志，体现强烈的主观唯心倾向，又有严重的认识缺陷。

王阳明以后，其弟子王艮创泰州学派，发挥心学中"非名教之所能羁络"⑥的异端因子，赋予"心"以自然本质，对抗仁义道德的"天理决定论"，因此屡遭朝廷禁毁，心学一蹶不振。明末清初，出现《圣学宗传》《宋元学案》《明儒学案》等批判总结理学之作，而这一时期早期启蒙思想的出现，更昭示着理学的颓势已不可挽回。

---

① 《阳明全书》卷六《答季明德》。
② 同上书，《答友人问》。
③ 《阳明全书》卷一《传习录》。
④ 《阳明全书》卷二《答顾东桥书》。
⑤ 《明儒学案·师说》。
⑥ 《明儒学案·泰州学派》。

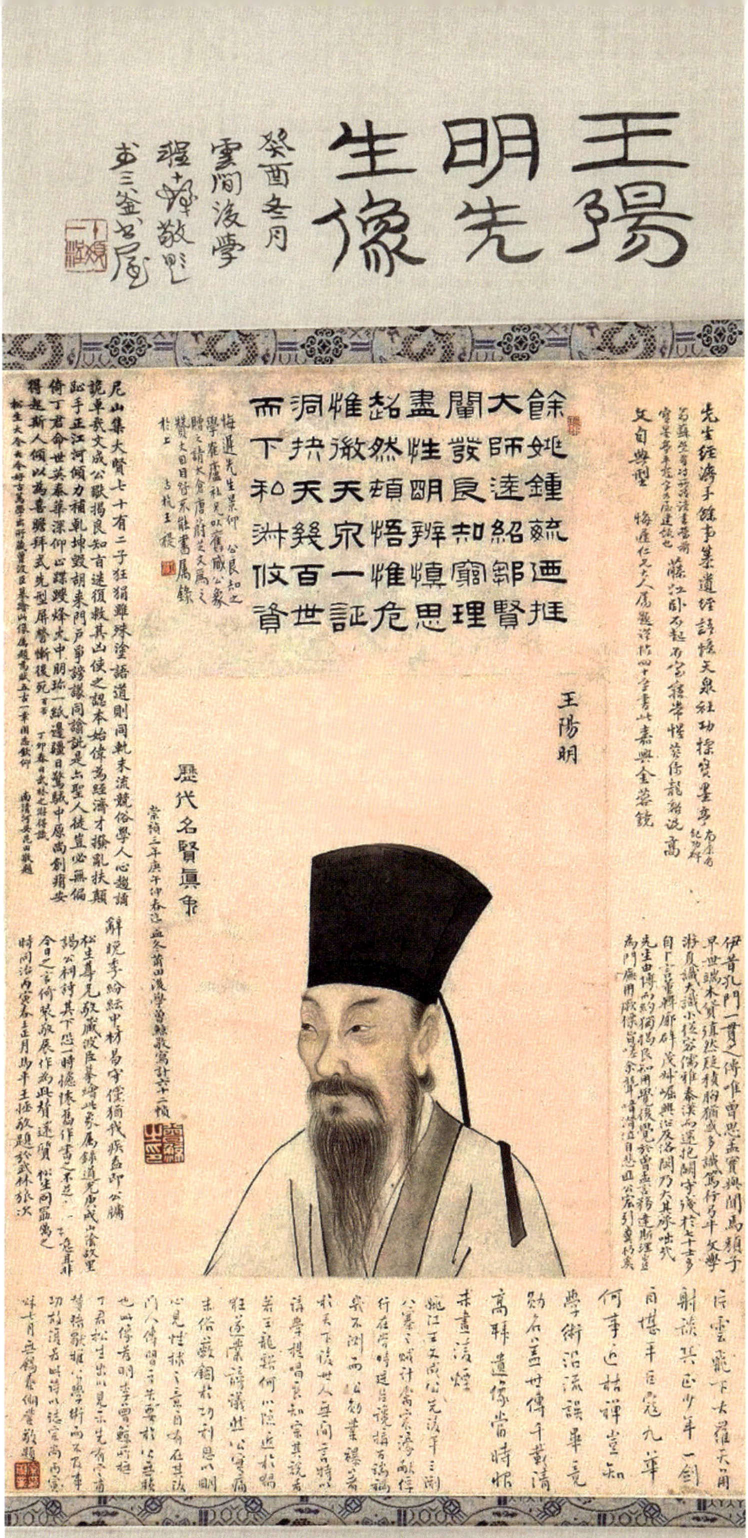

>>> 王阳明是朱熹以后宋明理学史上的关键人物。朱熹集理学大成，王阳明则造成理学的瓦解。图为明代曾鲸《王阳明先生像》。

宋明理学给予古代社会后期的中国文化以多方面的深刻影响。

理学在新的哲学基础上重建传统礼治秩序。理学家们将"礼"诠释为"理"的外在程序,"礼者,天理之节文,人事之仪则也"①,使"礼"的权威性在"理"的最高本体性层次上得到确认,从而使汉魏六朝以后因社会动乱而产生的礼法观念薄弱状态为之一变。理学家们以"天理"为依据,强制性地规定人伦关系的尊卑名分,"父子、君臣,天下之定理,无所逃于天地之间"②,彻底泯灭正当"人欲",从而给中华民族,尤其是广大妇女,套上沉重的精神枷锁。

理学将传统儒学的"经世"路线由"外王"扭向"内圣"的方向。经世,即治世,是儒学的基本理论方向。在先秦原始孔儒之学中,它既包括追求客观功业的"外王"之学,又包括讲究主观修养的"内圣"之学。孔子以后,"内圣""外王"之学发生歧异。荀子强调"外王",追求"天下宾服"的事功之业;孟子则强调"内圣",知礼识仁,先修其身,然后才是治国平天下。自两汉至宋初,"外王"经世路线得到充分实践,并获巨大成功。宋代理学家们意识到,单讲"外王",尚不足以服天下人心,亦不利于专制政治的长治久安,唯有重视"内圣"之学,来教化黎民百姓乃至王公君主,实现全社会意义上的"正其心养其性",方可以根本上"破心中贼",保证"外王"之业的千秋永固。宋明理学将"正心诚意修身齐家"提到空前的本体论高度,以"内圣"控驭"外王",从而造就出一个政治全然从属于道德的中国式政教合一的统治系统。

理学发扬孟子的"养气说",孜孜以求"涵养德性,变化气质",倡导"孔颜乐处"的高洁精神境界和"民胞物与"的宽广博大胸怀,弘扬"富贵不淫贫贱乐,男儿到此是豪雄"③的"浩然正气",对于中华民族建树重德尊节、隆道贵义的文化性格,也起到相当意义的积极作用。

---

① 朱熹:《论语集注》卷一。
② 《河南程氏遗书》卷《二先生语五》。
③ 程颢:《秋日偶成》。

第八章

艺文神韵

文学艺术是民族文化园地中多彩多姿的异卉奇葩。中华先民在开天辟地的艰苦劳作中，为了协调动作，减轻强度，提高效率，"在自己劳动的过程中乐意服从一定的拍子，并且在生产性的身体运动上伴以均匀的唱的声音和挂在身上的各种东西发出的有节奏的响声"①。

文学艺术来源于劳动，来源于社会生活，因而必然地与特定民族的特定劳动方式、生活习俗、社会风貌产生直接联系，打上深刻的民族烙印。另一方面，文学艺术又不是劳动、生活的简单复写，而是经过浓缩、抽象、精练、发挥，具有更精美的形式，更完善的技巧，更丰富的内涵，更感人心魄的魅力，因而给人类以精神生活的美的享受。

中华民族在自己悠久的文明创生史上，不仅创造出令全人类赞叹不已的物质文化，而且也创造出独具神韵、异彩纷呈的文学艺术。巴尔扎克盛赞"中国艺术有一种无边无涯的富饶性"。歌德则以十分欣羡的语气说道，当中国人拥有传奇文学作品的时候，"我们的远祖还生活在野森林的时代"②。

---

① 普列汉诺夫：《论艺术——没有地址的信》，曹葆华译，北京：生活·读书·新知三联书店1964年，第35页。

② 《歌德谈话录》，爱克曼辑录，朱光潜译，北京：人民文学出版社1978年，第113页。

第一节

代有高峰的文学

中国文学源远流长,体裁丰茂。数千年间,名家辈出,佳作迭现。尤其引人注目的是,在某一历史阶段内,以某一种体裁的高度繁荣来体现文学的时代风貌,成为中国文学的规律性特征。上古神话,先秦诗歌、散文,汉赋,唐诗,宋词,元杂剧,明清小说,先后相继一脉传,各领风骚数百年。恰如大河奔流,时现潮头;山脉连绵,代有高峰,构成中国文学不朽的壮丽画卷。

上古神话产生于氏族社会,起初由口头流传的最原始形态,已不可知。但是,从《山海经》《庄子》《淮南子》等典籍中留存的记载看,上古神话以其曲折反映的社会生活内容、丰富的故事情节、生动的人——神形象和瑰丽的语言,揭开了中国文学史的最早篇章。

马克思曾经精辟地指出,神话是"在人民幻想中经过不自觉的艺术方式所加工过的自然界和社会形态"。中华先民正是通过神话来表达他们对于自然之谜、社会之谜的理解,表达他们以低下的生产力来战胜自然、创造美好生活的深切愿望与坚强决心。

与西方和印度神话颂扬自然界诸神伟力的敬畏之情相比,中国神话更倾向于"人定胜天"的主观战斗精神的褒扬。"女娲补天"的传说称:"往古之时,四极废,九州裂,天不兼覆,地不周载。"伟大的女娲"炼五色石以补苍天，断鳌足以立四极"，靠自己的力量拯救了人类。又如"后羿射日"，记载"尧之时，十日并出。焦禾稼，杀草木"，英雄后羿发明弓箭，射杀九日，仅留一日，供给人类光明与温暖。再如"大禹治水"，其时洪水滔天，人或为鱼鳖，禹的父亲鲧窃取天帝的"息壤"堵塞洪水，被天帝怒杀。禹继承父业，胼手胝足，三过家门而不入，终于疏通河道，平治了水害。补天、射日、治水，共同讴歌的是人类战胜自然的气魄与智慧。

中国神话的另一个特点，是不像西方及印度神话那样"神性"十足，而是充满世俗情味。神话中的主角被"历史化""祖先化"。上面提到的女娲、后羿、鲧、禹，以及"尝百草，播百谷"的神农，筑屋的有巢，钻木取火的燧人，平定蚩尤作乱的黄帝，留下"禅让"佳话的尧、舜，身份均介于神与人之间，既是神话英雄，又是民族祖先。这种"人神同格"的特征，不仅使中国上古神话更多地成为历史学家、社会学家注目的材料宝库，而且早早地规范了中国文学艺术的人文品性和永久的世俗主题。

从文学传统方面看，上古神话出神入化的想象、穷天极地的视野、瑰丽奇诡的构思，也成为中国文学浪漫主义精神的滥觞。后世浪漫主义的文学大师如庄周、屈原、李白，无论其作品题材、艺术风格，都从上古神话中汲取了丰富的营养。

诗歌是各民族文学中最早出现的体裁之一。中国最早的诗歌总集，是成书于两千五百年前春秋时代的《诗经》。《诗经》共收诗歌三百零五篇，都可合乐吟唱。以所合之乐，又分为风、雅、颂三个部分。风是各国的土乐，故又称国风；雅是周代王畿之地的音乐，又分"大雅"和"小雅"，类似于后世的大曲、小曲之别；颂是祭祀时的赞美歌。

《诗经》所收作品，既有民间歌谣，也有公卿列士的献诗。从内容看，《诗经》各篇全方位地反映了周代社会生活的方方面面，具有

>>> 诗歌是各民族文学中最早出现的体裁之一。中国最早的诗歌总集,是成书于两千五百年前春秋时代的《诗经》。图为清代张师诚《豳风十二月图说》(局部)。

宽泛的文化涵盖功能和宝贵的史料价值。像《周南》《豳风》等篇反映出文王、周公秉政时期"乐而不淫"的繁华世态和"勤而不怨"的民众心理。而《板》《荡》等篇则传递出厉王暴虐统治之下社会普遍的哀怨愤怒之情。《诗经》中不少作品还直接揭露了统治阶级的剥削压榨，发出人民大众的谴责、反抗之声。像《豳风·七月》描写农民终年劳作，不得歇息，到头来却"无衣无褐，何以卒岁"；诗中"女心伤悲，殆及公子同归"，揭示了贵族子弟的荒淫无耻和劳动妇女的悲哀。《魏风·伐檀》通过一群河边伐木者的嬉笑怒骂，谴责剥削者的不劳而获：

> 不稼不穑，胡取禾三百廛兮？
> 不狩不猎，胡瞻尔庭有县貆兮？
> 彼君子兮，不素餐兮！

《魏风·硕鼠》将剥削者讽为大老鼠，表达了劳动大众向往自由生活，"逝将去汝，适彼乐土"的强烈愿望。

《诗经》还收录了大量感情真挚浓烈的爱情诗篇。《邶风·静女》描写一对情人幽会城隅，当"我"到来时，"静女"藏而不见，"我"急得"搔首踟蹰"；这时，"静女"突然闪出，并情深意切地赠我以"彤管"（红嫩的草儿）。诗歌将热恋中情人的心态和约会时的场景描绘得惟妙惟肖、趣味盎然。《谷风》和《氓》以深沉细腻的叙事笔法，描写两个被遗弃的妇女对以往美满婚姻家庭的痛苦回忆，哀怨惆怅，令人嘘唏不已。

在艺术表现方式方面，《诗经》大量运用了比、兴的手法，获得显著的艺术效果，对后世文学产生了积极的影响。比是譬喻和比拟，"以彼物比此物"，将诗人要表达的事物和情感，转化为具体鲜活的形象。如《小雅·鹤鸣》以"他山之石，可以攻玉"比用贤治国，《魏风·硕鼠》将剥削者比作贪婪的大老鼠,《卫风·氓》用桑树由繁茂到凋落比喻夫妻爱情的变化,都是精彩的例证。兴是起兴发感,"先言他物,以引起所咏之词",多用在一首诗的发端。"先言他物"与"所咏之词"之间,有的是意义相关,如《周南·关雎》以水鸟和鸣引起"窈窕淑女,君子好逑";有的是情调相关,如《周南·桃夭》以"桃之夭夭,灼灼其华"的浓艳气氛引起下文的结婚喜庆;还有的仅是用字的声韵相关,如《秦风·黄鸟》中的"交交黄鸟止于棘""止于桑""止于楚",棘与瘠音近,桑与丧同音,楚又有痛楚之意,因而引起下文"三良"殉葬的忧伤之情。

比、兴是诗歌创作形象思维的重要手段。后代的民歌和文人诗作都继承了《诗经》这方面的宝贵遗产。直到20世纪60年代,毛泽东在给陈毅谈诗的信中还十分强调"诗要用形象思维","所以比、兴两法是不能不用的"[①]。

先秦诗歌的另一辉煌成就是楚辞。楚辞承袭了楚地民间巫歌的风格特征,"书楚语,作楚声,纪楚物",具有非常鲜明的南国地方色彩。楚辞大大推进了《诗经》以后中国古代诗歌的发展,它突破《诗经》以四言为主的格律,代之以参差错落更为灵活自由的长短句式。有别于《诗经》现实主义的艺术倾向,楚辞以其想象的丰富、情感的炽烈、语言的瑰丽,开创出中国文学浪漫主义的广袤天地。

屈原是楚辞创作的杰出代表,也是中国文学史上第一位留下姓名的伟大诗人。他的作品《离骚》,共373句、2 490字,是中国古代最长的抒情诗。此外,屈原还创作了《九章》《九歌》《天问》等优秀作品。屈原的作品汲取楚地民歌的营养,创发出一种全新的诗歌样式——骚体。骚体具有独特的文学魅力,"其叙情怨,则郁伊而易感;述离居,则怆怏而难怀;论山水,则循声而得貌;言节候,则披

[①]《给陈毅同志谈诗的一封信》,《毛泽东文集》第8卷,北京:人民出版社1999年,第422页。

文而见时。……其衣被词人,非一代也"①。

比屈原稍晚的另一位楚辞大家宋玉,著有《九辩》《招魂》《高唐赋》等传世名篇。宋玉承接屈原以精练文字写出幽远意境的艺术手法,并且展开铺陈,刻画入微,从骚体中衍生出另一新的文学体裁——赋,在文学史上占有重要地位。

散文是先秦时代与诗歌并称发达的文体。散文没有韵律、对仗等方面的束缚,以更为活泼生动的方式叙事状物、抒情咏怀。先秦历史散文和诸子散文,是中国文学史上这方面最早的典范。

历史散文以《左传》为代表。《左传》作者相传为与孔子同时代的鲁国人左丘明,他的写作本意是将言简意繁的编年史《春秋》扩充得更翔实、生动。左丘明的卓越才能使得《左传》在历史性、文学性两方面都取得巨大成功,《左传》叙事一波三折,引人入胜。如写晋公子重耳逃亡及返国的经过,别隗、过卫、醉遣、窥浴等段落,情节跌宕起伏,充满戏剧性,其中寺人披告密、竖头须请见等突发事件的渲染,更令读者兴味盎然,欲罢不能。《左传》善写战争,作者准确把握诸侯国间众多争战的不同性质、特色,精练、生动地勾勒战争全貌,并揭示双方胜负的原因。如记载晋、楚邲之战,楚军大举进攻,晋军统帅桓子惊慌失措,"不知所为",军士争船渡河,"舟中之指可掬也"。晋军一路溃逃,战车互相掣碍,楚军士兵竟然指点他们拔去车上的横木、旌旗等物件,以利速退。巧妙的情节选择,传神地表现出晋军的狼狈之状与楚军的得意之情。《左传》还善于通过语言和行动来表现人物的性格。崤之战,晋国俘虏了秦国三帅,但晋襄公听了太夫人文嬴的话,将他们全部释放。晋国元帅先轸闻讯,对襄公大怒曰:"武夫力而拘诸原,妇人暂而免诸国。堕军实而长寇仇,亡无日矣。"说罢,头也不回,唾地而去。寥寥数语,先轸的忧国之虑与暴

---

① 刘勰:《文心雕龙·辨骚》。

烈性情，跃然纸上。后世文论家赞誉《左传》为"圣文之羽翮，记籍之冠冕"[①]，确非溢美之词。

先秦诸子散文以论理为主旨，但结构精巧，修辞手段绚丽多彩，词藻丰盛，比喻传神，声调铿锵，意味隽永。如《荀子·劝学》："不积跬步，无以至千里；不积小流，无以成江海""锲而舍之，朽木不折；锲而不舍，金石可镂"，已成传诵千古的名篇佳句。从总体文学价值衡量，诸子散文中以《孟子》《庄子》成就最高。《孟子》是孟轲及其门徒所作，特点是大气磅礴、情感灼热、鼓动性强。无论是游说诸侯、辩驳论敌、探讨学术，都善于抓住要害，层层进逼，在修辞手法上多用排比句式，辅之以形象比喻，如五十步笑百步、缘木求鱼、揠苗助长等，逻辑力量、情感力量交相推引，雄辩而不蛮横，透彻而不艰涩。《庄子》现存三十三篇，其中"内篇"为庄周自撰，"外篇""杂篇"出于其门人、后学之手。《庄子》行文汪洋恣肆，诡奇变幻，通篇洋溢着浪漫色彩和浓郁的诗情画意，援寓言故事入文，更是其独擅手法。如《逍遥游》起首一段：

北冥有鱼，其名为鲲。鲲之大，不知其几千里也；化而为鸟，其名为鹏。鹏之背，不知其几千里也；怒而飞，其翼若垂天之云。……水击三千里，抟扶摇而上者九万里。

以天地之广大，任鲲鹏遨游，来寄寓精神逍遥于尘世物欲之外的开阔意境，想象奇特，韵味深远。《秋水》写黄河秋季水涨，河伯"顺流而东行，至于北海"，一望海天相连，浩渺无际，由此领悟宇宙之"道"难以穷尽，方知孔子之学识、伯夷之节义均不足为训。这段文字以抒情笔法表达与儒家相对立的道家哲理，毫无学派论争的枯涩乏味，给人以清新明快的精神收获。

---

① 刘勰：《文心雕龙·史传》。

两汉时代，新兴地主生气勃勃，雄姿英发。由统治者积极进取的精神状态和丰饶富足经济基础决定的社会文化心态，也处于一种开拓、创新的亢奋之中，急切呼唤着全新文学样式的诞生。"赋也者，受命于诗人，拓宇于楚辞者也。"①屈原创造的骚体楚辞，在新的时代条件和社会需求之下，演变为一种"不歌而诵""苞括宇宙，总览人物""铺采摛文""夸丽风骇"的新文体——汉赋。

枚乘的《七发》，是汉赋的奠基之作。《七发》的旨意在规劝太子改变声色犬马的腐朽生活。在艺术特色上，其细腻铺张的文辞，规范了汉赋的总体风格。其中"观涛"一段，尤为精彩：

> 其始起也，洪淋淋焉，若白鹭之下翔；其少进也，浩浩漹漹，如素车白马帷盖之张；其波涌而云乱，扰扰焉如三军之腾装；其旁作而奔起也，飘飘焉如轻车之勒兵。

在"润色鸿业"现实政治需求的刺激之下，汉武帝时代，汉赋空前隆盛。武帝本人好辞赋，他周围的"言语侍从之臣"，当然纷纷进献邀宠。汉赋大家司马相如应时而生。"（相如）制作虽甚迟缓，而不师故辙，自摅妙才，广博宏丽，卓绝汉代。"②其代表作《子虚赋》《上林赋》，假托子虚、乌有先生、亡是公等人的对话，铺排苑囿之盛、云梦之美及天子游猎之乐，其文辞之华美、气势之宏丽，将汉赋艺术推向高峰。相传李白正是为司马相如的文笔所吸引，而来云梦故地（今湖北安陆）隐居。

东汉著名赋体作品，有班固《两都赋》和张衡《二京赋》。《两都赋》分《西都赋》和《东都赋》两篇，前者叙长安之形势险要，物产

---

① 刘勰：《文心雕龙·诠赋》。
② 鲁迅：《汉文学史纲要》，《鲁迅全集》第9卷，北京：人民文学出版社1993年，第418页。

丰饶，宫廷华丽，后者谓洛阳之盛况更远胜长安。《二京赋》为张衡"精思博会，十年乃成"[1]。他不满意《两都赋》，"薄而陋之"。《二京赋》比《两都赋》体制更为宏大，除描绘东西南北景象，还铺陈民情风俗，如商贾游侠的活动及角抵百戏的演出实况。

汉赋以其汪洋恣肆的文辞和叠沓煊烨的意象展示了外在丰饶世界，江山的宏伟、城市的繁盛、商业的发达、物产的丰饶、宫殿的巍峨、服饰的奢侈、鸟兽的奇异、人物的气派、狩猎的惊险、歌舞的欢快……在赋中无不刻意描写，着意夸张。盛大帝国政治的煊赫态势和社会心理的闳阔风貌，在最合适的文学体裁中得到淋漓尽致的展露。

在中国文学史上，诗歌是起源最早、影响最广的文学样式。中国诗歌的辉煌巅峰，出现在空前强盛的三百年李唐王朝。现代诗人闻一多在西南联大授课时说："一般人爱说唐诗，我却要讲'诗唐'。诗唐者，诗的唐朝也。"一言九鼎，精辟之至。

唐代真可谓中华民族诗情郁勃的时代。清人所编《全唐诗》，收录唐诗作品四万八千九百余首、诗人两千三百多家。可以想见，在这个庞大阵容之外，因年代久远而湮没无闻的诗家诗作，更不知凡几！唐代三百年间，不仅王维、李白、杜甫、白居易、李贺、李商隐等诗坛巨星横空出世，放射出耀眼光芒；而且在民间，能诗善吟者也遍及街巷里闾、山隅村野。《全唐诗》所录的诗人，既有帝王卿相、文人雅士，又有农人樵夫、士卒商贾，还有僧道乞丐、游侠歌妓。他们中有六龄童孺，也有百岁老翁。白居易说，诗歌"为今时俗所重"[2]，正道出唐代诗歌创作冠绝千古的社会心理基础。

唐诗全面继承汉魏六朝诗歌的多方面成就。李白赞赏"蓬莱文章建安骨，中间小谢又清发"[3]。前句指汉魏时期曹操父子及"建安七

---

[1] 《后汉书·张衡传》。
[2] 白居易：《与元九书》。
[3] 李白：《宣州谢朓楼饯别校书叔云》。

>>> 在中国文学史上，诗歌是起源最早、影响最广的文学样式。中国诗歌的辉煌巅峰，出现在空前强盛的三百年李唐王朝。图为清代翟继昌《摹赵孟頫饮中八仙图》。

子"[1]诗作的情辞慷慨、刚健遒劲；后句指谢朓代表的南朝齐梁永明体诗歌的形式精美，华丽清新。唐诗正是兼综二者之长，汉魏诗的"质胜文"与齐梁诗的"文胜质"，互补而成唐诗的"文质彬彬"；汉魏诗的抒情见长与齐梁诗的写景取胜，会合而成唐诗的"情景交融"。在

---

[1] 汉末建安时期作家孔融、陈琳、王粲、徐幹、阮瑀、应场和刘桢。

诗歌体裁方面，汉魏齐梁时代确立的五言、七言诗体在唐代臻于至善，五言及七言古体、律诗、绝句，均有大家专擅、名篇传世。王维的五绝《相思》情意缠绵："红豆生南国，春来发几枝。愿君多采撷，此物最相思。"孟浩然的五古《夏日南亭怀辛大》含蓄蕴藉："山光忽西落，池月渐东上。散发乘夕凉，开轩卧闲敞。荷风送香气，竹露滴清响。欲取鸣琴弹，恨无知音赏。感此怀故人，中宵劳梦想。"王勃的五律《杜少府之任蜀州》壮健旷达："城阙辅三秦，风烟望五津。与君离别意，同是宦游人。海内存知己，天涯若比邻。无为在歧路，儿女共沾巾。"在七言诗方面，王昌龄的七绝《出塞》悲凉豪迈："秦时明月汉时关，万里长征人未还。但使龙城飞将在，不教胡马度阴山。"岑参的七古《走马川行奉送出师西征》景真情切："……轮台九月风夜吼，一川碎石大如斗，随风满地石乱走。匈奴草黄马正肥，金山西见烟尘飞,汉家大将西出师。"李商隐的七律《无题》典雅隽永:"相见时难别亦难,东风无力百花残。春蚕到死丝方尽,蜡炬成灰泪始干。晓镜但愁云鬓改,夜吟应觉月光寒。蓬山此去无多路,青鸟殷勤为探看。"这些体裁、风格各异而艺境均达炉火纯青的千古绝唱,共同鸣奏出唐代诗歌的华彩交响。

李白、杜甫是唐代诗坛珠联璧合、交相辉映的双子星座。正如韩愈所称羡:"李杜文章在,光焰万丈长。"李白是浪漫主义的诗歌大师。他以"想落天外"的奇思异构,一泻千里的奔放激情和明净华美的语言风格创作出数千首诗歌。"长风破浪会有时,直挂云帆济沧海",展露了他"济苍生""安黎元"的远大抱负;"安能摧眉折腰事权贵,使我不得开心颜",显示了他蔑视权贵的高洁品格。"明月出天山,苍茫云海间,长风几万里,吹度玉门关",高唱出祖国山河的壮美;"流血涂野草,豺狼尽冠缨""白骨成丘山,苍生竟何罪",痛吟出生灵涂炭的哀伤。"床前明月光,疑是地上霜。举头望明月,低头思故乡",抒发了游子思乡的无穷愁绪;"故人西辞黄鹤楼,烟花三月下扬州。孤帆远影碧空尽,唯见长江天际流",倾吐了朋辈友谊的一往情深。李白广为借鉴前辈诗人的语言技巧,又吸取民间乐府诗歌生动、自然的艺术风格,将神话、幻想和夸张等手法创造性地结合起来,达到诗歌浪漫主义难以企及的巅峰。

与李白诗歌形成鲜明对比,杜甫诗歌以深沉凝重的现实主义为主要创作特色。在"沉郁顿挫"风格的基调上,杜诗呈现出多种多样的风采,或雄浑,或悲壮,或奔放,或瑰丽,或质朴,或轻灵,"尽得古今体势",无不达于出神入化之境。杜诗创作的铧犁,深深切入社会生活的沃土。组诗"三吏""三别"以史书笔法记载了"安史之乱"给人民带来的深重苦难。而"朱门酒肉臭,路有冻死骨"的名句,更以强烈的对比刻画出社会的不平,产生出震赫千古的心灵回响。杜甫以赤子之心,顾念着国家民族的安危兴衰。"国破山河在,城春草木深。感时花溅泪,恨别鸟惊心。烽火连三月,家书抵万金。白头搔更短,浑欲不胜簪",个人凄苦情感与社会离乱现状直接沟通。而一旦破碎的祖国出现山河复整的气象,悲歌一生的诗人又马上弹奏出春天圆舞曲般的欢快乐章:"剑外忽传收蓟北,初闻涕泪满衣裳。却看妻子愁何在,漫卷读书喜欲狂。白日放歌须纵酒,青春作伴好还乡。即从巴峡穿巫峡,便下襄阳向洛阳。"杜甫以"语不惊人死不休"的苦心追求锤意炼字,刻意攀登诗歌艺术的极峰。"星垂平野阔,月涌大江流",以"垂"显"阔",以"涌"映"流",辞警意丰,令人拍案称绝。

李白、杜甫以外,唐代的杰出诗人还有白居易、李贺、杜牧。白居易的诗,流畅易诵,他自称:"士庶、僧徒、孀妇、处女之口,每每有咏仆诗者。"①以题材分,白居易的诗大致可分讽喻、闲适、感伤三大类。讽喻诗最著名的《卖炭翁》,揭露宫市制度的巧取豪夺和贫苦民众的悲惨境遇,千百年来脍炙人口。闲适诗《归田三首》写农村景致,朴素而真挚。感伤诗是白居易诗歌成就最高、影响最巨者。《长恨歌》前半篇对唐玄宗的荒淫和杨贵妃的骄宠有所批评,后半篇则对二人的爱情悲剧极表同情。全诗故事完整,情节跌宕,情思绵绵。《琵琶行》更是白居易诗歌的扛鼎之作。全诗借一个身世飘零的弹琵琶女子一生的经历来抒发自己怀才不遇、仕途坎坷的愤懑,"同是天涯沦落人,相逢何必曾相识"。诗中以"大珠小珠落玉盘","间关莺语","幽咽泉流","银瓶乍破水浆迸,铁骑突出刀枪鸣"来形容琵琶弹奏之声,构思奇特,比喻贴切。

李贺一生困窘,只活了二十七岁。与此相关,他的诗作意境怪诞,变幻莫测,凄恻艳丽。"衰兰送客咸阳道,天若有情天亦老","黑云压城城欲摧,甲光向日金鳞开"等,都是传世名句。杜牧的咏史诗启人

---

① 《与元九书》。

>>> 在中国文学史的巍峨群峰中，宋词与唐诗并峙而立。词作为一种文体，最初是适应乐曲歌唱的需要而产生，所以其创作方式为"倚声填词"。曲调或激越，或舒缓，词的句子也随之长短不一。词起源于民间歌谣，又经过文人雅士的精致加工，逐渐定型。图为清代丁观鹏《西园雅集图》。

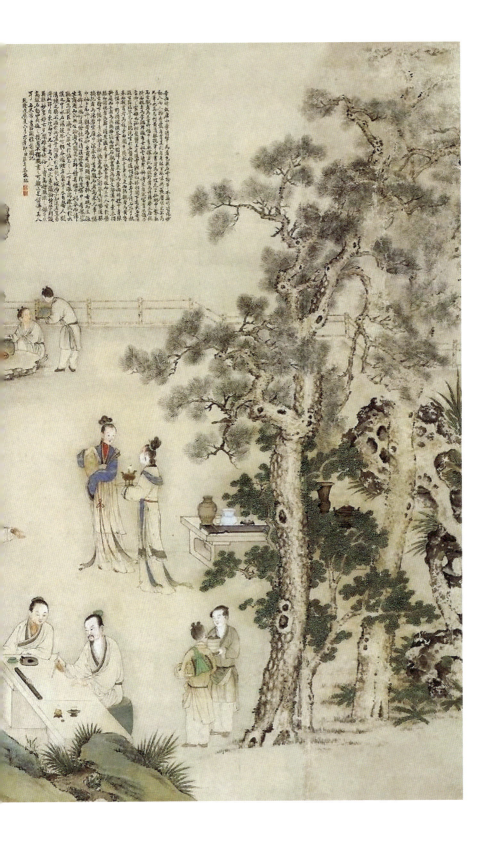

神智，引人遐思，"折戟沉沙铁未销，自将磨洗认前朝。东风不与周郎便，铜雀春深锁二乔"；抒情诗则色彩明丽，兴味盎然，"远上寒山石径斜，白云生处有人家。停车坐爱枫林晚，霜叶红于二月花"。

在中国文学史的巍峨群峰中，宋词与唐诗并峙而立。词作为一种文体，最初是适应乐曲歌唱的需要而产生，所以其创作方式为"倚声填词"。曲调或激越，或舒缓，词的句子也随之长短不一，故词又称为"长短句"。词起源于民间歌谣，又经过文人雅士的精致加工，逐渐定型。南朝时沈约等作《江南弄》，可视为词体的萌芽。到中晚唐及五代时期，经过温庭筠、李煜等人的努力，词终于形成既适于歌唱又具有独立艺术价值的文体，并在音节和句型的长短方面都形成一套固定的格律，其具体体现，便是词牌，如忆秦娥、清平乐、水调歌头等。词牌只是作为文字、音韵结构的定式，与词的内容没有必然联系。

宋初国力强盛，经济繁荣，都市生活安逸舒适，士大夫阶层沉溺于风花雪月之中，而唐、五代遗留下来的词风正是以摹写浓艳香情为特长；另一方面，宋代理学大兴，影响到诗歌创作，"言理不言情"成为诗人准则，因而抒发爱恋、幽情、闲适、伤感、哀怨种种情怀的文学任务，自然大部由词来承担。由于以上诸般因素，词的发展于宋代达于极盛。

宋代第一个专业词人是柳永。柳永科举屡试不第，心灰意冷之中，转而对功名富贵采取狂傲态度，"忍把浮名，换了浅斟低唱！"他以"白衣卿相"自居，盘桓于秦楼楚馆，依红偎翠，在沦落风尘的歌妓中寻求知音，不少作品反映了歌妓们向往幸福生活的心声，如"万里丹霄，何妨携手同归去。永弃却、烟花伴侣。免教人见妾，朝云暮雨"，便是名句。柳永一生漂泊，写下不少以羁旅行役为主题的词作。《八声甘州》写自己于暮雨秋风之中："不忍登高临远，望故乡渺邈、归思难收。叹年来踪迹，何事苦淹留？想佳人、妆楼颙望，误几回、天际识归舟？争知我，倚阑干处，正恁凝愁！"感伤悲凉，将天涯游子的内心酸楚凄然托出。柳永的词作铺叙有序，情景交融，缠绵悱恻而又晓畅易诵。宋代叶梦得称"凡有井水处，皆能歌柳词"①，足见其传播之广。

宋词的挂帅人物是才华横溢的苏轼。"词至东坡，倾荡磊落，如诗，如文，如天地奇观。"②苏轼大胆创新，引诗及散文笔法入词，扩充了词的表现能力，又拓展词作题材，突破前人局限于花前月下、闺香艳情的狭隘藩篱，咏史、怀亲、议政、纪游，将词作导向广阔的社会人生。在风格上，他一反传统的阴柔婉约，创立了阳刚雄健的豪放词派，"指出向上一路，新天下耳目"③。这种崭新风格的奠基之作是广为传诵的《水调歌头》和《念奴娇》。前一首写中秋佳节怀念弟弟苏辙，由"明月几时有，把酒问青天"起兴，感发出"人有悲欢离合，月有阴晴圆缺，此事古难全。但愿人长久，千里共婵娟"的人生叹喟。后一首吟咏历史如"大江东去，浪淘尽千古风流人物""雄姿英发"的周瑜和"羽扇纶巾"的孔明早已作古，唯有江山依旧、大河长流。面对悠远的历史和有限的人生，苏轼只能用"人间如梦，一樽还酹江月"来聊自慰藉。这两首词意境壮阔，气势如虹，天上人间，古往今来，浑然一体，抒情、写景和议论熔为一炉，尽管词中不无伤感、消沉意绪，但通篇洋溢的热烈、健康基调，千百年来给一代又一代的读者以情感鼓舞。

苏轼以后的又一豪放派词作大家是抗金名将辛弃疾。山河破碎的民族危机和金戈铁弓的军旅生涯，培育了辛词的爱国主题、英雄本色和悲壮情调，这些特征集中体现在如下作品中："醉里挑灯看剑，梦回吹角连营。八百里分麾下炙，五十弦翻塞外声，沙场秋点兵。马作的卢飞快，弓如霹雳弦惊。了却君王天下事，赢得生前身后名。可怜白

---

① 叶梦得：《避暑录话》。
② 刘辰翁：《辛稼轩词序》。
③ 王灼：《碧鸡漫志》卷二。

发生！"辛弃疾雄才大略，忠心耿耿，但久不得朝廷信用，壮志未酬、报国无门的忧愤倾注词作之中，平添几重深沉愁怅："长安故人问我，道愁肠殢酒只依然""浮云来去，枉了冲冠发"。个人委屈与家国忧患血脉相通，令人读来不觉得颓伤，而思取昂扬！辛词情采纷呈，在慷慨纵横的另一面，也有不少清新、幽远之作。如"茅檐低小，溪上青青草。醉里吴音相媚好，白发谁家翁媪""众里寻他千百度，蓦然回首，那人却在，灯火阑珊处"，都是难得的巧辞佳句。

宋代词坛，名家辈出。秦观写男女之爱"柔情似水，佳期如梦，忍顾鹊桥归路？两情若是久长时，又岂在朝朝暮暮"，纯洁真挚；贺铸写个人闲愁"试问闲愁都几许？一川烟草，满城风絮，梅子黄时雨"，形象可掬；张孝祥写湖光夜色"洞庭青草，近中秋，更无一点风色。玉界琼田三万顷，著我扁舟一叶。素月分辉，银河共影，表里俱澄澈"，晶莹剔透；李清照与离思别绪"东篱把酒黄昏后，有暗香盈袖。莫道不消魂，帘卷西风，人比黄花瘦"，巧思传神。奇葩竞放，争香斗艳，烘托出宋代词坛的万紫千红。

元代文坛，杂剧异军突起，独领风骚。作为新兴文学样式，杂剧是北方地方戏院本和宋金时代说唱艺术诸宫调的综合产物。杂剧唱词配合只曲，节奏、韵律富于变化而又有规范要求。只曲按一定规则排列而成套曲，每一套曲内的只曲要押同一韵脚。剧本通常由四套曲组成，以利表达曲折故事情节，刻画人物性格。元代城市商业经济的繁华，为杂剧提供了适合的社会条件，元代统治集团对歌舞、戏曲的爱好，也促进了杂剧的兴盛。杂剧作家多为平民知识分子，他们的作品较多地反映了社会下层民众的生活境遇、思想情感。从中国文学史的总体历程看，元杂剧是重要转折的标志。在此以前，抒情的诗词、散文为文学主流；在此以后，以叙事为主的戏曲、小说蔚为大观。

关汉卿是元代杂剧艺术的杰出代表。《感天动地窦娥冤》是他最重要的作品。窦娥出身贫苦，丈夫早死，与婆婆相依为命。流氓地痞张驴儿无耻纠缠，窦娥坚贞不从。张驴儿投毒，误杀自己的父亲，反诬窦娥，逼迫她从顺。为使婆婆免受酷刑，窦娥屈打成招，被判处死。在绑赴刑场的途中，窦娥大声疾呼："地也，你不分好歹何为地！天也，你错勘贤愚枉做天！"表达了对黑暗社会的强烈控诉。窦娥的冤屈震动了上苍，阴霾密布，悲风怒号，六月的刑场，大雪飞扬，雪花掩埋了窦娥纯洁的躯体。大地三年不雨，草木尽萎。关汉卿在窦娥身上，倾注了自己对于贫苦民众，特别是善良妇女的深切同情；而对于代表社会恶势力的张驴儿、草菅人命的昏庸太守，则表示出极端憎恶和愤怒谴责。全剧人物形象鲜明，语言充满个性特征，特别是后半部分浪漫主义手法的精彩运用，使《窦娥冤》成为关汉卿乃至全部元代杂剧创作中最为成功的作品。

关汉卿一生创作了六十三部剧本，题材广泛，风格多样。《救风尘》突显妓女赵盼儿搭救同伴宋引章，使其摆脱纨绔子弟周舍欺凌的侠肝义胆；《望江亭》描写谭记儿装扮渔妇，巧言骗取杨衙内的金牌、文书，保护丈夫，捍卫幸福婚姻的聪明伶俐；《单刀会》歌颂关羽不畏危难，深入虎穴，单刀赴会的大智大勇。这些剧目情调健康，引人入胜，至今在戏曲舞台上常演不衰。

元杂剧的另一重要作品是王实甫的《西厢记》，这是一部带有明显反礼教色彩的爱情喜剧。正直、诚恳而书呆子气十足的张生与温柔美丽的相国小姐崔莺莺一见钟情，遭到门第观念顽固的老夫人的阻碍、破坏。身份低微而善良聪颖的侍女红娘从中斡旋、多方协助，有情人终成眷属。王实甫大胆创新杂剧体裁，突破一本四折（四套曲）的惯例，将《西厢记》写成五本二十一折，以适应故事的饱满内容。在人物形象刻画上，主要角色个个栩栩如生，莺莺、红娘、张生和老夫人，成为公认的艺术典型。在文辞方面，全剧清丽优雅、诗意盎然。这些因素的综合，使《西厢记》成为元杂剧当之无愧的经典之作。

元杂剧的名家名作，还有白朴的《墙头马上》、马致远的《汉宫秋》、郑光祖的《倩女离魂》。三剧均写爱情，或刚烈，或哀怨，或奇幻，各有千秋，自成佳境。

明、清两代，市井繁华，市民阶层兴起。反映这种生活变迁，"极摹人情世态之歧"，形式活泼自由，结构灵活多变，语言通俗浅近的新的文学样式——小说，蓬勃兴旺起来。在文体渊源上，小说与上古神话、唐代传奇故事和宋元说书艺人的话本有千丝万缕的联系。明、清时代，小说在篇幅容量、艺术结构、思想寓意、语言技巧方面，都达到空前的高峰。

罗贯中的历史小说《三国演义》，施耐庵、罗贯中的英雄小说《水浒传》和吴承恩的神魔小说《西游记》并称明代"三大奇书"。《三国演义》纵横捭阖地展示蜀、吴、魏间错综复杂的政治和军事斗争，塑造了睿智孔明、忠义关羽、奸诈曹操、鲁莽张飞等数以"十"计的精彩艺术典型。《三国演义》尤其擅长描绘战争，统帅运筹帷幄，谋臣勾心斗角，将士浴血搏杀，不仅场面惊心动魄，而且于刀光剑影中显现人物性格。《水浒传》取材于宋代梁山泊农民起义的史实，热情刻画以宋江为首的众英雄的生动群像。《水浒传》善于通过具体的行动来表现人物的精神面貌和性格特征。林冲夜奔梁山，武松景阳岗打虎，鲁智深大闹野猪林，杨志失陷生辰纲，宋江浔阳楼吟诗……既有精彩场面，更有传神的人物描绘。故事自成段落而又环环紧扣，语言丰富生动而又突出个性化特征，都显示了作者高度的艺术才能。《西游记》以孙悟空一路降妖伏魔保护唐僧去西天取经为主线，展开故事，表达正义终将战胜邪恶的创作旨意。《西游记》想象迷幻，构思奇巧，结构宏伟，风格诙谐，以强烈的浪漫主义手法塑造了神通广大的孙悟空、愚笨憨厚的猪八戒、虔诚软弱的唐僧以及形形色色的妖魔鬼怪等众多艺术形象。大闹天宫、三打白骨精、智过火焰山等故事，更是脍炙人口，家喻户晓。

以上"三大奇书"均为鸿篇巨制，而冯梦龙的"三言"——《警世通言》《喻世明言》《醒世恒言》，凌濛初的"二拍"——《初刻拍案惊奇》《二刻拍案惊奇》，则是短篇小说的集粹。"三言""二拍"以城市下层民众为描绘对象，表达了卖油郎、歌妓、工匠、酒店老板、账房先生等芸芸众生的悲欢离合，喜怒哀乐，反映了资本主义萌芽给社会经济、道德观念、礼仪习俗带来的微妙而深刻的变化。这些短篇作品曲折生动，描绘细腻，注重人物内心世界的揭示，语言朴素而精练。其选本《今古奇观》流传极广。

清代小说林林总总，艺术成就最高者当推蒲松龄的《聊斋志异》、吴敬梓的《儒林外史》和曹雪芹的《红楼梦》。

《聊斋志异》由四百八十余篇短小精悍的文言作品组成，它继承魏晋志怪小说、唐人传奇的章法，又加以发展，形成自己独特的风格。《聊斋志异》中的爱情故事，多写狐鬼精灵与人恋爱，变幻莫测，奇特别致地反映了作者反对礼教的进步婚恋观。另一些作品，则揭露腐败的科举制度，抨击黑暗时政，嬉笑怒骂，皆成妙章。郭沫若评论其"写鬼写妖高人一等，刺贪刺虐入骨三分"，可谓言简意赅。

《儒林外史》是中国小说史上第一部长篇白话讽刺小说。吴敬梓以犀利的笔锋，勾画出封建社会末期知识阶层各色人等的灵魂。作者颂扬了王冕、杜少卿等人的"出污泥而不染""品行文章，当今第一"，但更多的是揭发、讽刺俗儒热衷科举、醉心功名、趋炎附势、媚上傲下的百般丑态，以此谴责八股取士制度的腐败、纲常名教的虚伪和官僚政治的黑暗。范进一生穷愁潦倒，而一旦中举，竟然高兴得发疯。满口礼义廉耻的杜慎卿评价女色津津乐道。王惠官为太守，上任第一件事竟是询问捞钱的窍门。鲁迅称《儒林外史》"秉持公心，指摘时弊，机锋所向，尤在士林；其文又戚而能谐，婉而多讽"，正点明它的主旨锋芒和艺术特色。

《红楼梦》不仅是明、清小说艺术成就的集大成者，而且是整个中国古典文学现实主义的辉煌顶峰。《红楼梦》又名《石头记》，以

>>>《红楼梦》不仅是明、清小说艺术成就的集大成者,而且是整个中国古典文学现实主义的辉煌顶峰。图为清代孙温《红楼梦》插图。

贾、史、薛、王四大家族为背景，以贾宝玉、林黛玉的爱情悲剧为主线，通过贾家荣、宁二府由盛而衰的过程描写，深刻展示出地主阶级及其统治秩序、意识形态无可挽回地走向全面败亡的历史趋势。作品穿透宝玉、黛玉、宝钗间爱情和婚姻纠葛的三棱镜，折射出封建社会末期五光十色的广阔社会生活场景，规模宏大，人物众多，形象丰满，情节转换自然流畅——宛若天成，语言运用洗练精巧——出神入化，成为中国古典文学艺术的最高典范。

曹雪芹为《红楼梦》创作倾注了毕生心血。"满纸荒唐言，一把辛酸泪。都云作者痴，谁解其中味？"《红楼梦》一经问世，立即以其大气磅礴的思想、艺术力量，震动了社会。伤感者为宝、黛的真挚爱情感动得"呜咽失声，中夜常为隐泣"；文雅者则对其绝妙手笔"爱玩鼓掌""读而艳之"；冲动者甚至为品评书中人物意见相左而"遂相龃龉，几挥老拳"。近三百年来，不断探索《红楼梦》的奥秘，在20世纪初年形成一门博大精深的专门学问——红学。这种中国文学史上的独特奇观本身，就体现了《红楼梦》的卓绝魅力。

第二节

翰墨丹青并蒂莲：书法与绘画

中国是纸的故乡。中国传统的书写工具也独具一格。古埃及人用苇笔，巴比伦人用角笔，欧洲人用鹅管笔，中国人则用毛笔。毛笔制作非常讲究，原料有鬃毛、狼毫、羊毫、兔毫、鸡毫，软硬有别。为调和软硬以适应运笔要求，又取几种毫毛，按不同比例混合制笔，称作"兼毫"。古人赞誉毛笔有四大美德：一曰尖，纤毫毕显，描画细微；二曰齐，展毫纸上，负荷雷霆万钧之力；三曰圆，回转收纵，流畅无碍；四曰健，富有弹性，提顿扬抑，挥洒自如。毛笔丰富的表现力，在中国古代书法与绘画两大艺术领域内得到酣畅淋漓、尽善尽美的发挥。顺、逆、疾、涩；点、掠、勾、勒；烘、染、皴、泼；辅以墨色丹青，描摹宇宙，抒发情怀，出神入化，气象万千。正如美学家宗白华所说："中国人这支笔开始于一画，界破了虚空，留下了笔迹，既流出人心之美，也流出万象之美。"

如果说毛笔是书法艺术得心应手的工具，那么汉字的方块结构和象形特征则是书法艺术产生的根基。汉字的方块结构使每个单字都如同严整的建筑，平衡、均匀、稳固；而笔画交错，又使其组织缜密且富于变化。这就为书法艺术奠定了创造建筑美的前提。汉字上下、左右、内外的不同组合规则，又为线条粗细、方向、疏密的变化转换，提供了旋律美的广阔天地。以形象为特色的汉字"肇于自然""博采众美，合而为字"，如"山"形同峰峦，"水"酷似流波，这更直接导致书法艺术图画美的特征。①

元人刘因在《荆川裨编》中论道："字画之工拙，先秦不以为事。……魏晋以来，其学始盛""遂为专门之学"。但在魏晋之前，成就卓绝的书法家，已代有其人。

秦相李斯，是留名最早的书法大家。他专论用笔之法："先急回，后疾下；如鹰望鹏逝，信之自然，不得重改。送脚，若游鱼得水；舞笔，如景山兴云。或卷或舒，乍轻乍重，善深思之，理当自见矣。"李斯善书篆体，后人称其"画如铁石，字若飞动""骨气丰匀，方圆绝妙"。

汉代张芝，勤奋过人，相传他临池学书，池水尽黑。他的草书精劲绝伦，一气呵成，"偶有不连，而血脉不断"，后人赞曰"草圣"。汉代隶书居书坛主流地位，蔡邕是其代表。他的隶书"骨气通达，爽爽有神"。灵帝熹平年间，他书"六经"于碑，使工镌刻，立于太学门外，一时观摹者众，途为之塞。刘德升草创行书，风流婉约，独步一时，给后世书坛以极大影响。

魏晋南北朝是中国书法艺术史的鼎盛时期，专业书法家出现，流派师承关系明朗，书法自此形成专门学问。女书法家卫铄撰《笔阵图》，论述运笔准则和各种笔画的不同艺术要求，是最早的成熟书法理论著作。这一时期，诞生了艺震古今中外的大书法家钟繇和王羲之、王献之父子。钟繇酷爱书艺，见韦诞藏有蔡邕《笔法》，苦求不得，难过得呕血。韦诞去世，以《笔法》殉葬，钟繇竟然"盗发其冢"，由此得《笔法》"多力丰筋者圣，无力无筋者病"的真髓，书艺大进。他兼善各体，尤精隶、楷，其书"如云鹄游天，飞鸿戏海"，

---

① 汉字的不同字体，也对书法艺术风格的多样化发展产生重大影响。关于此，参见第四章《文字与典籍》中《字体流变》一节，此处从略。

唐人张怀瓘赞许他"真（楷）书绝妙""幽深无际，古雅有余，秦汉以来，一人而已"。

王羲之生于东晋，官至右军将军，故人称"王右军"。他七岁学书，师从卫铄，后学张芝、钟繇，博采众长，推陈出新，一反汉、魏质朴书风，开创妍美流畅的新体。其楷书字势雄强刚健，草书"飘若浮云，矫若惊龙"，尤其是他的行书，已臻超凡入圣之化境。一纸《兰亭序》，清新端秀，宛然天成。唐太宗得此真迹视为至宝，下令以之陪葬，古之瑰宝，遂藏幽宅。王羲之第七子王献之，幼学于父，后取法张芝，进一步扭转古拙书风，有"破体"之称。他的作品较其父更为俊美飘逸，而骨力稍逊，行书《鸭头丸帖》、楷书《洛神赋》是其杰作。

唐代文化强盛，太宗李世民本人酷嗜书法艺术，颇有心得，令诸王子临摹王羲之父子名帖，每过五百遍。历代书法艺术的积淀，加之统治集团的推扬，唐代书法名家如云，蔚为大观，其卓荦拔众者，为张旭、颜真卿、怀素、柳公权。

张旭以"狂草""颠草"闻名于唐代书坛。他嗜酒如命，每大醉，于癫狂状中，笔走龙蛇，一派飞动，"迅疾骇人"，甚至以长发濡墨而书，故世呼"张颠"。张旭的草书虽狂放不羁，但自有深厚的楷法基础。韩愈品评张旭："喜怒窘穷，忧悲愉佚，怨恨思慕，酣醉无聊，不平有动于心，必于草书焉发之。……故旭之书，变动犹鬼神，不可端倪。"他的草书在当时与李白的诗、裴旻的剑舞同以狂放纵逸并称"三绝"。颜真卿书法初学褚遂良，后师从张旭，以楷书见长，横画细瘦，竖笔肥壮，正而不拘，庄而不俗，于从容法度之中，自得闲雅逸趣。其字称"颜体"，传世久远。怀素幼年出家，于寺院植芭蕉万株，取叶习字，其草书气势腾跃，李白以诗赞之曰"惊蛇走虺，骤雨旋风"。柳公权官至太子少师，一日穆宗询问用笔之法，他回答："用笔在心，心正则笔正。"穆宗闻之肃然："悟其以笔谏也。"柳公权学颜真趣舍萬殊靜躁不同當其欣於所遇暫得於己快然自足不知老之將至及其所之既惓情隨事遷感慨係之矣向之所欣俛仰之間以為陳迹猶不能不以之興懷況脩短隨化終期於盡古人云死生亦大矣豈不痛哉每攬昔人興感之由若合一契未嘗不臨文嗟悼不能喻之於懷固知一死生為虛誕齊彭殤為妄作後之視今亦由今之視昔悲夫故列敘時人錄其所述雖世殊事異所以興懷其致一也後之攬者亦將有感於斯文

>>> 魏晋南北朝是中国书法艺术史的鼎盛时期，这一时期，诞生了大书法家钟繇和王羲之、王献之父子。上图为东晋王羲之《兰亭集序》，下图为明代文徵明《兰亭修禊图》。

永和九年歲在癸丑暮春之初會
于會稽山陰之蘭亭脩禊事
也群賢畢至少長咸集此地
有峻領茂林脩竹又有清流激
湍暎帶左右引以為流觴曲水
列坐其次雖無絲竹管弦之
盛一觴一詠亦足以暢敘幽情
是日也天朗氣清惠風和暢仰
觀宇宙之大俯察品類之盛
所以遊目騁懷足以極視聽之
娛信可樂也夫人之相與俯仰

卿而又有所革新，楷书横竖大体均匀，瘦硬劲媚，自成"柳体"，其《玄秘塔碑》尤享盛名。

在书法理论方面，唐代张怀瓘《十体书断》论各体艺术特点，又归纳"用笔十法"，多有新见。孙过庭的《书谱》，主张学书途径，当由平正而趋险绝，由险绝而返平正；又谓书法创新，"贵能古不乖时，今不同弊"，实为不刊之论。

宋代书法，帖学盛行，趋逐时贵之风弥漫，成就远逊于唐，但亦有苏轼、黄庭坚、米芾、蔡襄"四大家"。

苏轼不仅是词人，而且书、画俱佳。其书豪气横溢，肉丰骨劲，藏巧于拙，后人赞为"坡翁奇气本超伦，挥洒纵横欲绝尘"。黄庭坚字如其诗，瘦硬奇倔，所书《头陀赞》《楞严经》等为后世所珍。米芾遍学名家，临摹尤精，其书每出新意于法度之中，奇纵变幻，雄劲清新。蔡襄之书少务刚劲，晚归于婉媚，又以散笔作草书，谓之"散草"，又曰"飞草"，独具一格。"四大家"之外，宋徽宗赵佶创"瘦金体"，清癯劲遒，别有风韵。

元代赵孟頫，为一代书宗，《元史》载其"篆、籀、分、隶、真、行、草书，无不冠绝古今"。他广泛吸取前辈书家精华，又思创新，尤长于小楷，圆转妍丽。所书名满天下，人称"赵体"，历来备受推崇。

明代书家以祝允明、文徵明、董其昌领袖群伦。祝允明楷、行具擅，又以狂草名重于世。晚年书《太湖诗卷》，天真纵逸，云烟变幻，尤称极品。文徵明小楷师法钟（繇）、王（羲之），年九十犹作蝇头书，精美冠绝一时。董其昌兼师颜真卿、柳公权，后以为唐书不如魏晋，遂仿钟、王，其书圆劲苍秀，结构森然，分行布白，疏宕俊逸。大字草书《琵琶行》，有如"龙蛇云物，飞动指腕间"，久负盛名。

清代书道中兴，尤在隶、篆两体。名家有郑燮、邓石如等。郑燮，号板桥，为画史上有名的"扬州八怪"之一。他用隶体参入行、楷，自称"六分半书"。又取画法入书，于波磔之中，每有石文兰叶之韵，古秀独绝。相比而言，篆书在历代书法中最不景气，清代出现大名鼎鼎的邓石如，与秦代李斯、唐代李阳冰遥相呼应。其书沉雄朴厚，笔意纵横，卓然成家。其篆刻得力于此，尤称劲绝。在书法理论方面，刘熙载作《书概》，关于书法源流、技巧、名家品评，都有精辟见解。他论"用笔"，"书重用笔，用之存乎其人；故善书者用笔，不善书者为笔所用"，实为至理。

中国艺术素有"书画同源"之说，上述历代名书家，不少亦为画坛大师，尤其宋、元、明、清诸代，苏轼、赵孟頫、文徵明、董其昌、郑燮等，均以丹青名世。究其原因，盖在书法、绘画，技艺相通，同为墨砚生涯，管翰功夫。形象地说，二者有如并蒂荷莲，幽香弥久，摇曳多姿。

中国绘画源远流长。早在纸张问世以前，中华先民便已在岩石、室壁、丝帛等多种材料上留下精美的图案，以表达他们对宇宙、社会、人生的理解。1979年，在江苏连云港锦屏山马耳峰南麓将军崖发现新石器时代的大型石刻岩画，长22米，宽15米，人像、农作物、鸟兽、日月星云共绘一幅，意在祈求上天护佑以获丰年。

20世纪末，咸阳秦宫遗址发现了大批壁画。壁画五彩缤纷，鲜艳夺目，规整而又多样化，风格雄健，具有相当高的造诣，显示了秦文化的艺术特色。壁画颜色有黑、赭、黄、大红、朱红、石青、石绿等。壁画线条流畅，内容丰富。亭台楼榭、植物花卉、车马冠盖、乐舞宴饮，尽入画图之中。

汉代装饰性壁画盛行，多见于宫廷、邸舍、神庙、陵墓，其题材"图画天地，品类群生；杂物奇怪，山神海灵"[①]。洛阳卜千秋墓壁画，作于西汉昭宣之世。它将伏羲女娲、方士仙女、朱雀白虎、彩云金凤与男女墓主的形象会集于画面之中，形态逼真而自然。此外，汉代画

---

① 王延寿：《鲁灵光殿赋》。

像石、画像砖也是独特的艺术作品。

汉代绘画的另一类珍品是帛画。1972年，长沙马王堆汉墓出土的T形帛画，长2米，上宽0.92米，下宽0.48米。内容分三部分：上部描绘天界：以人首蛇身的女娲为中心，右日左月，日中有金乌，月中有蟾蜍。女娲足下，双龙竞舞；扶桑树上，八日争辉，仙鹤仰首，鸿雁展翅。中部描绘人间：雍容华贵的老妪，拄杖款款而行，前有小吏跪迎，后有侍女相随，还有蛟龙神兽环绕在她周围。下部绘出两条交尾的大鱼：其上屹立的巨人，一说是治水的鲧，一说是水神禺强。画面丰满，构思宏伟。

东汉纸的改良、普及，为中国绘画的发展施加了革命性影响。特别是唐代以后，安徽宣城泾县等地所产、以青檀树皮为主制成的优质宣纸问世，更令画师们奉为至宝。宣纸根据制作程序不同，有生熟之分；根据配料不同，又有棉料、皮料、净料三类，单宣、夹贡宣、罗纹宣等二十多个品种。宣纸质地细密，柔韧性好，耐老化，不易变色，纸性纯熟光润，水墨丹青落纸，如雨入沙，浸润自然。中国画的技法，因毛笔、宣纸性能的神妙契合而成天下一绝。或以墨代色，写意抒情，或工笔重彩，铺陈尽致；强调"外思造化，中得心源"，追求意存笔先，形神兼备。南朝谢赫在《古画品录》中提出中国画"六法"：气韵生动，骨法用笔，应物象形，随类赋彩，经营位置，传移模写。清人称赞"所言六法，画家宗之，亦至今千载不易也"[①]。由于这些鲜明特征，中国画得以在世界艺廊中自成体系，独放异彩。

由题材不同，中国画可以分为人物画、山水画、花鸟画三大类。

东晋大画家顾恺之，于人物画实践与理论多有建树。他博学多才，工诗赋、书法、绘画，人称"才绝、画绝、痴绝"。他描绘人物，不仅求形似，更着意求神似，以深刻表现其心理状态和思想活动。相传他画嵇康、阮籍肖像，数年不点睛，人问其由，答曰："传神写照，

---

① 《四库全书总目提要》。

正在阿堵中。"阿堵，即"这里"之意。这表明他精辟认识到画眼为传神的成败关键，故反复琢磨，不肯轻易下笔。所传《女史箴图》，线条如春蚕吐丝，流水行地，女子形象端庄柔顺，栩栩如生。唐代阎立本亦以人物画见长。他的传世名作《步辇图》描绘唐太宗接见松赞干布派来迎娶文成公主的使臣禄东赞的情景，禄东赞的谦恭诚挚及太宗的喜悦赞许，表现生动而自然。稍晚于阎立本的"画圣"吴道子，尤擅宗教人物画，所绘天女"启眸欲语"；舍利佛"转目视人"；《地狱变相图》阴惨森罗，令观者"腋汗毛耸，不寒而栗"[①]。他首创用状如兰叶或莼菜条式笔法表现衣褶，飘举奔放，人称"吴带当风"。南唐画家顾闳中的《韩熙载夜宴图》，是古代人物画的杰作。它以连续画面表现失意官僚韩熙载的夜生活，主人公形象逼真，"毛根出肉，力健有余"，身处乐宴而神态悒郁，隐现其内心的苦闷。宋代张择端的《清明上河图》，更是人物画的皇皇巨制。作品长528厘米，宽25厘米，描绘北宋都城汴梁的繁华景象，鳞次栉比，车水马龙。尤其令人称绝的是，画面中的人物数以百计，士、农、工、商、医、卜、僧、道，各色人等，熙熙攘攘，芸芸众生相，活灵活现。

魏晋以后，山水画渐成画坛主流，这在相当大的程度上，与中国士人的文化心理有关。魏晋名士，淡于功利，寄情山林；后代文人，循此秉性，亦着意追求雅趣。正如宋代画家郭熙所说："尘嚣缰锁，此人情所常厌也；烟霞仙圣，此人情所常愿而不得见也。"在这种情形下，"不下堂筵，坐穷泉壑，猿声鸟啼，依约在耳，山光水色，滉漾夺目"[②]的山水题材的绘画，便成为在尘世喧哗中寄托性灵情感的极好方式。

唐代李思训、王维是山水画的前驱先路人物。李思训所画"山水树石，笔格遒劲，湍濑潺缓，云霞缥缈，时睹神仙之事，窅然岩岭之

---

① 《东观馀论》。
② 《林泉高致·山水训》。

>>> 南唐画家顾闳中的《韩熙载夜宴图》，是古代人物画的杰作。它以连续画面表现失意官僚韩熙载的夜生活，主人公形象逼真，身处乐宴而神态悒郁，隐现其内心的苦闷。图为五代南唐顾闳中《韩熙载夜宴图》（宋摹本）。

幽",他多取泥金、石青、石绿等色入画,开"金碧山水"一派,对后世影响极大。王维诗画俱佳,诗中有画,画中有诗,都以山水田园为主题,抒发性情为宗旨。他倡导"水墨山水",不施颜彩,专以墨色浓淡变化渲染山川云霞,情调淡雅,意境幽远。

两宋时期,山水画艺术发展到高峰。北宋画家多作全景式扫描,视野开阔,内涵丰满,山重水复,气势宏大。郭熙长于宏观构图,常于"高堂素壁"纵笔挥洒,将"长松巨木,回溪断崖,岩岫巉绝,峰峦秀起,云烟变灭,晻霭之间"的千态万状揽于一幅。王希孟的《千里江山图》，长达十一米多，尤称长卷精品。相形之下，南宋画家则喜作特写小品。马远画山，多摄一角，人称"马一角"；夏圭绘水，每取半边，人称"夏半边"。在这种风气下，柳溪归牧、寒江独钓、秋江暝泊、云关雪栈之类，成为南宋画师们热衷的主题，这一类作品较之全景扫描更精致、细腻，寓意也更曲折委婉，"状难言之景列于目前，含不尽之意溢出画面"。

花鸟形象的艺术再现，始于远古陶饰、壁画。唐、五代以后，演衍扩展为中国画的一大分支。南唐画家徐熙，专取寻常花木禽鱼入画，手法简练，风格清新，首创"落墨法"。"落墨以写其枝、叶、蕊、萼，然后傅色，故骨气风神，为古今之绝笔。"[①] 后蜀画家黄筌，多绘异卉珍禽，艳丽工巧，"妙在赋色，用笔极精细，几不见墨迹，但以五彩布成，谓之写生"[②]。后人品评徐熙、黄筌的风格，称"黄家富贵，徐熙野逸"。两种风格，均代有传人，因此而形成此后近千年间花鸟画的两大流派。

宋代花鸟画别开生面。文同、苏轼画竹，赵孟坚、郑思肖画兰，杨元咎画梅，各有绝技。宋徽宗赵佶的工笔花鸟，也达到相当造诣。明代画坛"四大家"沈周、文徵明、唐寅、仇英，俱擅花鸟。沈周以浅色淡墨作写意花卉，纯熟别致；文徵明"以风意写兰，以雨意写竹"，动感摇曳。此外，徐渭又创大写意花鸟画派，笔意纵横，水墨淋漓，甚至泼墨于纸，信笔点染，于大气磅礴中活显自然界的蓬勃生机。清代"扬州画派"继承他的风格，构图简洁，造型突兀，笔法刚健，将清高奇倔的品性寄情于瘦竹傲梅，孤雁哀鸿，使传统的花鸟画蕴涵深刻的人生意义，突显了中国画的抒情优长。

---

① 《宣和画谱》。
② 沈括:《梦溪笔谈》。

第三节

情动于心的音乐、歌舞、戏曲

人是高级情感动物。社会生活中的喜怒哀乐,每从衷来,情不自禁,人们便诉诸回旋起伏的声音变化和婀娜多姿的形体动作。中华先民很早就认识到人类区别于一般动物的这一特质。先秦荀子论道:"夫乐者,乐也,人情之所必不免也。故人不能无乐,乐则必发于声音,形于动静;而人之道,声音、动静、性术之变尽是矣。"①汉代成书、记录孔儒思想的《乐记》也说:"诗,言其志也;歌,咏其声也;舞,动其容也。三者本于心,然后乐器从之。是故情深而文明,气盛而化神,和顺积中而英华发外,唯乐不可以为伪。"关于歌与舞的内在联系,《乐记》之论尤为生动:"歌之为言也,长言之也。……长言之不足,故嗟叹之;嗟叹之不足,故不知手之舞之,足之蹈之也。"②

早在草莽开辟的石器时代,中华先民便创造了原始歌舞,他们用形象的语言、富于韵律变化的曲调,配合节奏感强烈的动作来表现劳动的愉快、收获的喜悦、节日的欢乐、祈祷的虔诚和灾病的忧伤。关于这方面的典籍记载有"帝俊有子八人,是始为歌舞"③"击石拊石,

---

① 《荀子·乐论》。
② 《礼记·乐记》。
③ 《山海经·海内经》。

百兽率舞"①。"击石拊石",意谓当时已有简单的乐器伴奏。与之相证,浙江河姆渡遗址出土的陶埙和骨哨是最早的吹奏乐器,河南庙底沟遗址发现的陶钟是最早的敲击乐器。尤其珍贵的是,从青海大通上孙家寨出土的新石器时代彩陶盆壁纹饰中,可以看到先民舞蹈的形象摹绘:他们五人一列,身着兽尾装饰,手拉着手,翩翩起舞。

春秋战国时期,百家争鸣。儒家强调音乐的教化功能,孔子本人就曾"学鼓琴于师襄子""讲诵弦歌不衰"②,他迷恋音乐,"在齐闻《韶》,三月不知肉味"③。他还将《诗经》三百零五篇"皆弦歌之,以求合《韶》《武》《雅》《颂》之音,礼乐自此可得而述"④。荀子则称"乐者,圣人之所乐也,而可以善民心。其感人深,其移风易俗易。故先王导之以礼乐而民和睦"⑤。这些主张虽然不是从艺术本身立论,但它在客观上促进了音乐、歌舞的发展。宫廷乐舞,当时已蔚为壮观。周王室拥有"八佾"六十四人的舞队,演出"六舞",其中《云门》《咸池》《大磬》《大夏》为"文舞",用以祭祀天地、日月、山川;《大护》《大武》为"武舞",用以颂扬武功。乐器性能,也达极高水准。湖北随州战国初期曾侯乙墓出土的铜铸编钟,共六十五枚,上、中、下三层排列,总音域达五个八度,可奏出完整的五声、六声或七声音阶的乐曲,令人叹为观止!在民间,优秀歌手技艺卓绝。相传韩娥过齐都临淄,卖唱求食,歌声优美而婉转,"余音绕梁欐,三日不绝"⑥。秦青送别自负的学生薛谭,分手之际,"抚节悲歌,声振林木,响遏行云"⑦,令薛谭自愧弗如,深感艺无止境。《淮南子》分析韩娥、秦青的成功秘诀:"愤于志,积于内,盈而发音,则莫不比于律而

---

① 《尚书·益稷》。
② 《史记·孔子世家》。
③ 《论语·述而》。
④ 《史记·孔子世家》。
⑤ 《荀子·乐论》。
⑥ 《列子·汤问》。
⑦ 同上。

和于人心。"

秦建立"大一统"中央帝国，国家设立专门的音乐官署乐府。汉承秦制，乐府的规模和职权范围扩大，掌管朝会、祭祀、宴飨的乐舞，兼采民间歌曲，整理加工，使臻精美。汉代音乐家李延年曾任乐府协律都尉，为《汉郊祀歌》十九章配乐，又仿西域《摩诃兜曲》，作威武雄壮之"新声"二十八解，用为军阵之乐。汉代民歌，以"丝竹更相和，执节者歌"的"相和歌"为著名。它与舞蹈、器乐演奏相结合，又产生"相和大曲"，其传世作品《陌上桑》，又名《艳歌罗敷行》，载歌载舞，塑造了罗敷这样一位机智、坚贞的平民女子形象，鞭挞了达官贵人的厚颜无耻。琴曲创作，亦有精湛佳作问世，并流传久远。《广陵散》哀怨凄恻，怫郁慷慨，动人心弦。汉末女琴家蔡文姬，根据自己为匈奴所掠，身居异乡十二年的悲惨遭遇，作《胡笳十八拍》，素材简练，结构宏大，曲调深沉哀婉，曲折有致，以圆熟的艺术手法，表现了苦恋乡梓的情思，母子别离的酸楚和回归故国的万千感慨。

唐代国势强盛，文化昌明，音乐歌舞以蓬勃、热烈为主调。唐太宗李世民令人整理《秦王破阵图》，又亲制《破阵舞图》，由一百二十八人披甲执戟而舞，音乐在汉族清商乐基础上吸收西域龟兹乐的富丽、雄健风格，"发扬蹈厉，声韵慷慨"地颂扬自己征伐四方的赫赫武功。开元、天宝年间，经玄宗李隆基亲自润色，《霓裳羽衣曲》风行宫廷，轻歌曼舞，伴之以"磬箫筝笛递相诳，击擫弹吹声迤迤"[①]，使人恍惚如入仙境。唐代又行独舞，公孙大娘着军装舞剑器，神奇豪迈，惊心动魄，杜甫曾以诗颂其飒爽英姿："昔有佳人公孙氏，一舞剑器动四方。观者如山色沮丧，天地为之久低昂。耀如羿射九日落，矫如群帝骖龙翔。来如雷霆收震怒，罢如江海凝清光。"[②] 乐

[①] 白居易：《霓裳羽衣歌和微之》。
[②] 《观公孙大娘弟子舞剑器行》。

>>> 开元、天宝年间,经玄宗李隆基亲自润色,《霓裳羽衣曲》风行宫廷,轻歌曼舞,伴之以"磬、箫、筝、笛递相谗,击、擫、弹、吹声遝迤",使人恍惚如入仙境。乐舞在民间也十分普及。图为现代 徐燕孙《夜宴图》。

舞在民间也十分普及。顾况诗《听山鹧鸪》云"夜宿桃花村,踏歌接天晓",诗中"踏歌"一语,便是指手拉手,以脚踏地,载歌载舞的群众艺术形式。此外,带有情节、人物的歌舞戏、参军戏也在唐代出现,这是中国戏剧的萌芽。

宋元时期,城市经济繁华,市民阶层壮大,适应他们的文化审美趣味，形式多样的说唱艺术如鼓子词、唱赚、诸宫调大兴。在汴梁（开封）、临安（杭州）等城市，出现了固定的演出场所——瓦舍。每一瓦舍又划分多块场地，称为"勾栏"，同时上演各具特色的节目，如杂剧、评话、皮影、角抵、花鼓等，令人眼花缭乱。这一时期文艺园地的重要变化是戏曲逐渐取代歌舞，成为具有最广泛群众基础的娱乐形式。宋元戏曲，北方以杂剧为代表，七声音阶，风格慷慨刚劲；南方以南戏为代表，五声音阶，风格流利婉转。南戏演唱方式多样，有独唱、对唱、轮唱、合唱诸种，配以不同曲调，演绎民间传说，歌颂纯真爱情，抒发百姓疾苦，抨击贪官污吏，具有浓厚生活气息。

明、清两代，说唱艺术继续发展，北方的小曲、大鼓以唱为主，杂以道白。南方的弹词以琵琶、三弦、月琴伴奏，演员自弹自唱。专门的器乐演奏，在明、清两代也出现不少名家名作。明代汤应曾，人称"汤琵琶"，他弹奏琵琶曲《楚汉》，以单一乐器表现古代楚汉垓下决战的宏大场面，精彩绝伦。此曲至清代发展为《十面埋伏》，全曲以灵活多变的指法，生动显示点将列阵、埋伏伺机、浴血搏杀、全胜庆功的不同氛围，是中国传统弦乐的经典之作。尤其值得在中国艺术史上大书一笔的是，清代乾隆、嘉庆、道光年间，安徽的徽调与湖北的汉调传入北京，以它们为基础，又融合京腔、昆曲、梆子腔等音乐、表演技法，逐渐形成具有独特民族风格的重要戏曲剧种——京剧。京剧唱腔以西皮、二黄为主，伴奏乐器以京胡最重要，辅以二胡、月琴、三弦、皮鼓、锣、铙钹。角色分生、旦、净、丑四大行，讲究唱、做、念、打并重，多用虚拟动作，注重声情并茂，形成一整套经过艺术提炼的规范性、程式化表演体系。京剧是中国古代声乐、器乐、舞蹈、戏曲优秀遗产的综合结晶，是中华民族引以为骄傲的艺术瑰宝。

第四节

凝固的诗：雕塑、建筑、园林

诗歌，是中国文艺抒情传统的典型样式。从特定的角度看，绘画是色彩的诗，舞蹈是形体的诗，音乐是流动的诗，而雕塑、建筑、园林，则是凝固的诗。正如"诗言志"一样，雕塑、建筑、园林则是以物化立体组合的形式，对民族文化精神做出无声的表达。每当人们谈到古罗马文化，首先想到的便是台伯河畔的弗拉维奥椭圆形大剧场。来自各国的游客，正是通过凭吊那岁月磨蚀的残垣败壁，去领略古罗马文化的繁华与惨烈。同样，威武的秦兵马俑、雄伟的乐山大佛、庄严的故宫、秀丽的颐和园，也向世人展示着中华民族昔日的风采。

中华先民最初的劳动创造，以石块、木头、泥土为对象。打磨、雕刻、捏搓等工艺手段的不断熟练，不仅提高了劳动效率，而且先民们以非物质功利为目的，改变石块、木头、泥土的形状，以表达思想意愿的艺术活动铺垫了基础。辽宁红山文化牛河梁神殿、东山咀祭坛遗址发掘出精美的泥塑妇女群像，臀部丰满，乳房硕大，形态逼真，准确生动地展示了新石器时期人们的女性生殖崇拜意识。

从艺术发展的阶段性看，中国雕塑的滥觞在原始社会时期，成熟则在秦、汉、隋、唐。1974年以后，在陕西临潼秦始皇陵东侧1 500米处发现举世震惊的秦代陶制兵马俑坑，总面积约2万平方米，估计共有武士俑7 000余、陶马500匹、战车130乘。这些武士俑平均高度1.8米,陶马与真马相当,取写实手法,形体、结构、比例、质感均以严格的解剖学理论为基础,并加以艺术夸张。兵士浓眉大眼,宽口阔腮,神态坚毅刚强。战马双耳尖耸,鼻翼翕张,四肢矫健,跃跃欲试。他们排列成整齐的军阵,威严浩然,活现出天下一统时代中华民族开拓征服,顽强进取的昂扬精神,被称为"世界第八奇迹"。汉代雕塑技艺更以寓意深远著称。青年将军霍去病墓前的石雕,气宇轩昂的战马与其铁蹄之下狼狈挣扎的士兵形成鲜明对比而又浑然一体,虽未直接出现墓主形象,但已使人十分自然地领悟到"匈奴未灭,何以家为"的壮士情怀。与此相映成趣的是,甘肃武威东汉墓出土的"马踏飞燕"青铜雕塑,骏马三足腾起,风驰电掣,一足踏于飞燕,燕做惊恐回首状。作品以飞燕衬托天马行空的凌云气势,构思奇巧,制作精湛,令人赞叹不已。形态健美与人们息息相关的马,似乎格外为传统雕塑艺术家们所垂青。陕西醴泉唐太宗李世民陵前的"昭陵六骏",确为巧夺天工的传世珍宝。作品为石刻浮雕,系李世民为纪念他在建立唐王朝过程中战功赫赫的六匹骏马而立。它们用六块高1.7米、宽2米的石灰石雕成,分别表现"拳毛䯄""飒露紫""什伐赤""青骓""特勒骠""白蹄乌"立、行、奔、驰、腾、跃的生动姿态,既注重体现战马劲健英俊的气势,又讲究雕琢技法精巧,线条流畅华丽,达到古代石雕艺术的高峰。

　　魏晋南北朝至唐末宋初,佛教流行,由此而带来佛像雕塑艺术的空前繁荣,其分布地域之广、数量之多、规模之大、技艺之精,足以与古希腊神像雕塑东西并峙,交相辉映。甘肃敦煌莫高窟、天水麦积山石窟、河南洛阳龙门石窟、山西大同云冈石窟,荟萃了佛像雕塑的主要精华。莫高窟现存两千多尊雕像,大者高三十余米,小者仅十几厘米。他们的表情或端庄,或恭谨,或勇武,或妩媚,或虔诚,千姿百态,栩栩如生,眉宇之间,传递出浓重的人情味、亲切感,十分强烈地体现出中国佛教有别于印度佛教的世俗化倾向，体现出中国文化的人文精神。

建筑，首先起源于人类的生存需要。中国上古传说中的有巢氏之所以受到长久景仰，正因为他是人们为抗御风雨寒热而制作最初居室的代表。随着人类文化的进步、工艺水平的发展，建筑的艺术追求成为古代设计师和能工巧匠们致力的方向。而不同自然条件、物质材料、生活习惯、审美态度的差异，又使得各民族建筑体现出大相异趣的风格。大致说来，中国古代建筑以土木结构为主，辅以石料，总体布局厚重庄严，气势宏大，局部构件轻灵奇巧，变化多致，尤以宫室建筑艺术成就最高。

先秦宫室，现已无翔实文献材料可证，但发掘考古遗址，已发现长百余米的夯土基台，可见规模之大。从《诗经》中"作庙翼翼""如翚斯飞"之类的描写，也可推断其时建筑四宇飞扬的气象。秦统一中国，"六王毕，四海一；蜀山兀，阿房出"。阿房宫，是古文献中最早详细描绘的美轮美奂的宫殿建筑群。它"覆压三百余里，隔离天日"[①]，仅前殿便"上可坐万人，下可建五丈旗"[②]，宫殿群内，"五步一楼，十步一阁；廊腰缦回，檐牙高啄；各抱地势，钩心斗角。盘盘焉，囷囷焉，蜂房水涡，矗不知乎几千万落"[③]。据此可知，中国古代宫室艺术不以单个、独立建筑为重心，而是以规模庞大、平面展开、有机联接、匀衡统一而又富于变化的群体建筑为特征。沿袭这一传统，汉、唐、宋、元，历代王朝都建有方正规整富丽堂皇的宫城。现在仍完整存留的明清故宫，更是巍峨宏大、精美奇巧的古代东方建筑艺术无可超越的典范。故宫殿庭，采用传统大木结构形式，立柱飞檐，端庄俊逸，而总体布局，沿正南正北纵向轴线展开，层层递进，

---

① 杜牧：《阿房宫赋》。
② 《史记·秦始皇本纪》。
③ 杜牧：《阿房宫赋》。

>>> 阿房宫是古文献中最早详细描绘的美轮美奂的宫殿建筑群。中国古代宫室艺术不以单个、独立建筑为重心,而是以规模庞大、平面展开、有机联接、匀衡统一而又富于变化的群体建筑为特征。图为宋代赵千里《阿房宫图》。

以太和殿为核心。太和殿建筑面积2 400平方米,重檐庑殿顶,三层台基,精雕细刻。白座朱柱,红墙黄瓦,配以青绿为主的斗拱彩画,在蓝天白云的映衬下,色彩极为鲜亮庄重。大殿前一面积达25 000平方米的广场,以低矮回廊环绕,正衬显出大殿的巍峨。英国科学家李约瑟称故宫建筑将"对自然谦恭的情调与崇高的诗意组合起来,形成一个任何文化都未能超越的有机图案";美国传奇建筑师墨菲则感受到"一种压倒性的壮丽和令人呼吸为之屏息的美"。

中国古代建筑艺术的独特引申是园林艺术。北宋郭熙曾论道:"山水有可行者,有可望者,有可游者,有可居者。画凡至此,皆入妙品。但可行可望,不如可居可游之为得。"① "可居可游",是园林的本质功能特征。从艺术上看,园林既收入山光水色的自然情趣,又凝集绘画、雕刻的人工匠意,"虽由人造,宛自天成"。在建筑形式方面,宫殿、庙堂的严整肃然,被亭、台、楼、阁、塔、榭、廊、轩的活泼多姿所取代。在布局方面,古建筑强调中轴对称的规则被突破,代之

---

① 《林泉高致》。

以依山就水、随径顺流的灵活定位。在处理建筑物与自然环境的关系时，强调"巧于因借"，使之相互映衬，融为一体。为此，大面积的实体围墙被摒弃，置换以空虚的栏杆、窗棂，甚至干脆以几根柱子支起一顶，便于游人观风望景。正如明人计成《园冶》所论："轩楹高爽，窗户邻虚，纳千顷之汪洋，收四时之烂漫。"

中国古代园林可分为私家庭院与皇室苑囿两类。前者以苏州拙政园、网狮园、留园等为代表，小巧玲珑，"曲径通幽处，禅房花木深"是其特色；后者以圆明园、避暑山庄、颐和园为代表，范围广大，景点众多，游人置身其中，每有山重水复、柳暗花明、情景交融、美不胜收之感。北京西郊颐和园，是现存中国古代园林艺术的典范。它位于北京西北，占地面积四千三百余亩。1888年就清漪园改建而成，为慈禧太后避暑之所。颐和园内，万寿山青屏峙立，昆明湖碧波横陈，七百余米的长廊以排云殿为中心，东西展开，曲折蜿蜒，襟山带湖，使二者浑然一体。万寿山上，佛香阁高楼拥翠；昆明湖中，十七孔桥长虹卧波，高低健媚，遥相呼应，湖光山色之间，又布置各式亭、舫、轩、榭，选点至为精巧。如站在东堤上的知春亭内，游人可将万寿山前山各景、西堤岸柳、南湖岛影、十七孔桥等秀丽风光一览无余，而且近景、中景、远景层次分明配合妥帖。颐和园的总体设计，将中国园林特有的"借景"手法发挥到极致，不仅考虑园内景点

北京西郊颐和园,是现存中国古代园林艺术的典范。它位于北京西郊,占地面积四千三百余亩,是皇室苑囿的代表。图为清代佚名《北京颐和园和八旗兵营图》(局部)

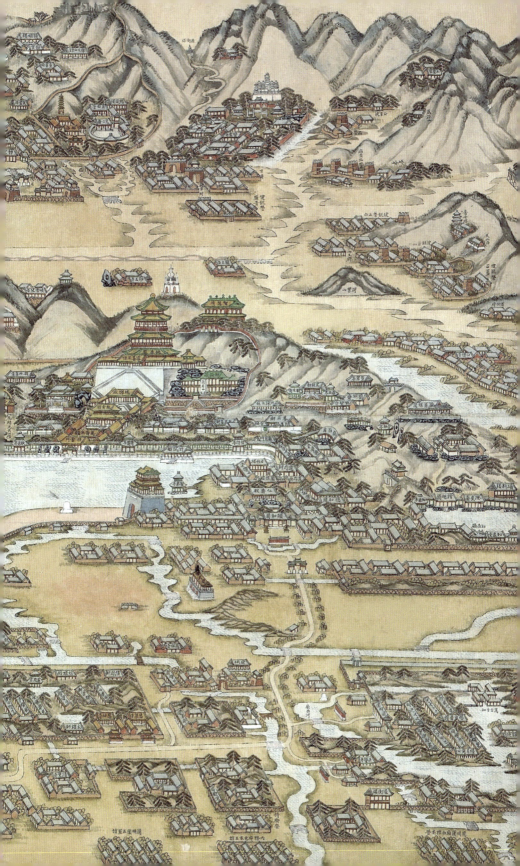

间的相互映衬，而且将数千米乃至数十千米以外的西山烟霞、玉泉塔影等名胜风景，都巧妙地组织进观赏者的视野之内，令人于遐思联翩之中，最大限度地领略大自然的悠远与深邃。

第五节

中国艺术精神

　　文学艺术是民族文化土壤培育出的艳丽花朵。正如不同的水土、气温、日照条件制约了自然界百花园内的奇彩异香，世界各民族文化的不同品格，也决定了各自文学艺术大相异趣的风采。中国文化"天人合一"的哲学主题，人文重于神文的世俗化倾向，长于抽象、综合的致思特征，都给中国文学艺术打下深刻的烙印，并在独特的语言文字系统中形成别具一格的概念、范畴、命题。千百年来，艺术家、理论家们在这些方面研精覃思，成就颇丰，今撮其要义，归纳为三：一曰意境悠远，二曰风骨劲健，三曰气韵生动。

　　意境，是从中国古代文学艺术实践中提炼出的重要美学范畴，它既是客观景物的真实再现，又是艺术家思想情感的充分抒发，它是审美主、客体相互联系，并在情景交融之中得以升华的完美体现。作为一个明晰的概念，意境孕育于魏晋南北朝时期，陆机《文赋》为其理论渊源，刘勰《文心雕龙》与钟嵘《诗品》开其先河。《文赋》所论"恒患意不称物，文不逮意""遵四时以叹逝，瞻万物而思纷。悲落叶于劲秋，喜柔条于芳春。心懔懔以怀霜，志眇眇而临云"，已经涉及艺术创作中情与景的融通关系。《文心雕龙·神思》进一步提出"思理为妙，神与物游""登山则情满于山，观海则意溢于海。我才之多少,将与风云而并驱矣"。《诗品》则明确地将"思与景谐",列为"诗家之所尚者"。唐代诗歌空前繁荣,诗家于意境创造多有体味。王昌龄《诗格》品评诗作三境,"一曰物境""二曰情境""三曰意境",唯后者"张之于意而思之于心,则得其真矣",最为上品。刘禹锡更一针见血地指出"境生于象外",艺术家只有创造出"象外"悠远无际的艺术空间,方能收到"言有尽而意无穷"的神奇效果。"境生于象外",不仅对诗是如此。"象"有语言文字之"象"、线条色彩之"象"、形体动作之"象",因而"境生于象外"的意境创造,便是中国古代文学艺术各门类的共同追求。近代王国维《人间词话》开篇第一句便是:"词以境界为最上。有境界,则自成高格,自有名句。"唐人张彦远论画:"紧劲联绵,循环超忽,调格逸易,风趋电疾,意存笔先,画尽意在,所以全神气也。"① 方士庶也说:"山川草木,造化自然,此实境也。因心造境,以手运心,此虚境也。虚而为实,是在笔墨有无之间——故古人笔墨具此山苍树秀,水活石润,于天地之外,别构一种灵奇。"② 舞蹈艺术,也是如此,并不以动作逼真秀美为高,而是旨在表达一种意绪、一种气概。公孙大娘"一舞剑气动四方",竟至"天地为之久低昂"。大画家吴道子请裴将军舞剑以助壮气,"庶因猛厉以通幽冥"③! 书法艺术,亦不例外。明代解缙反省自己的学书经历,初"得古之断碑遗碣,效其布置形似,自以为至矣";后"见古人之真迹,虽豪发运转,皆遒劲苍润,如画沙剖玉,使人心畅神怡,然后知用笔之法,书之精神,运动于形似布置之外,尤未可昧而少之也"④。这里解缙所说"书之精神,运动于形似布置之外",正与刘禹锡"境生于象外"一脉相通。

---

① 《历代名画记》。
② 《天慵庵随笔》。
③ 郭若虚:《图画见闻志》。
④ 转引自沈尹默:《书法论丛》,上海:上海教育出版社1978年,第20页。

意境生于"象外",自以悠远为上。清代刘熙载评杜(甫)诗之卓绝超凡,正在"吐弃到人所不能吐弃为高,涵茹到人所不能含茹为大,曲折到人所不能曲折为深"①。高、大、深的意境蕴藏于数行诗句、咫尺画幅、丈余舞台之中,"观古今于须臾,抚四海于一瞬",需要特殊的表现手法。虚实相生,是为关键。中国书法讲究"布白",一笔一画的空白处也是字的组成部分,空白分布适当与否,与笔画走向、形态具有同等的艺术价值,所以大书家邓石如有"计白当黑"之说。"西洋传统的油画填没画底,不留空白,画面上动荡的光和气氛仍是物理的目睹的实质,而中国画上画家用心所在,正在无笔墨处,无笔墨处却是缥缈天倪,化工的境界。"②虚空的画面,为人们体味实景之"象"外的意境,提供了思维驰骋的广阔天地。清代画家笪重光论道:"空本难图,实景清而空景现。神无可绘,真境逼而神境生。位置相戾,有画处多属赘疣。虚实相生,无画处皆成妙境。"③虚实相生,在中国戏曲中更有绝妙运用。布景、道具简而又简,一支桨既可表现平湖秋月又可表现浪遏飞舟,一根鞭便是青骢赤兔,一杆旗便是万马千军;一圈方步便是经过了万水千山。摆脱了实物、实景的自然主义和形式主义束缚,演员更能充分展示自己的艺术才能,"迁想妙得",将观众带入情景交融、出神入化的境界。

风骨,本是六朝时品评人物的词藻,引入文艺美学领域,意指文学艺术作品的内在力度。刘勰在《文心雕龙》中首先设专篇论及"风骨"的内涵与功用:"结言端直,则文骨成焉;意气骏爽,则文风清焉""捶字坚而难移,结响凝而不滞,此风骨之力也"。风,指作品的感染力,"情之含风,犹形之包气";骨,指作品的结构力,"辞之待骨,如体之树骸"。刘勰形象地比喻道:有风无骨,如野鸡;有骨

---

① 《艺概·诗概》。
② 宗白华:《美学散步》,上海:上海人民出版社1981年,第72页。
③ 《画筌》。

无风，如鹰隼。唯有风、骨兼备，才是"藻耀而高翔"的"文笔之鸣凤"。

风骨既指作品的力度，当然以劲健为高，刘勰称之为"风清骨峻，篇体光华"。以此标尺衡量，在中国文学众多流派中，以曹操父子、孔融、陈琳等人为代表的建安文学占有突出地位。这一派作家人数不多，作品数量也十分有限，但由于情辞慷慨，格调刚健遒劲，被称为"建安风骨"，历来备受推崇。其名篇如曹操的"老骥伏枥，志在千里，烈士暮年，壮心不已"，更是传颂千古，脍炙人口。由于建安作家的杰出实践和刘勰的理论升华，风骨成为后世文学创作的重要圭臬。唐初陈子昂即以"兴寄""风骨"为旗帜，倡导诗歌革新，扭转齐、梁以降"采丽竞繁""逶迤颓靡"的诗风，为唐诗的发展开辟了道路。他的《登幽州台歌》："前不见古人，后不见来者；念天地之悠悠，独怆然而涕下"，"骨气端翔，音情顿挫"，令人于吊古伤今的感怀中勃生奋然之气。

风骨劲健，是中国古代各艺术门类的共同追求。南朝齐画家谢赫的《古画品录》提出"画家宗之""千载不易"的"六法论"，其第二条便专论"骨法"——"骨法在于用笔"。明人董其昌批评《清明上河图》，也从"骨法"立论："笔法纤细……惜骨力乏耳。"[①] 相对于西洋画，中国画更注重线条，这是画家们更多地研讨笔势、笔法、笔力的基本原因。中国书法也十分讲究风骨之峻美。唐太宗李世民自称："临古人之书，殊不学其形势，唯在力求其骨力，而形势自生耳。"[②] 张怀瓘《评书药石论》讥讽"若筋骨不任其脂肉者……在书为墨猪"。孙过庭《书谱·序》称"众妙攸归，务存骨气"，骨气宁可过而不可不足，过则"体质存焉"，不足则根本无依。米芾也说"字要骨格，肉须裹筋，筋须藏肉"。历代书家对赵孟頫的字颇有微词，正是因为

---

① 《画眼》。
② 转引自包备五：《中国书法简史》，上海：上海书画出版社1983年，第41页。

其柔媚有余而骨力不足。戏曲演唱，也与风骨有关。咬字是骨，即"结言端直"；行腔是风，即"意气骏爽"。字正腔圆，方能骨峻风清，感人肺腑。

气韵，指文艺作品的活泼灵气、生命韵律。这种灵气、韵律，来自艺术家对于生活的真切体验感受，又诉诸变化不居、出奇制胜的表现手法，最终实现为对自然、社会、人生风貌的鲜活传神写照。清人方东树论道"凡诗、文、书、画，以精神为主。精神者，气之华也"[1]，概括了"气韵说"对中国古代文学艺术的共同要求。中国最早的文论著作——曹丕的《典论·论文》在论述"文非一体，鲜能备善"的同时，提出统一的衡文标准"文以气为主，气之清浊有体，不可力强而致"，亦即于风骨劲健以外，还要有气韵生动的要求。钟嵘在《诗品·序》中进一步指明，气韵源于艺术家的形象思维与自然、社会的生生之"气"间的相互感应，"气之动物，物之感人，故摇荡性情，形诸舞咏"。魏晋以后，气韵生动成为文学创作的艺术标尺。"文起八代之衰"的韩愈，认为"气盛则言之短长与声之高下者皆宜"。清人章学诚也说："凡文不足以动人，所以动人者，气也""气积而文昌"[2]。后人极度推崇杜（甫）诗，关键的一条，是"杜子美诗，专以气胜"[3]"大约飞扬帧兀之气，峥嵘飞动之势，一气喷薄，真味盎然，沉郁顿挫，苍凉悲壮，随意下笔而皆具元气，读之而无不感动心脾者，杜公也"[4]。

中国艺术的其他门类，同样讲究气韵。谢赫《古画品录》提出的"六法论"，第一条就是"气韵，生动是也"。"六法"最早是就人物画而论，所以唐人张彦远《历代名画记》补充曰："人物有生气之可

---

[1] 《昭昧詹言》卷一。
[2] 《文史通义·史德》。
[3] 张戒：《岁寒堂诗话》。
[4] 方东树：《昭昧詹言》卷八。

状,须神韵而后全,若气韵不周,空陈形似,笔力未遒,空善赋彩,谓非妙也。"宋、元以后,"气韵说"开始影响到山水、花鸟画,"天下之物,本气之所积而成。即如山水,自重岗复岭,以至一木一石,无不有生气贯乎其间"①,因而画家亦须把握其"生气",融会意念,诉诸笔端,力图表现山水、花鸟的活泼灵性、曲折韵致,由状物而抒情,由形真而神契。书法也以气韵生动为高。宋代大书家蔡襄论道:"书学之要,唯取神气为佳,若模象体势,虽形似而无精神,乃不知书者所为耳。"②历来对晋代书法评价极高,一言以蔽之,曰"韵胜"。后世临摹王羲之者不知凡几,单就笔势而论,不少乱真之作,但得其"气韵"者绝少,原因就在"学书在法,而其妙在人。法可以人人而传,而妙必其胸中之所独得"③。

---

① 沈宗骞:《芥舟学画编》卷二《山水·取势》。
② 《蔡忠惠公文集》。
③ 晁补之:《鸡肋集》。

第九章

民俗大观

1846年，英国考古人类学家威廉·汤姆斯，给《雅典娜神庙》杂志写了一封信，建议用一个"挺不错的撒克逊语合成词"Folk-lore来取代民间古俗、通俗文学这些术语。此后不久，Folklore被译作民俗①，在世界各国流行开来。民俗学作为文化人类学的一个专门分支出现，至今不过一百多年。但民俗作为社会生活的重要方面，却具有与人类文明同样古老的历史。在中国古代，很早就有关于民间风俗的记载。《晏子春秋》注意到"百里不同风，千里不同俗"的社会世象；《荀子·强国》提出"入境，观其风俗"；《礼记·曲礼》更要求人们"入境而问禁，入国而问俗，入门而问讳"，以避免在相互交往中发生不愉快的事件。古代圣贤区分"上之所化为风，下之所化为俗"，还提出"移风易俗，莫善于乐"②的主张。

从文化史研究的角度看，民风民俗作为源远流长、相对稳定、影响广泛的社会习尚，是人类精神生活、物质创造和行为方式的重要表现形式，因而成为构建任何特定民族文化的不可缺少的组成部分。文化的民族性、地域性、传承性，在民俗中均有生动的体现。换句话说，忽视民俗的文化史，只能是不完整的文化史。

---

① 成书于汉代的《礼记·淄衣》中已出现"民俗"一词，其文曰"故君民者，章好以示民俗"。

② 《汉书·礼乐志》，颜师古注："此《孝经》载孔子之言也。"

第一节

岁时节日

世界各民族都有自己的历法,都有依据历法而定的岁时节日,如信仰基督教的西方民族欢庆西历12月25日耶稣诞生的"圣诞节",信仰伊斯兰教的阿拉伯民族欢庆回历十月一日"开斋节",等等。与之相比,以汉族为主体的中华民族岁时节日的特点,一是以始行于夏代的历法夏历(又称农历)为时间基准;二是与农事生产活动的节律相合拍,因而节日气氛绝少宗教的色彩;三是覆盖的时、空跨度大,许多重要节日已有千年以上历史,且在东南西北广袤区域和众多民族中流行。

夏历以建寅之月①、即后世通常所说的阴历正月为岁首,以正月初一日为新的一年的开端。辞旧岁,迎新春,是中华先民最为重视的岁时佳节,俗称为"过年"。过年的庆祝活动,一般从头一年十二月(俗称腊月)的二十三或二十四日祭灶王爷开始,一直延续到新年的正月中旬元宵闹花灯。进入腊月,春耕夏种秋收冬藏的一年农事活动全部结束,辛勤劳动的汗水化作满仓满囤的丰收之果,物质与精神的双重满足,以及作息的闲暇,都为喜庆佳节准备了绝好的条件。一首北京地区的歌谣唱道"二十三,糖瓜粘;二十四,扫房日;

---

① 中国古代历法定子、丑、寅、卯、辰、巳、午、未、申、酉、戌、亥十二个月。

>>> 夏历以建寅之月、即后世通常所说的阴历正月为岁首,以正月初一日为新的一年的开端。辞旧岁,迎新春,是中华先民最为重视的岁时佳节,俗称为"过年"。图为清代王浩辉《福贵岁朝图》。

二十五,作豆腐;二十六,去割肉;二十七,去宰鸡;二十八,白面发;二十九,满香斗;三十日,黑夜坐一宵"[1],准备饮食,打扫卫生,节日气氛,日渐浓烈。大年三十,又称"除夕",欢庆活动进入高潮,家家户户贴窗花,挂春联,燃爆竹,焚香楮,送玉皇上界,迎新灶君下界。夜幕降临,华灯初上,全家老少,团聚一堂,开启陈年佳酿,烹调荤素时鲜,举杯共庆人寿年丰,安康祥和,是为"吃年饭"。年饭已毕,父老笑语喧哗,孩童嬉戏打闹,通宵达旦,并不歇息,迎接新年的到来,谓之"守岁"。唐太宗李世民有《守岁》诗一首记其事:"暮景斜芳殿,年华丽绮宫。寒辞去冬雪,暖带入春风。阶馥舒梅素,盘花卷烛红。共欢新故岁,迎送一宵中。"[2]

除夕已尽,一年复始,"正月朔日,谓之元旦,俗呼为新年"[3]。正月初一开始,阖家老幼,远亲近邻,亲朋好友,相互恭贺新禧,是为"拜年"。关于拜年的起源,相传远古时代有一种叫"年"的怪兽,每逢腊月三十晚上出来,残食人群。人们只得关门避祸。初一早晨,怪兽隐去,人们开门见面,相互祝贺未被"年"吃掉。此系传闻,查无实据。后世拜年,也并无多少避祸的意味,更多的倒是互祝新年添丁发财,万事吉祥如意。拜年之风,古已有之,秦汉以后乃大盛。明、清以后,家中拜年的次序是:首拜天地神祇,次拜祖先牌位,再拜高堂尊长,最后合家卑幼以次序互拜。礼毕,成年男子始出门拜姑舅岳太,亲朋好友,依亲疏关系顺序进行,数日至十数日乃毕。

正月初八日,相传为财神赵公元帅生日[4],各地有祭财神的礼节。赵公元帅,也称"赵玄坛",原为道教所奉财神,据《三教源流搜神大全》称,其名曰赵公明,终南山人,着铁冠,佩铁鞭,跨黑虎,驱

---

[1] 直江广治:《中国民俗文化》,上海:上海古籍出版社1991年,第74页。
[2] 赵杏根:《历代风俗诗选》,长沙:岳麓书社1990年,第9页。
[3] 吴自牧:《梦粱录·正月》。后来公历的一月一日,亦称"元旦",系由夏历"元旦"转换而来。
[4] 亦有正月初二、正月初五等不同说法。

雷役电，除瘟禳灾，主持公道，求财如意，后演变成为民间普遍信仰的财神。祭财神时，应供神像，燃香火，上供品，献木刻印制的"龙凤钱马"，口颂"香红灯明，尊神驾临，体察苦难，赐福万姓，穷魔远离，财运亨通，日积月累，金满门庭"等语，祈祷元帅保佑，大吉大利。

正月十五日，为元宵节，又称"上元节""元夕节""灯节"，是辞旧迎新活动的最后一个高峰。藏、布依、朝鲜等族群众也过此节。正月十五日，一年中第一个月圆之夜，故名"元宵节"。相传东汉明帝于是日在宫廷、寺院"燃灯表佛"，令士族庶民仿行，以后相沿成俗。唐代又将张灯时间由一夜增至三夜；宋代增至五夜；明代永乐年间又增至十夜；清代以后，一般"自十三日至十六日四永夕，金吾不禁"①。每逢元宵节，人们吃汤圆、包饺子、扭秧、踩高跷、观花灯、猜灯谜、舞狮舞龙，通宵达旦。隋炀帝诗纪其盛："灯树千火照，花焰七枝开。"宋人崔液《上元夜》诗曰："玉漏铜壶且莫催，铁关金锁彻夜开。谁家见月能闲坐，何处闻灯不看来。"明人谢肇淛著《五杂俎》卷二载闽中一带元宵盛况："市上则每家门首悬灯二架，十家则一彩棚，其灯上自彩珠，下至纸画，鱼龙果树，无所不有。游人士女，车马喧阗，竟夜乃散。"隋、唐以后，元宵之夜放焰火渐成惯例。清人揆叙《连夕观放烟火》诗云："歌停酒半月欲午，忽吐微光细如线。一声霹雳火城开，万象空中争涌现。"袁景澜《观放烟火诗》也称："顷刻花开不知数，锦棚烟焰蒸红雾。百巧机藏一架高，火树银葩月中吐。"②他的《吴郡岁华纪丽》还记载了焰火品种："有响炮三级浪、地鼠、流星、双飞蝴蝶、九龙戏珠、花筒、花盆等制，有为花草人物等形百余种。"

三月初三日"上巳节"，为汉族传统节日，朝鲜族也过此节。西南地区的壮、侗、布衣、苗、瑶、畲等族称此节为"三月三"，以赶

---

① 潘荣陛：《帝京岁时纪胜》。
② 赵杏根：《历代风俗诗选》，长沙：岳麓书社1990年，第347页。

歌圩、抢花炮、吃乌米饭等不同方式表现庆祝。上巳节起源于周代临水沐浴，祓除不祥的习俗，汉代始定三月上旬第一个巳日（上巳）为节日，《后汉书·礼仪志》记："三月上巳，官民皆絜于东流水上，曰洗濯祓除，去宿垢疢，为大絜。"又增加临水宴宾和求子之俗。魏晋以后，节日固定为三月初三。明、清以后，祓灾、求子等迷信色彩渐褪，演变而为水边饮宴、郊外踏青等春游活动。杜甫名句"三月三日天气新，长安水边多丽人"，便是上巳踏青的艺术描绘。

五月初五日，春夏之交的农事大忙告一段落，人们又迎来"端午节"。这是汉族和部分蒙、回、藏、苗、壮、侗、土家、哈尼族群众的共同节日。端，开端之意；午，同"五"，"端午"即五月第一个五日。关于端午节的起源，说法多歧，影响较大的有三：一说春秋时越王勾践于此日操练水军，后世遂以龙舟竞渡纪之。一说楚三闾大夫屈原屡遭奸佞谗毁，于五月初五日自沉汨罗而死，楚人哀之，每至此日，划龙舟于江上，并以竹筒贮米投水祭奠，后来划龙舟演变为竞渡比赛，竹筒贮米则演变为吃粽子。另有一说为伍子胥忠心于吴王夫差，但被夫差于五月初五日杀死，沉尸于江化为涛神，江浙一带百姓便于此日逆涛而上，迎子胥归来。由于屈原爱国主义崇高精神的感召，以及其诗歌创作的辉煌成就影响，端午节为纪念屈原说传播日广，渐为各地民众所接受。但据近年来研究表明，纪念伍子胥说较为可信。端午节的喜庆习俗，除食粽子、饮雄黄酒、插昌蒲、斗百草外，最为场面壮观、激动人心的纪念活动是赛龙舟。唐人张建封《竞渡歌》赞曰："五月五日天晴明，杨花绕江啼晓莺。使君未出群斋外，江上早闻齐和声。……鼓声三下红旗开，两龙跃出浮水来，棹影斡波飞万剑，鼓声劈浪鸣千雷。鼓声渐急标将近，两龙相望目如瞬。"宋人朱翌《端午观竞渡曲江》诗记载："大堤士女立如堵，乐事年年动荆楚。"[①] 明人李东阳《竞渡谣》则称："湖南人家重端午，大船小船竞官

[①] 赵杏根：《历代风俗诗选》，长沙：岳麓书社1990年，第58页。

>>> 五月初五日,春夏之交的农事大忙告一段落,人们又迎来"端午节"。端午节的喜庆习俗,除食粽最为场面壮观、激动人心的纪念活动是赛龙舟。图为清代佚名《龙舟图》。

渡。彩旗花鼓坐两头，齐唱船歌过江去。丛牙乱桨疾若飞，跳波溅浪湿人衣。须臾欢声动地起，人人争道得标归。"① 直到现在，赛龙舟仍为广大民众喜闻乐见，并且发展成为群众性的体育竞赛项目。

七月初七日，为乞巧节。相传是夜牛郎织女在天河相会，于是民间女子亦于是夜乞求智巧。晋代葛洪《西京杂记》记："汉彩女常以七月七日穿七孔针于开襟楼，俱以习之。"在七月夏夜的星光下，妇女们一面追忆牛郎织女的美妙传说，一面竞赛穿针引线，练习精巧的女红技艺。袁景澜《七夕乞巧词》记曰："凉飙吹转商秋律，天街夜静银河直。……默祷织女与黄姑，但愿所求遂胸臆。所求不是为连理，所求不是为比翼。传闻天上有神仙，乞灵祈赐聪明质。金梭即遣堕依前，蛛丝织就回纹式。更愿穿尽七孔针，刺绣群中推第一。"②

八月十五日，时值三秋之中，故称"中秋节"。是夜满月如盘，清光泻地，加之溽暑甫退，秋高气爽，正是赏月的好时节。周代即有中秋祭月活动，汉、晋、隋、唐，赏月之风渐盛，宋代始定八月十五为中秋节。除汉族以外，蒙、回、壮、彝、满、白、布依、朝鲜、土家等族也举行各种庆祝活动。据南宋吴自牧《梦粱录·中秋》记载，这一天，"富豪巨室，莫不登危楼，临轩玩月……至如铺席之家，亦登小小月台，安排家宴，团圆子女，以酬佳节。虽陋巷贫窭之人，解衣市酒，勉强迎欢，不肯虚度"。月饼是中秋节必备食品，苏轼诗称"小饼如嚼月，中有酥和饴"，其形圆，其味甜，象征阖家团圆，幸福美满。因此，中秋节又往往引起人们怀念桑梓，盼望与亲人团聚的离愁别绪。苏轼一曲《水调歌头》"明月几时有，把酒问青天。……人有悲欢离合，月有阴晴圆缺，此事古难全。但愿人长久，千里共婵娟"，隽永地表达了这种眷眷情思而传诵千古。由于月亮、太阳引力及地球自转离心力的综合作用，农历每月初、中均会发生潮汐现象。

---

① 赵杏根：《历代风俗诗选》，长沙：岳麓书社1990年，第112页。
② 同上书，第349页。

八月中秋，地球绕太阳公转的轨迹正在椭圆轨道的短轴上，月亮和太阳离地球最近，引潮力最大，所以东南江浙一带又有中秋观潮的风俗，尤以于海宁观钱塘大潮最为著名，"八月十八潮，壮观天下无"。《海昌胜迹志》记载："每当中秋大汛，中外人士咸来观瞻。"其时潮头壁立，似玉龙翻空，雪山崩摧，其声如千雷鸣谷，万鼓惊涧。唐人刘禹锡诗云："八月涛声吼地来，头高数丈触山回。须臾却入海门去，卷起沙堆作雪堆。"明人高得旸咏曰："秋满湖天八月中，潮头万丈驾西风。云驱蛟蜃雷霆斗，水击鲲鹏渤澥空。"1916年八月中秋，孙中山偕宋庆龄等专程赴海宁观潮后，慨然挥笔题词："当今世界潮流浩浩荡荡，势不可当，顺之者昌，逆之者亡。"另据宋人《武林旧事》记载，观潮之时，往往有"善泅者数百，皆披发文身，手持十幅大彩旗，争先鼓勇"，出没于鲸波万仞之中，"而旗尾略不沾湿，以此夸能"。这正是潘阆《酒泉子·长忆观潮》中"弄潮儿向涛头立，手把红旗旗不湿"之名句的由来。

九月初九，为"重阳节"，又称"菊花节"。据《易经》"以阳爻为九"，九为阳数，两九相重，故称"重阳"。相传东汉时桓景拜仙人费长房为师，费语于桓曰：某年九月九日有大灾，必率家人佩茱萸于臂，登山，饮菊花酒，方可避祸。茱萸，又名越椒，是一种中药植物，气味辛烈，可驱虫豸，避邪气。菊花酒也有去痪保健功效。桓景一一照办，登山归来，家人无恙，却见家畜、家禽均已暴死。①此后，每逢重阳，人们便仿桓景故事，登高、野宴，饮菊花酒，渐成风习，流传至今，重阳遂为佳节。唐代诗人王维名作"独在异乡为异客，每逢佳节倍思亲，遥知兄弟登高处，遍插茱萸少一人"，诗题便作《九月九日忆山东兄弟》。汉族以外，蒙、彝、侗、畲等少数民族也以围猎、食蟹等多种方式庆祝此节。

---

① 吴均：《续齐谐记》。

>>> 八月十五日，时值三秋之中，故称"中秋节"。是夜满月如盘，清光泻地，加之溽暑甫退，秋高气爽，正是赏月的好时节八月中秋，东南江浙一带又有观潮的风俗，尤以于海宁观钱塘大潮最为著名，"八月十八潮，壮观天下无"。图为明代吴彬《岁华纪胜图·玩月》。

夏历十二月又称腊月,腊月初八日为"腊日",亦称"腊八节",古时为岁终祭祀百神之日,后演变为一般节日。这一天,男女老幼均食"腊八粥"。据《燕京岁时记》载,腊八粥系用黄米、白米、红米、小米、菱角米、栗子、红豇豆、去皮枣泥等,合水煮熟,外用染红桃仁、杏仁、瓜子、花生、榛穰、松子及白糖、红糖、葡萄作点染。食腊八粥之俗，一说起源于释迦牟尼成佛前游历各地，于腊八日累饿仆地，一牧女以米粥食之得救；另一说起源于朱元璋年幼时家贫，曾掘鼠穴得五谷杂粮熬粥充饥，登基为帝后，于腊八日令御厨仿制，食后大悦，遂赐其名为"腊八粥"；再一说为神话人物共工氏之子死为疫鬼，独畏赤豆，人们便于粥中加入赤豆，食之以驱鬼避邪，食前还须先行"打鬼"仪式。不论以上何说为真，腊八粥成分复杂，营养丰富，味道鲜美，易于消化，确是老少咸宜的保健食品，因而广为流传，至今不衰。

腊月后半月，即到腊月二十三祭灶王爷之日，新的一轮辞旧迎新的年节活动又告开始。

第二节

人生庆典

人的一生,有如内容丰富、情节曲折的多场多幕剧。在场幕起承转合的关口,各民族依其风俗,都要举行多种形式、隆重热烈的人生庆典。在西方基督教民族和阿拉伯伊斯兰教民族中,大凡人生庆典都浸透宗教色彩,如婚礼在教堂内举行(基督教)、由阿訇给新生婴儿命名(伊斯兰教)等,其意义均在祈求神主保佑一生平安。但在中国,尤其在汉族风习中,人生庆典却充满世俗生活的盎然情趣,体现了亲朋好友的殷切期望与衷心祝福。

添丁加口,是中国传统观念中的大喜之事。因此,妇女怀孕便被称为"有喜"。为了使婴儿出生后健康成长,怀孕妇女的思想言行都必须遵从礼仪,"立而不跛,坐而不差,笑而不喧,独处不倨,虽怒不骂"[①],是谓"胎教"。婴儿降生的第一声啼哭,是生命乐章的嘹亮序曲,隆重热烈的人生庆典由此揭幕。依汉族风俗,婴儿出生后一日或数日,女婿应去岳丈家"报喜",具体做法各地稍有差异。有的用红纸包毛笔一支,意为生男,如另添手帕一方,则为生女;也有的携伞去岳丈家,伞置中堂桌上为生男,置大门背后为生女;还有的送去煮熟的红鸡蛋,生男孩则蛋数为双,生女婴则蛋数为单。岳丈家亦备礼

---

① 贾谊:《新书·胎教》。

物由女婿带回。

哺育婴儿，也有讲究。在给婴儿喂第一口奶之前，先让他尝尝醋、盐、黄连、钩藤和糖，意为人生一世将遍尝酸甜苦辣，是为"尝五味"。尝五味后，婴儿吃的第一口奶水不能来自母亲，男婴须换食一女婴之母乳，女婴则相反，这样做的含义在祝福儿女长大后婚姻顺利美满。

婴儿出生后第三天，有一次庆祝高潮。这一天，要宴请亲家及诸亲友，称"三朝酒"，还要为婴儿举行"洗三朝"仪式，采集槐枝、艾叶草药煮水，为婴儿沐浴。宋代诗人梅尧臣六十八岁喜得幼子，洗三朝之日，欧阳修作《洗儿歌》以贺，诗云："翁家洗儿众人喜，不惜金钱散闾里。宛陵他日见高门，车马煌煌梅氏子。"① 洗儿时，尊长、亲朋或撒银钗于浴盆之中，或以银钗搅水，是谓"添盆""搅盆"，含祝福及消毒之意。在许多地区，以上庆典亦在婴儿满月时进行，内容大致相同。作为亲家，为祝贺婴儿出世，常在孩子出生十天左右"送祝米"，送去鸡蛋、挂面、红糖及被褥、衣帽等，上覆红布，以示喜庆。"送祝米"的习俗，直到今天仍十分流行。

孩子满周岁，又为一大庆典，除盛宴亲朋宾客外，还有一项别具特色的活动，即"抓周"，又称"试周""试儿"。"抓周"的本来意义，在检测幼儿性情、志趣，并以之预测将来的发展。北齐颜之推《颜氏家训·风操》记载道："儿生一期，为制新衣，盥浴装饰，男则用弓矢纸笔，女则刀尺针缕，并加饮食之物及珍宝服玩，置之儿前，观其发意所取，以验贪廉愚智，名之为试儿。""抓周"是流行极广的民俗，《红楼梦》第二回便提及贾宝玉"抓周"的情景："政老爷试他将来的志向，便将世上所有的东西摆了无数叫他抓。谁知他一概不取，伸手只把那些脂粉钗环抓来玩弄，那政老爷便不喜欢，说将来

---

① 赵杏根：《历代风俗诗选》，长沙：岳麓书社1990年，第46页。

不过酒色之徒，因此不甚爱惜。"周岁幼儿的兴之所至，随意抓取，当然不足以决定他或她未来的事业和人生，贾政日后伤心透顶的宝玉"不成器"，其实与他当年只抓"脂粉钗环"并无多大干系。不过，欣喜地观看幼儿摸爬玩耍的天真神态，不失为一大乐趣，所以"抓周"习俗沿袭至今，千年不衰。

儿女长大成人，要行成年礼，它是由上古氏族社会的成丁礼演化而来，男子称"加冠"，女子称"加笄"。加冠的年龄因时因地而定，一般在十五岁至二十岁之间。周代贵族男子加冠的程序是先加缁布冠（黑麻布冠），表示从此有治人权；次加皮弁（白鹿皮制），表示从此要服役；最后加爵弁（赤黑色平顶帽），表示从此可参加祭祀。后世加冠，程序简省，仅加布冠。女子加笄，年龄在十五岁。笄，即簪子，加笄即盘发插簪。加冠、加笄的同时，还要取字。古人有名有字，婴儿出生三月命名，成年时取字。名与字意义上有联系。如屈原名平，字原，《尔雅·释地》称"广平曰原"。孔子的弟子颜回，字子渊，《说文解字》释"渊，回水也"。加冠、加笄与取字是成年的标志，此后方可婚嫁。有的地区女子加笄在出嫁时进行，改变童年发式，结发髻于头顶，又称"结发"。"结发夫妻"之说即由此而来。

男大当婚，女大当嫁。结婚成家，是人生一大转折，因此婚姻庆典是人生庆典中最为隆重、热烈、喜庆、祥和的一幕。

古代青年男女婚姻关系的建立，须经媒人的中介。这早在《诗经》中即有记载："取妻如何？匪媒不得。"① 由媒人穿针引线到最终成亲，须经六道仪式，叫做"六礼"。"六礼"之一为"纳彩"，即男方遣媒人向女方提亲，送礼求婚，礼物起初用雁，后渐加其他物品。之二为"问名"，即媒人到女家询问女方名字、生辰八字②，男方收到记

---

① 《豳风·伐柯》。
② 八字，中国古代算命方法之一，将某人出生的年、月、日、时各以天干、地支相配，每项用两个干支字代替，合为八字，据此八字，推算某人的命运。相传此法始于战国时代鬼谷子。

>>> 男大当婚，女大当嫁。结婚成家，是人生一大转折，因此，婚姻庆典是人生庆典中最为隆重热烈喜庆祥和的一幕。图为南北朝时期北齐壁画《婚宴图》。

有女方名字、生辰八字的庚帖后，通过占卜，预测这门亲事的吉凶。之三为"纳吉"，如男方占卜获得吉兆，便立即向女方报喜，"复使使者往告，婚姻之事于是定"①。之四为"纳征"，即男方向女方送聘礼，从此婚约完全确立。周代士大夫以玄纁、束帛、俪农为聘礼，天子加以榖圭，诸侯加以大璋。宋代以后聘礼送金银绫绢，明代以后更趋节简。近代婚俗中的"送彩礼"，即由此演变而来。之五为"请期"，男方送聘礼，通过占卜择定完婚吉日，通告女家，征求同意。请期亦须备礼，《仪礼·士昏礼》称："请期用雁，主人辞，宾许告期，如纳征礼。""六礼"最后一项为"亲迎"，即男方于择定成婚日往女家迎娶新娘。亲迎是"六礼"的最高潮，其形式各代、各地有异。"夏亲迎于庭，殷于堂，周制限男女之岁定婚姻之时，亲迎于户。"②周代新郎亲往女方迎娶，新娘父母于宗庙设宴迎接，女婿行叩拜礼，引新娘上车，然后自己先行回家。新娘到后，双方合卺成婚。古俗以一瓠分两瓢谓之卺，新郎新娘各执一瓢，用酒漱口，称为"合卺"；后合卺变为交杯，即新人换杯对饮。亲迎一般用车、马或轿，南方亦用船。宋代以后，亲迎之礼更繁，有挂帐、催妆、踏席、跨鞍、牵红、撒帐、饮交杯酒、闹新房等俗，尤以闹新房欢快热烈，喜气盎然。闹新房的用意在增添喜庆气氛，同时为新人驱邪避凶。婚后三天之内，亲朋好友不分辈分高低，男女老少，均可于洞房内以新郎、新娘为对象，嬉笑逗乐，但亦常有恶作剧及非礼之举发生。降及近代，闹新房趋向文明，一般为新人介绍恋爱经过，表演节目，在亲朋监督下共咬糖块、水果等。

　　婚后三日，妻子在丈夫陪同下回娘家省亲，称"回门"，这是婚事的最后一道礼仪，其内涵意义在女儿成家后不忘父母养育之恩及女婿感谢岳丈恩德，因此亦须厚备礼品，岳家则以母鸡回赠，"鸡"与

---

① 《仪礼·士昏礼》，郑玄注。
② 杜佑：《通典·第十八天子纳妃后》。

"吉"谐音,取吉祥意。

中华习俗,每逢某人出生之日,亦有庆典。五十岁以下为"做生日",尤以十岁、三十岁为重。五十岁以上,则称"做寿",邀集亲友庆贺,接受寿桃、寿联、寿幛等贺礼。寿桃一般用米面粉制成,亦有用鲜桃的。以桃祝寿,起源很早,《神异经》载:"东方有树,高五十丈,名曰桃。其子径三尺二寸,和核美食之,令人益寿。"神话传说中的西王母做寿,便是在瑶池大开蟠桃盛会接待众仙。由此后世祝寿均用桃。寿宴上,宾主共饮寿酒,吃寿面。因常见食品中以面条最长,故吃寿面蕴涵延年益寿之意。

无论人们祝福老人长寿的心愿多么真挚恳切,死亡终将到来,这是不可抗拒的生理规律。正因为如此,中华习俗将老人逝世也视为人生一喜,为与婚育等"红"喜事相区别,故称之为"白"喜事,为死者举行隆重的丧葬典礼。

先秦时起,便将老人行将作古称作"属纩"。属,放置之意;纩,轻柔的新絮。将新絮放在临终者的口鼻上,察其是否断气。如确系死亡,由专司其职的"复者"或子嗣登上屋顶,手持寿衣三呼死者之名,招唤死者的灵魂回归,称"招魂"。同时为死者净身,布置灵堂、灵棚,赴亲友报丧,准备接受吊唁。亲友闻讯,携挽联、挽幛及若干钱币,登门哀悼,死者子嗣披麻戴孝以迎。参加吊唁的全体成员依与死者关系的亲疏,应穿着不同规格的丧服。丧服分五等,称"五服"。据《仪礼·丧服》所记,"五服"从重到轻依次为斩衰(衰,音cuī,极粗生麻布制成,不缝边)、齐衰(音zī cuī,生麻布制成,缝边)、大功(熟麻布制成,缝边)、小功(较细熟麻布制成,比大功精细)、缌麻(最细熟麻布制成,或兼用丝麻)。子为父、父为长子、妻妾为夫都须服斩衰,以下血缘关系渐疏,至为族曾祖父母、族祖父母、族兄弟、外孙、外甥、岳父母等,则服缌麻。斩衰服丧三年,齐衰一年,大功九月,小功五月,缌麻三月。如此严格的丧服制度,社会生活中虽不见得完全实行，但它所体现的重男轻女（如妻为夫服丧三年，而夫为妻服丧仅一年）、严分嫡庶（如庶子为嫡母服丧三年，嫡子仅为庶母服丧一年，或不服丧）等原则，却是历代丧葬制度所共同遵循的。

吊丧已毕，送死者灵柩下葬，称出殡。灵柩有棺、椁之分。椁为棺外套椁。一般死者仅用棺，富贵者方于棺外套椁。出殡时棺椁多由人抬，自十六至三十二杠不等，其时长子扛灵头幡，以孝带牵头杠，女儿怀抱领魂鸡随后，鼓乐送至墓地下葬。若灵柩用车装载，则送丧者手执牵引灵车的白布缓缓而行，称"执绋"。安葬方式，汉族多为土葬，少数民族中则有火葬、水葬、天葬（即野葬）等不同种类。

灵柩下葬，丧仪仍未完结。民间盛行"七七"之礼，即人死后（或出殡后）每隔七日，设斋祭奠死者，至七七四十九天而止。其间请僧道做法事以超度亡灵，俗称"做道场""放焰口"，直到今天，不少农村、山区仍行此风习。

中国古代丧葬礼仪至为繁复，《礼记》记载有四十余项，到北宋司马光作《书仪·丧礼》，仍有二十五项，其后日趋简朴。近代以后，佩黑纱、送花圈、开追悼会以寄托哀思，成为时尚。

第三节

祖先祭祀

重血缘宗法伦理是中国文化的突出特点之一。在中国民俗中,这一特点体现为肃穆庄严的祖先祭祀活动。

祖先祭祀源于上古时代的生殖—祖先崇拜。与猿类分手的先民不了解两性结合的生命意义,而直观地认为女性是生育的决定因素。为了人口繁衍、氏族兴旺,他们虔诚地奉行女阴崇拜。辽宁红山文化遗址发掘出女神像及泥塑妇女群像,臀部、乳房硕大,正是女性生殖崇拜的实证。随着父系社会的到来,男性祖先逐渐取代女性,成为供奉、祭祀的对象。陕西华州早期龙山文化遗址出土的陶祖,便是这种转变的考古物证。汉字中的"祖",由"示"与"且"组合而成,这正是由男性生殖器的描状转化而来的祖宗牌位的象形。进入宗法社会以后,为故去的家族祖先举行祭祀,祈求先祖亡灵保佑子孙后代岁岁平安,更成为至关重要的民间习俗。

殷商时代,祭祖活动最为繁复,其方式有五,即肜、翌、祭、𥟡、劦。肜是伐鼓而祭,翌是舞羽而祭,此二者为以娱祭祖。祭是献酒、肉而祭,𥟡是献黍、稷而祭,此二者是以享祭祖。劦是联合他种祀典,合历代祖妣而祭之,为集体的、综合的祭典。上述五种祭祀,依次进行,周而复始。每一循环,称为一祀。

周代宗法社会，尤其注重血缘宗族系统的亲疏等级秩序，其祭祀活动也明显突出这一特征。周人将始祖以下的同族男子逐代先后相承地分为"昭""穆"两辈，即始祖以后一、三、五……代为昭辈，二、四、六……代为穆辈，隔代字辈相同。昭、穆的划分，体现在墓冢及宗庙内祖先牌位的排列上，始祖居中，昭辈位于其左，穆辈位于其右。祭祀祖先时，家族子孙亦按此规定列队行礼，丝毫不爽。正如《礼记·祭祀》所载："夫祭有昭穆，昭穆者，所以别父子、远近、长幼、亲疏之序而无乱也。"

祭祀祖先，是殷周以下中华先民一以贯之的庄严典礼。为表达后代对先祖亡灵的虔敬与祈祷，须备丰厚的祭物。"三牲之俎，八簋之实，美物备矣"[①]，三牲者，牛、羊、猪之谓也。将三牲供奉于墓冢或祖先牌位之前，然后献酒三巡，即初献爵、亚献爵、终献爵，此称"三献"。此习沿袭至清代，《红楼梦》第五十三回记宁国府除夕祭宗祠"青衣乐奏，三献爵，拜兴毕，焚帛奠酒，礼毕，乐止，退出"，扼要叙述了祭祖的过程。

古人祭祀先祖，多集中在清明、中元（七月十五）、十月朔（十月初一），合称"三冥节"。三冥节中，又以清明为祭祖的最重要节日。清明祭祖之风习，起源很早，唐代已普及各地，宋代更由朝廷规定，是日"官员士庶，俱出郭省坟，以尽思时之敬"。清明这一天，人们纷纷来到先祖墓地，供上饭食、果品、祭酒，燃香鸣鞭，焚烧以五彩纸和箔纸扎制的冥器，如纸车、纸轿以及纸钱，供死去的亲人享用。与此同时，还为坟冢培土，清除杂草，故称"添坟""扫墓"。祭扫完毕，插一竹竿或柳枝于墓前，上糊长条白纸，俗称"清明吊子"，以此表示已行祭祀。清明时值暮春三月，春光明媚，风和日丽，所以人们又将祭扫先祖坟茔与郊游踏青结合起来。宋代名画《清明上河图》便描绘了人们清明节扫墓踏青归来的情景。

[①]《礼记·祭统》。

第四节

衣、食、住、行

衣、食、住、行不仅是物质文化与行为文化的综合体现,而且还受到思想观念的制约。中国素称"礼仪之邦",以礼为行、为基准的孔儒之学长期占据社会意识形态的主流地位,给社会生活的方方面面打下深刻的烙印。

饮食是人们生活的最基本需要。四时不同,饮食亦应有别。"春宜羔豚""夏宜腒鱐""秋宜犊麛""冬宜鲜羽"。"凡和,春多酸,夏多苦,秋多辛,冬多咸。"荤素搭配,也有定制:"牛宜稌,羊宜黍,豕宜稷,犬宜粱,雁宜麦,鱼宜苽。"①菜肴摆放,亦有规定:"左殽右胾,食居人之左,羹居人之右。脍炙处外,醯酱处内,葱渫处末,酒浆处右。"进食姿态,更有要求:"毋抟饭,毋放饭,毋流歠,毋咤食,毋啮骨,毋反鱼肉,毋投与狗骨。"②以上是对平时饮食的规范。如遇亲友聚会,宴请宾客,则要求更为严格。

古人参加酒宴又称"赴筵",或"坐筵席"。古文献记载,"筵""席"都是铺在地面的坐具。"筵长席短,筵铺陈于下,席在上,

---

① 《礼记·内则》。
② 《礼记·曲礼上》。

为人所坐芨。"① 按当时礼制，筵之上加几层席，要依客人的身份而定。"天子之席五重，诸侯之席三重，大夫再重"②；一般平民，仅加一席。先秦时代，人们席地而坐，饮酒进食，所以"筵席"便成为酒馔的代称。东汉、魏晋之时，坐榻与食案出现，榻有一人坐或两人坐的，矮而稳固；案比榻稍高，专供放置酒菜。《后汉书·梁鸿传》记梁鸿之妻"举案齐眉"，便是举起这种食案向丈夫献食。唐代以后，桌、椅、凳等高脚家具出现，五代顾闳中的《韩熙载夜宴图》便展示了随之而来的酒宴形式的变迁。明、清时期，八仙桌、圆桌出现。家人环圆桌而坐，含阖家团圆之意，所以备受一般民众欢迎。

酒宴座次，向有定制。一般以东向为尊，北向次之，南向又次之，西向为末。鸿门宴上，"项王、项伯东向坐，亚父南向坐。……沛公北向坐，张良西向侍"③，正是循此例排列。八仙桌出现后，仍以坐西向东为首席，以下按宗法昭穆之制，昭左穆右，交替而下，最末坐西向。

座次以外，还有若干规则。体现性别之分的有"男女不同席"，体现长幼之别的有"尊人共席饮，不问莫多言"，等等。

日常起居行为，也不可随心所欲。"凡内外，鸡初鸣，咸盥漱，衣服，敛枕簟，洒扫室堂及庭，布席，各从其事。"④ 历代家训，多有"黎明即起，洒扫庭除"的要求。勿论少长，一言一行、一举一动均须循规蹈矩。"毋侧听，毋噭应，毋淫视，毋怠荒。游毋倨，立毋跛，坐毋箕，寝毋伏……"⑤

人际交往方面的习俗，更是品类繁多。"男不言内，女不言外。非祭非丧，不相授器。""外内不共井，不共湢浴，不通寝席……

---

① 孙诒让：《周礼正义》。
② 《礼记·礼器》。
③ 《史记·项羽本纪》。
④ 《礼记·内则》。
⑤ 《礼记·曲礼》。

""道路：男子由右，女子由左。"①男子之间相互致意，有九拜、三揖之礼。九拜，即跪拜动作的九种形式：稽首、顿首、空首、振动、吉拜、凶拜、奇拜、褒拜、肃拜。三揖，即拱手行礼三次。拱手时，双手合抱于胸前，轻轻晃动，身略前倾，若上下大划，谓之"长揖"；屈身而行，谓之"打躬"。欢迎贵客，当拥彗（竹扫帚）迎门，表示已将道路、厅堂打扫干净，恭候光临。若向对方认错谢罪，轻则主动免冠，如平原君之于魏公子无忌②；重则负荆请罪，如廉颇之于蔺相如③。

凡此种种细致入微的行为规范，铸成中华民族温、良、恭、俭、让的传统精神风貌。其中过于琐碎的繁文缛节，也带来不少消极影响，特别是其中体现纲常伦理的部分（如对妇女的歧视与苛求），更属糟粕，当予清除。

---

① 《礼记·内则》。
② 《史记·魏公子列传》："平原君乃免冠谢，固留公子……"
③ 《史记·廉颇蔺相如列传》："廉颇闻之，肉袒负荆，因宾客至蔺相如门谢罪。"

第五节

民族风情

中华民族是汉族和诸多民族共同组成的大家庭。诸多民族多彩多姿的社会风情，给中华习俗增添了绚丽的色彩和生动的韵致。

清澈明媚的漓江水，滋润了壮乡儿女婉转而嘹亮的歌喉。每年夏历三月三，他们都要举行盛大的歌圩庆典。歌圩，相传为纪念壮族歌仙刘三姐而起源，所以又称"歌仙节"。每年的这一天，男女老幼均着盛装，带上五色糯米饭、红蛋、绣球，赶往约定地点，畅怀对歌，规模少则数百人，多至成千上万，热闹非凡。对歌又称赛歌，或在歌棚里、或在野外进行。歌手按村屯分为男队、女队，各自寻找别村异性对手，相互问难，唱答应和，通宵达旦，甚至连唱三天三夜。歌唱形式有独唱、齐唱，内容有《见面歌》《问好歌》《盘问歌》《考察歌》《爱慕歌》《交情歌》《送别歌》等。对歌同时又是男女青年物色伴侣的好时机。通过对歌表露心迹，如双方情投意合，便可从此建立恋爱关系，缔结婚姻。歌圩在壮语中称"窝坡"，意为"到野外去玩耍"，对歌之外，还举行抛绣球、碰红蛋、踢毽子、抢花炮等文娱活动。

清明前后，正值傣历新年。滇西南一带的傣、布朗、德昂、阿昌族群众迎来传统的泼水节。泼水节的由来，一说源于印度小乘佛教的浴佛节；一说古代有一恶魔，抢七女子为妻，七女用计将他杀死，其

>>> 每年藏历七月一日,藏族人民都要庆祝雪顿节。届时举行藏戏演出,布达拉宫、罗布林卡成为固定的欢庆活动的中心。图为布达拉宫壁画《雪顿节跳藏戏》(局部)。

头落地，燃起大火，为避免祸及乡亲，七女子轮流抱恶魔之头，不使落地起火，一年一换。换人之际，人们纷纷给女子身上泼水，冲去身上的血污，消灾除邪，如是沿袭而为节日。泼水节持续三到五天，人们用钵、盆、瓢、桶等各种容器盛满清水，相互泼洒，无论相识与否，逢人便泼。这是吉祥之水，祝福之水，所以尽管浑身湿透，但人人兴高采烈，欢声笑语充盈街市村寨。入夜，各村寨燃放烟火，名为"高升"，即在竹筒根部装填火药，点燃引线，使其射入云天，喷放火花，将节日的夜空装扮得五彩缤纷。

每年藏历七月一日，藏族人民都要庆祝雪顿节。藏语"雪"指酸奶，"顿"为宴请，雪顿节意为"酸奶宴"，持续四五天。藏历五月中旬开始，高原气候转暖，各种昆虫活跃起来，黄教寺庙规定寺内喇嘛不许外出，以免无意之间伤害昆虫性命。直到六月三十日开禁，喇嘛们方可出寺活动。这时，农牧民们纷纷献上酸奶，答谢喇嘛们普度众生的善行。17世纪以后，达赖、班禅等宗教领袖获清政府正式册封，"政教合一"制度在西藏进一步强化，雪顿节成为有组织的、僧俗共庆的正式节日。届时举行藏戏演出，布达拉宫、罗布林卡成为固定的欢庆活动的中心。

西南边陲的雪顿节落幕不久，北方大草原上的蒙古族群众又迎来了自己的盛会"那达慕"。那达慕的意思是"游戏"或"娱乐"，于每年的夏秋之交牲畜肥壮季节举行。传说汉代王昭君出塞，草原人民就以这种盛大庆典来迎接她。蓝天如洗，绿原万顷，五彩旗色艳丽，马头琴声悠扬。游移不居的牧民们携家带口，会聚一处，探访亲友，交换产品，欢庆丰收年景。那达慕大会上最引人注目的是赛马、射箭、摔跤三项竞技比赛，三者之中，又以摔跤更为激动人心。那达慕大会的摔跤冠军，是草原的骄子，通常被授予重奖和种种荣誉称号，如"像狮子一样勇猛的摔跤手""草原雄鹰"，在人们心目中享有崇高的地位。夜幕降临，人们围坐篝火，翩翩起舞，纵情歌唱水草丰茂，牛羊肥壮，吉祥幸福。

第十章

天工开物

从最广泛的意义上，文化可以被理解为"自然的人化"。人类认识自然、改造自然，以迥异于一般动物被动地从属于自然界的主动创造精神，巧夺天工，开物成务，点石成金，化朽为奇，"勇敢地、不断地研究他的主要敌人——自然界的狡猾性，日益迅速地掌握了自然力，并为自己创造了'第二自然'"[1]。正如马克思所说："动物只生产自身，而人再生产整个自然界。"[2]

人类认识、利用、改造自然的实践经验与理论总结，以科学技术的形式表现出来。因此，科技发展在相当的意义上，可以真切反映出一个民族文化发展和社会进步的水准。这里试图从较广阔的视角，对中国古代科技的成就与缺弊，做一番概略的探讨。

---

[1] 高尔基：《一个读者的札记》，《文学论文选》，北京：人民文学出版社1958年，第5页。

[2] 马克思：《1844年经济学—哲学手稿》，北京：人民出版社1985年，第53页。

第一节

农业科技

由于特定的地理环境与自然条件,中华民族以农立国,辅以林、牧、渔业,与古印度并列为人类农耕文明的两大典范。人称中国为"文明古国",其发达"文明"程度,在相当意义上,由其独步世界的先进农业科学技术水平作为标帜。

在绝对年代方面,中国农耕种植业的历史固然晚于埃及和巴比伦,但就农业发展的后续力而言,中华民族又超乎其上,在16世纪以前的数千年间,无论农业规模或耕作水平,均处于世界领先水平。正如农学家石声汉所论:"在有历史记载的近几千年中,我国的农业,经过无数次大大小小的天灾人祸的考验,始终没有出现过由于技术指导上的错误而引起的重大失败。这件事实,雄辩地证明了这一科学技术知识体系的优越性,可以自豪地说,农业科学知识这个优良传统,是我国的祖先为人类创造的宝贵遗产之一。"[①]

中国古代农业科学技术的特点是循环利用,低能消耗;以种植业为主,多种经营,综合发展;用养结合,使地力常新,集约耕作,提高土地利用率。在培养农作物及家畜家禽良种、改良农具、兴修水利工程等方面,都取得领先世界的辉煌成就。

---

① 《中国农学遗产要略》,北京:农业出版社1981年,第1页。

中国农业以精耕细作为主要特色。土地为种植业之本，中华先民很早就注意到"土宜"对丰产的关键意义。成书于战国的《禹贡》，便区分各地土质为"黄壤""涂泥""海滨广斥"等诸种类型。《管子》更将九州土壤依肥沃程度定为上、中、下三级十八种，因"土"制宜，分别种植各类作物。区别土质，目的在改良土壤。汉代的《氾胜之书》便记述了"弱土弱之""强土强之"的方法。对于盐碱不毛之地，战国时代的人们已发明引水灌溉，洗去盐碱的改土良方。

科学地使用土壤，充分发挥"地力"的效能，使其"常新壮"而不衰，是中华先民的杰出创造。早期恢复地力的方法是实行弃耕制。春秋时，人们便区分土质，或作"不易之地"（连续耕作），或作"一易之地"（耕一闲一），或作"再易之地"（耕一闲二）。到了汉代，为了提高土地利用效率，赵过发明"代田法"，即田亩的垄沟与垄背每年互换位置，既充分发挥了地力，又使其获得周期性的恢复。此外，北魏贾思勰《齐民要术》还记载了不少换茬、轮作、复种等充分利用地力的行之有效的方法。

精细的田间管理，是农业丰产的保证。中华先民在"锄不厌数"，既除草，又保墒；水稻"烤田"，促使稻根向纵深发展；棉花整枝打杈，阻其疯长，增加棉铃数量；合理施肥，"用粪如用药"等方面，均有上佳创造。

水利是农业的命脉。中华先民很早就掌握了兴修大规模水利工程的科学原理和施工技术。公元前3世纪，李冰父子主持兴修岷江流域的都江堰工程，"遇弯截角，逢正抽心"，构思精巧，设计合理，一举而收灌溉、航运、防洪、减淤等多重功效。李冰还制定"深淘滩，浅作堰"的岁修原则，使这一工程经久不衰地造福于人民。

与农业关系密切的蚕桑、丝绸业在中国起源很早。相传养蚕、织丝及黄帝之妻嫘祖的发明，证之以考古发掘，至迟在四五千年以前的新石器时代，蚕、丝业已在黄河和长江中下游地区萌生。《诗经·豳风·七月》生动描绘了妇女采桑的情景:"春日载阳,有鸣仓庚,女执懿筐,遵彼微行,爱求柔桑。"春秋至秦、汉,丝绸生产已遍及全国,丝织品种类繁多,有绢、绨、纱、罗、绮、锦、绫、绸、缎等,织法各异,精彩纷呈。公元前2世纪的西汉时期,质地精美的中国丝绸通过丝绸之路传入西亚和欧洲各国。古希腊、罗马称中国的Seres,意为丝绸。显而易见,Seres这个词正是从中国语言中"丝"的读音转化而来。轻柔华美的丝绸,引起西方人极大的欣羡之情。据说罗马帝国统治者恺撒有一次穿着中国丝绸袍去看戏,顿时轰动整个剧场,达官贵人个个引颈观望,欣羡不已,以至无心看戏。

中国是世界上最早种茶、制茶和饮茶的国家。现在世界上各产茶地,都是从中国引进茶树或茶籽。作为其有力佐证,英语单词tea和法语单词thé,都源于中国福建方言中对茶的称呼té。俄语单词yaǔ则是中国北方语言中"茶"(chá)的直接音译。茶,在中国古代又称荼、茗。公元前1世纪的王褒《僮约》中就有"烹茶尽具,酺已盖藏"的记载。相传四千年前,中华先民便开始采摘天然茶叶用以治病,人工栽培茶树,也至少有两千多年历史。秦、汉以后,饮茶之风逐渐传开,唐代陆羽编著了世界上第一部茶叶专著《茶经》,详载茶的历史、种植加工技术及饮茶风俗,陆羽因而被后人尊为"茶神"。中国茶叶品质优良,名品不胜枚举,大致可分为绿茶、红茶、花茶三大类:绿茶为不发酵茶,经杀青、揉捻和干燥等工艺制成,保持天然色泽和清香;红茶为发酵茶,经萎凋、揉捻、发酵而成,汤色红亮,滋味醇厚;将绿茶加入各种鲜花熏制便得花茶,花茶溶花香于茶液之中,品味隽长。中华先民很早就发现饮茶于增进健康大有裨益,《神农本草经》称"茶能令人少眠、有力、悦志",明人顾云庆《茶谱》记载:"人饮真茶能止渴,消食,除痰,少眠,利尿道,明目益思,除烦去腻,人固不可一日无茶。"因此,茶叶传至国外,立即受到各国人民的珍爱,与咖啡、可可一起并称世界三大饮料。

>>> 中国是世界上最早种茶、制茶和饮茶的国家。现在世界上各产茶地,都是从中国引进茶树或茶籽。图为清代钱慧安《烹茶洗砚图》。

园艺是中国农业科技的重要方面，蔬菜及果树栽培都有悠久历史。早在新石器时代，人们便开始种植蔬菜，西安半坡遗址出土的陶罐内，便保存有菜籽。中国蔬菜品种丰富，总数约为一百六十种，常见品种也在一百种左右。其中不少先后传至世界各地，如小白菜和大白菜，古称"菘"，因其原产于中国，所以学名分别叫 Brassica Chinensis 和 Brassica Pekinensis，即在芸苔属后面加上中国和北京的字样。芥，是中国特产蔬菜品种，子味辛辣，初仅做调味及药用。经过劳动人民长期培育，产生出专食用其叶、茎、根的许多变种，如食叶的雪里蕻、食茎的榨菜、食根的大头菜等，深受人们喜爱。在蔬菜栽培技术方面，也有诸多创造。秦始皇时，人们利用骊山温泉的热能在冬季培育出喜温的瓜类。元人王祯《农书》记载了菜农运用阳畦技术种植韭菜的情形："又有就阳畦内，冬月以马粪覆之，于迎风处随畦以蜀黍篱障之，用遮北风，至春其芽早出，长可二三寸。"用软化栽培法生产黄化蔬菜的技术，至迟在宋代已经成熟。用这种方法生产的豆芽、韭黄等，鲜嫩可口，千百年来一直是人们的盘中佳肴。

中国是世界上最大最早的果树原产地之一，北方的桃、李、柿、枣，南方的柑橘、荔枝等，都是传统名产。桃在中国已有三千年的栽培历史，《诗经》便有"桃之夭夭，灼灼其华"的诗句，描绘桃树的繁茂。大约在汉代，桃由中国西北经中亚传入伊朗，继而传到欧洲各国。19世纪后半期，日本、美国又从中国引种水蜜桃和蟠桃。柑橘类果树有许多种类，以甜橙、橘、柚和柠檬最重要。除柠檬外，其他三种均原产于中国。柑橘在中国生产历史十分久远，屈原一曲《橘颂》，表明春秋、战国时代柑橘已成为人们生活中常见的水果佳品。而《周礼·考工记》序目所称"橘逾淮而北为枳"，更说明当时人们对柑橘生产土壤、气候等方面的特殊要求已有足够的了解。

第二节

"四大发明"

造纸术、印刷术、火药和指南针,是中华民族奉献给世界并改变了整个人类历史进程的伟大技术成果,集中反映了我国古代文明的灿烂辉煌。

纸,作为一种质轻价廉的书写材料,在古代社会的文化生活中扮演着举足轻重的角色。纸的出现及其制造技术的完善,是中华先民的一项卓越创造。纸张出现以前,人们使用过多种书写材料,如甲骨、牛羊皮、金石、竹简木牍、缣帛等,但甲骨不易多得,金石过于笨重,牛羊皮、缣帛价值昂贵,竹简木牍体积太大,作为常用书写材料,都不理想。西汉时期,出现了由大麻、苎麻制造的植物纤维纸和丝絮制成的絮纸,这是造纸术的开端。公元2世纪初,蔡伦总结前人经验,反复试验,制造出以树皮、麻头、破布、渔网等废弃物为原料的纤维纸,大大扩充了造纸所需原料来源,降低了成本,使之成为便于推广使用的常用书写材料。蔡伦造纸的方法,虽无文献详录,但据后人模拟,大致如下:先将树皮、麻头等浸泡发胀,然后切碎、洗涤,加以草木灰水浸透蒸煮,除去胶质、油脂、色素,用清水漂洗、舂捣,再将短细纤维配成纸浆,取漏水平面筛捞取纸浆,最后经脱水、干燥,制得纸张。汉代以后,造纸术继续进步,楮皮纸、藤纸、檀皮纸、稻麦秆纸和竹纸先后问世，总结造纸技术的著作也不断出现，如宋代的《纸谱》、元代的《纸笺谱》等。尤其是明人宋应星著《天工开物》，在《杀青》卷中载有制造竹纸和楮皮纸的工艺全程，并附有"斩竹漂塘""煮䅣足火""荡料入帘""覆帘压纸""透火焙干"五幅图示，是当时世界上有关造纸术的最详细文献。

公元6世纪开始，中国造纸术传往朝鲜、越南和日本。公元8世纪后，又经中亚细亚传至阿拉伯及欧洲地区。1150年，欧洲第一家造纸工厂在西班牙出现，16世纪，纸张方流行欧洲。纸的大规模生产，为文艺复兴时代欧洲蓬勃发展的政治、商业贸易、文化教育事业插上了腾飞的翅膀。因此，西方人赞誉"它对后来西方文明整个进程的影响无论怎样估计都不过分。世界受蔡侯的恩惠要比许多更知名人的恩惠更大"[①]。

印刷术的发明，极大地推动了文化传播与交流向远距离、大规模、高效率方向拓展，是中华民族对于人类文明的又一巨大贡献。印刷术又分雕版印刷与活字印刷两种。雕版印刷是在古代印章与石刻的经验启示下产生的，方法是先将所刻文字、图画描在透明纸上，反向贴于枣木或梨木版面，用刀刻出字形、图样，然后刷上墨汁，将纸覆盖其上，均匀揩拭后揭下，即成印刷书页。隋代朝初年，雕版印刷开始用于翻印佛像、佛经；唐代以后，雕版印刷的农书、历书、医书已广泛流播民间。1900年，敦煌千佛洞发现一卷唐代印刷的《金刚经》，长约五公尺，由七个印张黏接而成，卷首为《释迦牟尼说法图》，卷尾题有"咸通九年（868年——引注）四月十五日王玠为二亲敬造普施"字样。全卷雕刻精美、刀法纯熟，黑色均匀清晰，是目前世界上最早的有明确日期记载的印刷品。欧洲现存最早的印刷品，为德国南部的《圣克利斯托菲尔画像》，日期是1423年，晚于前述《金刚经》约六百年。在长期实践的基础上，中国工匠精益求精，使雕版印刷术更臻完美。宋代以后，出现铜版印刷技术，用以印制线条纤细、图案

---

① 德克·卜德：《中国物品西传考》，转引《中国文化》1989年第2辑，第358页。

>>> 纸的出现及其制造技术的完善,是中华先民的一项卓越创造。公元6世纪开始,中国造纸术传往朝鲜、越南和日本。公元8世纪后,又经中亚细亚传至阿拉伯及欧洲地区。图为当代康移风《蔡伦造纸》。

复杂的画面；元代以后，又发明彩色套印，运用一图多版，各刷一色，精密吻合的技术，印刷出色彩缤纷、层次鲜明的文书和图画。

雕版印刷虽较之手工抄写效率成百倍提高，但仍存在费工、费时、费料的弊端。宋仁宗庆历年间（11世纪中期），毕昇首创活字印刷术，他的方法是用胶泥刻成单字字模，入火烧硬备用；印刷时取一铁板，铺垫松香、蜡、纸灰，围以铁框，将胶泥单字顺序排列于框内，置于火上加热，待松香等熔化后用平板将字模压平，上墨印刷；印完后拆下单字，可供另行排印他种书籍。这一发明大幅度提高了印刷效率，降低了费用，引发了印刷史上的一大革命，在现代激光照排技术出现以前的近千年间，印刷技术的基本原理一直沿袭着毕昇的伟大发明。毕昇以后，元代王祯又发明木质活字及转轮式排字架，使活字印刷术更加完善。

公元8世纪，中国雕版印刷术传至日本，12世纪后又传入埃及、波斯等地。历史学家拉希德·丁在其1310年完成的《世界史》中，专门介绍了中国雕版术。14世纪，朝鲜学习中国活字印刷技术，并在世界上最早创制了铜质活字。元代中西交通活跃，不少欧洲旅行家、商人远涉中国，将中国印刷技术带回故乡。1450年前后，德国人用铅、锡、锑制成合金活字。1466年，意大利出现印刷工厂。印刷术在欧洲的普及，将学术、教育从基督教廷控制下解放出来。恩格斯指出："印刷术的发明以及商业发展的迫切需要，不仅改变了只有僧侣才能读书写字的状况，而且也改变了只有僧侣才能受较高级的教育的状况。"[①]从此，欧洲的学术中心由修道院转移到各所大学。印刷术为当时欧洲的宗教改革运动和反封建斗争提供了有力的武器，对于资本主义意识形态的传播起了巨大作用。

火药是硝酸钾、硫黄、木炭的粉状混合物，具有猛烈的燃烧性和爆炸性。它的发明及其应用，是中华民族古代科技的重要成就。早在殷商、春秋战国时期，人们便开始运用木炭烧火、硝石、硫黄治病，

---

① 《马克思恩格斯全集》第7卷，北京：人民出版社1959年，第391页。

对它的性质有所了解。秦、汉时代,方士在炼丹以制取"仙药"的过程中,发现了控制硫黄药性,使之缓和的"伏火法"及使用硝石改变其他药品性质的技术,这都为火药的发明准备了条件。到了唐代,人们认识到点燃硝石、硫黄和木炭的混合物,会发生猛烈的燃烧。这一时期的《诸家神品丹法》《铅汞甲庚至宝集成》等著作中均有此类记载,孙思邈的《丹经》也明确提出了火药的配方。唐末宋初,火药开始运用于军事,火炮、火箭逞威于战场,带来武器发展史上的划时代进步。起步阶段的火器主要利用火药的燃烧性能,其后过渡到利用其爆炸性能,大大提高了杀伤力。北宋末年出现的"霹雳炮""震天雷",在抗金斗争中发挥了巨大威力,《金史》称其"火药发作,声如雷震""人与牛皮皆碎迸无迹,甲铁皆透"。南宋初年陈规发明了管形火器"突火枪",是为近代枪炮制造术的滥觞。

唐代中国与阿拉伯、波斯、印度交往频繁,随着医药、炼丹术的西传,硝石遂为各国人民所熟知,阿拉伯人称其为"中国雪",波斯人称其为"中国盐"。13世纪,火药经印度传入阿拉伯地区,其后又传至欧洲,对欧洲各民族的历史进程发生重大影响。正如恩格斯所论:"火器一开始就是城市和以城市为依靠的新兴君主政体反对封建贵族的武器。以前一直攻不破的贵族城堡的石墙抵不住市民的大炮;市民的枪弹射穿了骑士的盔甲,贵族的统治跟身披铠甲的贵族骑兵队同归于尽了。"①火药武器的使用,在新兴资产阶级的反封建斗争中发挥了极大的威力。

指南针的发明,为交通运输业的进步,特别是征服大海、远洋航行提供了基本条件。早在春秋战国时代,中华先民已经发现了天然磁石吸铁和指示南北方向的性能。公元前3世纪,出现了磁指南仪器——司南,即将天然磁石磨成勺状,置于方位盘中央,利用磁石指极性指示方向。王充《论衡·是应篇》称为"司南之杓,投之于地,其柢指南"。公元3世纪时,能工巧匠发明了指南车,从三国开始,

---

① 《马克思恩格斯选集》第4卷,北京:人民出版社2012年,第207页。

>>> 火药的发明及其应用,是中华民族古代科技的重要成就。秦、汉时代,方士在炼丹以制取"仙药"的过程中,发现了控制硫黄药性。图为明代陈洪绶《高士炼丹图》。

历代史书多有关于它的记载。指南车为双轮独辕车，车上立一木人，车轮行进时，利用齿轮传动功能，使木人的手臂恒定地指向南方，《宋史》十分详细地介绍了它的齿轮系统构造。11世纪初，人们又发明了利用地球磁场使铁片磁化法，将磁化铁片装于木鱼腹中，浮于水面之上，指示方向，称"指南鱼"。与此同时，铁针与磁石摩擦磁化而制成的指南针也投入实用，磁针与方位盘组合一体，成为最便捷的指南仪器"磁针罗盘"。北宋末年（12世纪初），朱彧在《萍州可谈》中提到，他在广州看见"舟师"，"夜则观星，昼则观日，阴晦则观指南针"以确定航向。这是世界航海史上使用指南针的最早记录。由于有了准确的方向指示器，宋代中国商船远航南洋、印度，西至波斯湾，极为活跃。海上交往使得波斯、阿拉伯船员很快从中国人这里学会了指南针导航技术，并将它传至欧洲。

磁针罗盘的应用，为人类跨越海洋、环球航行创造了不可缺少的条件。15世纪至16世纪，葡萄牙人达·伽马绕过非洲抵达印度的探险，哥伦布"发现"美洲大陆的远航，麦哲伦环行全球的壮举，若是没有磁针罗盘导向，成功是不可想象的。新航路的开辟，殖民地的建立，推动了世界市场的形成，极大地刺激了欧洲的近代工业化，而这一切又促进了新兴资产阶级的成长壮大和封建制度的衰亡。

中国古代"四大发明"的文化价值历来为世界所公认。美国学者德克·海德说："倘使没有纸和印刷术，我们将仍然生活在中世纪。如果没有火药，世界也许会少受点痛苦，但另一方面，中世纪欧洲那些穿戴盔甲的骑士们可能仍然处在他们有护城河围绕的城堡里称王称霸，不可一世，而我们的社会可能仍然在封建制度的奴役之下。最后，如果没有指南针，地理大发现的时代可能永远不会到来，而正是这个地理大发现的时代刺激了欧洲的物质文化生活，把知识带给了当时人们还不了解的世界，包括我们美国。"[①]

---

① 《中国物品西传考》，转引自《中国文化》1989年第2辑，第364—365页。

第三节

科技智慧

在古代人类文明总进程中,中华民族长期充当了前驱先路的角色。不胜枚举的科技成就所体现的独具特色的"中国智慧",曾使西方人大为叹服。迄今为止篇幅最为浩繁的《中国科学技术史》,不是出自炎黄子孙的笔下,而是由英伦三岛碧眼金发的李约瑟领导的研究机构所完成。在分门别类介绍了中国古代科技的辉煌成就以后,李约瑟用表格的形式标明中国发明物领先于西方的时间:

名称	中国领先于西方的大致时间（以世纪计算）
1. 龙骨车	15
2. 石碾	13
用水力驱动的石碾	9
3. 水排	11
4. 风扇车和簸扬机	14
5. 活塞风箱	约 14
6. 提花机	4
7. 缫丝机（使丝平铺在纺车上的转轮在11世纪时出现,14世纪时应用水纺车）	3—13 9—10
8. 独轮车	11
9. 加帆手推车	12
10. 磨车	8
11. 拖重牲口用的两种高效马具:胸带套包子	6

(续表)

名称	中国领先于西方的大致时间（以世纪计算）
12. 弓弩	13
13. 风筝	约12
14. 竹蜻蜓（用线拉）	14
走马灯（由上升的热空气流驱动）	约10
15. 深钻技术	11
16. 铸铁	10—12
17. 游动常平悬吊器	8—9
18. 弧形拱桥	7
19. 铁索吊桥	10—13
20. 河渠闸门	1—17
21. 造船和航运的许多原理	多于10
22. 船尾的方向舵	约4
23. 火药	5—6
用于战争的火药	4
24. 罗盘（磁匙）	11
罗盘针	4
航海用罗盘针	4
25. 纸	2
雕版印刷	10
活字印刷	6
金属活字印刷	1
26. 瓷器	11—13

李约瑟博士写道："我写到这里用了句点，因为26个字母都已经用完了，可是还有许多例子可以列举。"1986年，李约瑟指导他的学生罗伯特·坦普尔又完成了《中国——发现和发明的国度》一书，以简明通俗的文字介绍了中国的一百个"世界第一"[①]，内容涉及材料科学、机械原理、工程技术、天文地理、声学、生命科学等诸多领域。

在材料科学方面，中国是瓷器的故乡。早在新石器时代晚期，中华先民已开始利用瓷土为原料，经高温烧制成精美的硬陶，商代又发明了上釉技术。唐代瓷器益臻精美，杜甫在《又于韦处乞大邑瓷碗》

---

① 有关内容《新华文摘》1987年、1988年各期予以详细转载。

一诗中赞美其质地"轻且坚",扣声"如哀玉",色泽"胜霜雪",堪称工艺精品。宋代以后,江西景德镇成为誉满全球的"瓷都"。宋、元时期,中国瓷器大量运销国外,制瓷技术遂为各国仿效。直至现在,英语中的China一词仍兼有"中国"与"陶瓷"双重意义,正标明了中国作为"世界瓷国"的历史地位。漆被李约瑟认为"可能是人类所认识的最古老的工业塑料",而中国人正是漆的最早使用者。1976年河南安阳妇好墓出土经涂漆处理的棺木,证明至迟在前13世纪中华先民已开始用漆。古代中国在金属冶炼方面也有突出成就。殷商时代,人们便掌握了高度发达的青铜冶铸技术,《周礼·考工记》"金有六齐"的记载,反映出当时已明了铜、锡配方比例直接影响青铜器的硬度与韧度的规律。《荀子·强国》中"刑范正,金锡美,工冶巧,火齐得"的文句,给人们留下青铜工艺的珍贵记录。中国还是世界最早冶炼金属锌、铜锌合金、铜镍合金和铁合金的国家。

在机械原理方面,公元前4世纪,中国已发明了双动式活塞风箱,《老子》书中"天地之间,其犹橐籥乎?虚而不屈,动而愈出"的字句,描绘了它的连续动作。在13世纪的《演禽斗数三世相书》中,可以看到这种风箱的图示,而欧洲直到1916年才将此双动式原理运用于水泵制造。公元前1世纪,中国人已发现可以用传动带将动力从一个轮子传到另一个轮子,纺车是这一发现的实用性成果,而欧洲最早使用传动带技术的旋转石磨,1430年才出现。公元4世纪,道教学者葛洪已论及直升机的水平旋翼,其机械原型是一种叫"竹片蜻蜓"的玩具。虽然古代中国未能制造出实用型飞行器,但旋翼的发现启迪了现代航空之父乔治·克莱,推进了飞机螺旋桨的研究。公元5世纪,桨轮船出现于宋代的水军之中。祖冲之制造的"千里船",代表了当时桨轮船的最高水平。宋代抗金名将岳飞之孙岳珂所撰《金佗续编》,称这种由叶片桨轮驱动的战船能载士兵二三百人,"船行如龙,观者以为神异"。李约瑟相信,这种桨轮船已达50马力，时速约为3.5海里至4海里。10世纪，张思训受龙骨水车原理启发，改进传动带，首次运用链式传动装置来输送动力。11世纪，苏颂将这一技术用于大型机械天文钟"水运仪象台"的制作中。"水运仪象台"高近12米，将动力机械和传动装置组合成一整体，利用齿轮、链条系统使机轮运动变慢，并保持在一个恒定的速度，使之既能演示天象，又具计时功能。这一成就领先于欧洲两个世纪。

在工程技术方面，古代中国开凿运河的设计与施工水平长期雄踞世界前列。公元前5世纪，吴王夫差掘邗沟，沟通江淮水道。公元前3世纪，秦始皇令史禄领导开凿出世界上第一条连接流向相逆的湘水、滴水的等高线运河——灵渠。公元6世纪，隋炀帝决定开凿以洛阳为中心，向东北至今天津，向东南至今杭州的全长2 700千米，沟通海河、黄河、淮河、长江、钱塘江五大水系的大运河。元代以后，河道截弯取直，形成现在的京杭大运河，全长1 794千米。直到17世纪法国开凿四条运河以前，西方没有可与大运河相提并论的水利工程，而即便是法国的运河，也没有一条超过250千米。为了克服水位落差对运河行船的阻碍，984年北宋乔维岳发明船闸，"创二斗门于西河第三堰，二门相距逾五十步，覆以厦屋，设县门积水，俟潮平乃泄之"，"自是弊尽革，而运舟往来无滞矣"[①]。这一技术领先欧洲约400年。古代中国的桥梁技术也令世界瞩目。公元6世纪，隋代工匠李春于河北赵县汶河上修建安济桥，又称赵州桥，创先采用坦拱和敞肩拱新工艺，是世界桥梁史上的经典之作。桥长50.82米，桥面宽约10米，主拱跨径37.02米，拱圈矢高7.23米，坡度平缓。尤其令人称绝的是，拱圈左右两端共设4个小拱，既减省材料、降低对基础的压力，又便于排洪、削弱洪水对桥身的冲击，还使桥形更为轻灵美观。这种敞肩拱桥迟至14世纪晚期才在欧洲出现，直到现在仍被世界各国的建筑

---

① 《宋史》卷三〇七。

>>> 在工程技术方面，古代中国开凿运河的设计与施工水平长期雄踞世界前列。公元6世纪，隋代开凿以洛阳为中心，沟通海河、黄河、淮河、长江、钱塘江五大水系的大运河。元代以后，河道截弯取直，形成现在的京杭大运河。图为清代江萱《潞河督运图》（局部）。

师们广泛采用。

在天文、地学方面,大约在公元前4世纪,中国人已开始观察太阳黑子。《汉书·五行志》中永光元年(前43)四月"日黑居仄,大如弹丸。"及河平元年(前28)三月已未日"日出黄,有黑气大如钱,居日中央"的叙述,是现今世界公认的最早的太阳黑子记载。早于《汉书》的《淮南子》中所记"日中有踆鸟",其实也是对太阳黑子的形象描状。而在欧洲，迟至807年8月19日才有第一次太阳黑子记事，并且还被误认为水星凌日。此外，现今对于1 500年以前出现的大约40颗彗星的近似轨道，几乎全部都是根据中国古籍记录推算出来。《春秋》中晋文公十四年（前638）秋七月"有星孛入于北斗"，是世界上最早一次关于哈雷彗星的纪录。《晋书》中"凡彗星晨出则西指，夕出则东指，乃常也"的归纳，表明中国天文学家此时已发现"太阳风"作用于彗尾，以至形成彗尾总是背离着太阳的规律。在地学中，地磁场强度矢量所在的垂直平面与地理子午面之间存在的夹角，被称为"磁偏角"。最早发现磁偏角的也是中国人。宋代沈括在《梦溪笔谈》中明确记载："方家以磁石磨针锋，则能指南，然常偏东，不全南也。"《古今图书集成》卷六五五所收王伋诗"虚危之间针路明，南方张度上三乘，坎离正位人难识，差却毫厘断不灵"，也点明了磁偏角的存在。李约瑟认为，在这方面，欧洲落后于中国约六个世纪。

在声学方面，中国人对于音色、音阶、音调、音律及声音传递的研究早于世界任何国家。公元前6世纪已制造出精密的定音钟，公元前2世纪又制成兽皮定音鼓。音律学在西周时代便已确立，春秋时形成"三分损益法"，即在弦上欲求一已知音的上方五度音，可就发出该音的弦长减去三分之一，欲求其下方四度音，则加上三分之一。明代朱载堉又发现十二律中相邻两律间的频率差都相等的"十二平均律"，并在1584年完成以公比为等比级数的十二平均律计算，为现代键盘乐器的制造奠定了理论基础。建于明代的北京天坛的回音壁，是古代中国声学成就的纪念碑。回音壁为圆形围墙，高约6米，半径约32米，整面墙体具有优良的声音反射功能，所以只要沿墙而立，距离再远也可以小声对话，这在古今中外建筑物中是极为罕见的。

在生命科学方面，中国在公元前3至前2世纪便已获得若干重要发现。《黄帝内经·灵枢》论证了"血""气"双循环理论"夫血脉营卫，周流不休，上应星宿，下应经数"。同一著作的《素问》篇还叙述了人体内部昼夜节律的"生物钟"现象，而相传此前战国名医扁鹊已提出根据季节和日期不同的周日循环规律来选择针灸穴位治疗各种疾病。这一时期的中国医生还掌握了从人的尿液中分离出性激素和垂体激素以治疗生殖系统的各类疾患的手段，西汉淮南王刘安首先采用"秋石"这一名称来表示人工获得的激素结晶体。在西方，直到1927年才实现了同一认识，晚于中国2 200余年。战国末年，《吕氏春秋·尽数》注意到甲状腺肿大的水土环境病因，"轻水所，多秃与瘿人"。唐代甄权首先采用了阉羊甲状腺激素来治疗甲状腺疾病，早于西方千年以上。公元10世纪的宋代，道教炼丹家们已经掌握天花痘苗接种技术，揭开了人类免疫学的新篇章。其时丞相王旦之子死于天花，为其他不致染疾，他请来各地医、巫、术士，其中有一峨眉山道士带来痘苗接种术，并很快在京城推广。17世纪，这一方法传入土耳其，又过了一个世纪，才在欧洲普及开来。

第四节

中国科技为何在近代落伍

15世纪以前,中国科学技术的总体水平领先于世界,这是举世公认的事实。但15世纪以后,中国科技很快地丧失了这种先进地位,被后来居上的西方取而代之。更令人困惑的是,正如李约瑟提出,近五百年来,中国科技"事实上一点没有退步","一直在稳缓地前进"[1]。这便产生了"中国科技为何在近代落伍"这一颇令人深思的问题。如果转换一种思维角度,那么它实际上又是一个如何对中国古代科技总体特征做出真实而准确的系统分析的重大课题。

在文化生活大系统中,科学技术与社会经济结构、政治权力配置、民族文化性格等因素之间存在着十分复杂的相互关系。在从中国古代科技总体特征方面寻求它在近代落伍的原因时,应该特别关注文化生活的其他层面对科学技术的影响和制约,并深入探究中国古代科技本身的缺弊,这才是问题的要害所在。

社会经济结构是作为意识形态之花的科学技术植根的土壤。中国古代社会长期延续而且高度发达的农业与家庭手工业相结合的自然经济结构为科学技术的发展提供了相当广阔的天地,但其自给自足的小

---

[1] 胡菊人:《李约瑟与中国科学》,香港:文化生活出版社1978年,第41页。

生产方式同时又限制了科学技术的革命性飞跃。简言之，低水平、同层次反复的小生产束缚了社会生产力的突飞猛进，因而也使科学技术缺乏强劲的社会需求驱动力。15世纪以前，中国科技因悠久的历史遗产和丰厚的经济需求而得到稳定发展，诸多领域处于先进地位，而一旦西方走上资本主义的革新之路，近代大机器工业生产刺激科技日新月异之时，中国科技的传统优势迅速丧失，尽管仍然保持着缓慢的进步，但相形于西方科技的大飞跃，自然呈现出无可奈何的落伍之状。

政治权力配置是凌驾于社会之上的、强有力的文化制约力量。秦、汉以后两千年的"大一统"专制，强调以王霸并用、恩威兼施的双重手段巩固统治秩序。因而历代君主总是将伦理纲常的鼓吹和"南面之术"的探究视为意识形态服务于社会政治的重心所在，并制定出一系列符合这个总目标的教育、选官、文化政策。科学技术长期处于被统治集团、知识阶层及社会民众冷落的卑微地位，甚至被视作败坏人心的"奇技淫巧"。在这种政治—文化环境中，科学技术事业从资金来源、人员培养、成果推广等方面都受到极大限制，缺乏强劲的生命活力，处于一种自生自灭的状况。像指南针一类伟大发明的屡次失传，《天工开物》式的科技巨著诞生以后在国内饱受冷遇，以致湮没于岁月的积尘之中，直到20世纪20年代才又从国外反引进，都令人备觉痛心，感叹不已。

民族文化性格是影响科技发展的关键心理—思维制约因素。中华民族长于宏观把握、综合概括的思维特征曾促成古代科技的一系列优长，如科学与哲学在"天人合一"的总体观照下相互融通，阴阳辩证的哲学观点成为自然科学、生命科学的立足基点，综合的、抽象的定性把握和定义域十分宽泛的术语运用成为科学研究的一般模式，在这些方面，中国古代的宇宙学与人体医学是成功的典范。但是另一方面，中华民族思维特征在微观考察、定量分析方面的欠缺，又严重限制了科学技术的近代化演进。而近代西方科技的革命性进步，恰恰是分析的胜利。化学向元素、化学键、分子结构与性能关系方向发展，物理学深入到基本粒子、层子夸克领域，生物学和医学挺进到细胞、染色体和脱氧核糖核酸的深度。人们一般将人类科技史划分为原始综合时代（古代）、分析时代（近代）和高级综合时代（现代及将来）。在第一个时代，中华民族思维方式的特长得到充分发挥，因而科学技术领先于世界；在第二个时代，中华民族思维方式相比于南欧、西欧、北美各民族，在精细分析方面相形见绌，因而在百舸争流的科技大潮中渐渐落伍；在现在和将来的第三个时代，只要中华民族正视现实、冷静反思、自我更新、扬长避短，实现分析与综合的高层次统一，则一定会在科技领域迎头赶上，重振雄风。

中国古代科学技术在近代的落伍，还与其自身的若干特征直接联系。中国古代科技具有鲜明的实用性特征，而且表现为"绝对地以国家的'实用'为主"①。中国古代天文学成就突出，其动因主要在于论证王朝统治"受命于天"的根据，在于"新朝的政治能和谐而与大自然的底律吻合，则新朝即可立于巩固坚定的基础之上"②。甚至"四大发明"在相当意义上也是国家"实用"需要的产物，纸、印刷术和指南针均由"大一统"秩序对社会通信手段的高要求而产生，火药的发明固然直接源于炼丹术的发达，但作为一种技术应用于社会，还是出于"大一统"政权军事活动的需要。中国古代数学以解决实际应用问题而著称，《九章算术》分列方田、粟米、衰分、少广、商功、均需、盈不足、方程、勾股各章，共计246个应用题，都与实际生产、生活密切相关。这一传统沿袭下来，导致"非官曹民事所必需者，虽九章古法，亦所屏弃。撰书者竟以编歌括为算学捷径，其算术之合理与

---

① 黑格尔：《历史哲学》，王造时、谢诒征译，北京：商务印书馆1963年，第177页。
② 魏特：《汤若望传》，杨丙辰译，上海：商务印书馆1948年，第169页。

否,则概不讨论"[1]。社会日常生活的实用需要,固然是科技生长的基点,但是过于偏重实用,忽略理论升华的价值取向又严重限制了科学技术向更高的层次进步,难以建构起完整的理论体系。

实用性之外,中国古代科技的另一特点是"经验"色彩浓厚,缺乏西方近代科技的"实证"精神。各种科技著作多属对生产经验的直接记载或对自然现象的直观描述,而很少有关科学原理实证性研究的文献。明代《本草纲目》《农政全书》《天工开物》是中国古代医药学、农学、工艺三大领域的全面总结,但基本上都只限于记录、归纳具体的生产经验。中国古代科学家注重对自然现象的观察,但多从日常经验和自身感受出发,虽然提出了一些天才的思想,预测到一些后来的发现,但始终停留在"但言其所当然,而不复强求其所以然"[2]的水平上。西方近代科学大师们为"强求其所以然"而反复进行的可控条件科学实验所体现的"实证"精神,难以在中国古代科技的"经验型"范式中寻觅到立足之区,这正是中国科技在近代落伍的又一根本原因。

---

[1] 钱宝琮:《中国算学史》,《中央研究院历史语言研究所集刊》1932年,第162页。

[2] 阮元:《畴人传》。

第十一章

汲纳吞吐

文化是全人类的共同事业，它从来就是一个不断进行物质交换和信息传递的动态开放系统。这种动态开放，一方面是指人类社会与自然界的相互关系，另一方面又是指不同文化群体（民族文化、区域文化）之间的汲纳吞吐、相互借鉴。一个民族或国度的文化系统只有在这种动态开放的生命运动中不断实现自我保持与自我更新，求得延续与变异、稳定与发展的对立统一，方能生生不已、昌盛繁荣；反之，则将走向衰落，甚至灭亡。

当然，不同文化群体之间的这种互鉴的范围、力度和成效，又受到自然地理障碍以及人类克服这种障碍能力之间矛盾关系的严重制约。一般说来，随着社会生产力水平的进步，交通、通信手段的不断改善，文化的汲纳吞吐总是向着远距离、大范围、深层次、高成效方向演进，人类社会也因而一步步迈向大同。

第一节

东亚文化圈

文化史研究表明,在人类历史的不同时期,总是存在着若干个文明与科学的中心。以这些中心为内核,在文化地理学上便出现若干个板块,文化史家称其为"文化圈"。所谓"文化圈",指的是由主要文化特质相同或相近,在功能上相互关联的多个文化群体(民族文化、区域文化)共同构成的有机文化体系。中国是"四大文明古国"之一,正如英国学者贝尔纳所指出,中国"许多世纪以来一直是人类文明和科学的巨大中心之一"①。由于地理、人种和文化诸方面的综合原因,数千年来,以中国为中心,渐次形成包括中国、日本、朝鲜、越南在内的东亚文化圈。

东亚文化圈的基本要素为汉字、儒学、中国式律令制度与农工技艺以及中国化佛教。这些要素给予东亚诸国的语言文字、思想意识形态、社会组织结构、生产力发展水平以深刻影响。由于中国文化的发展水平在相当久远的历史时期内领先于东亚诸国,因而产生出巨大的文化辐射力。正如物理学中的电位差现象——电流从高电位向低电位自然流动,民族、国家、地区间文化位差的存在,总是导致先进文

---

① 贝尔纳:《历史上的科学》序,伍况甫等译,北京:科学出版社1981年,第1页。

化的一方自然向相对落后的一方流播；而落后文化出于发展自身的需要，又主动地汲纳、消化先进文化。文化学理论将前者称为"内核文化""原型文化"和"辐射文化"，而将后者称为"外缘文化""变型文化"和"受容文化"。两者的统一，便导致文化圈的形成。

在理解"文化圈"理论时，有两点应特别注意：其一，"文化圈"绝非不同文化群体间相互交融的终极界限；换句话说，文化群体间的汲纳吞吐可以跨文化圈而进行。中国文化与西方文化、伊斯兰文化和印度文化的交流便是如此。其二，同一"文化圈"内，内核与外缘、原型与变型、辐射与受容文化之间，也绝非单向流通关系。先进的一方在向落后一方流播时，也常常学习对方文化中的精华；后进一方受容先进文化，经过消化、改造、发展，往往在某些方面后来居上。例如中国造纸术传入朝鲜后，经过朝鲜工匠的改造，制造出"色如白绫，坚韧如帛，用以书写，发墨可爱，此中国所无"的高丽纸，并向中国返销。

在数千年的进化过程中，中国文化与东亚文化圈内诸文化以及印度文化、伊斯兰文化和西方文化互融互鉴、汲纳吞吐，以自己的精神与物质文明成果，推动了全人类的进步；同时又从异域、异质文化中吸取丰富的营养，给自身肌体注入新鲜血液，激发蓬勃生机。

第二节

"丝绸之路"与秦、汉、隋、唐全方位交通

秦、汉、隋、唐时期,中国文化正处蓬勃旺盛的上升阶段,对外关系方面,也从东、南、西三个方向与外部世界展开多方面、多层次的广泛交流,确立了自己在世界文化系统中举足轻重的地位。

在东方,中国与朝鲜唇齿相依。远在商、周时代,双方便有密切交往。周武王灭商,封箕子于朝鲜。箕子教当地居民以田蚕礼仪,传播中国文化于朝鲜半岛。战国至秦、汉、燕、齐、赵等地人民多避战乱于朝鲜,带去中国的文字、器皿、钱币。平壤地区曾出土大批西汉漆盘、铜钟、漆耳环。公元1世纪,《诗经》《尚书》《春秋》等儒家典籍便流行于朝鲜。东汉时,朝鲜半岛"三韩"(马韩、辰韩、弁韩)并峙,其中辰韩国的当权者自称秦亡人,他们的政治制度、风俗习惯均与秦朝相似,因此又被称为"秦韩"。

公元1世纪到7世纪,朝鲜半岛进入三国(高句丽、百济、新罗)时期。迨至唐代,三国都积极地选派留学生到长安,学习中国文化。公元7世纪中叶,新罗统一朝鲜半岛,更以唐制为立国规范。中央仿唐尚书省设执事省,综理国政,下设位和府(掌人事)、仓郡(掌租税)、礼部(掌教育礼乐)、兵部(掌军事)、左右理方府(掌律令)、例作府(掌工程制造),一如唐之六部。在学制上,新罗仿唐置国学,

讲授儒学和算学。儒学以《论语》《孝经》为必修,《周易》《尚书》《毛诗》《礼记》《春秋左传》和《文选》为选修。算学以中国《三开》《九章》等为教材。唐玄宗曾赐新罗王诗:"衣冠知奉礼,忠信识尊儒。"可见儒家思想对新罗文化的深入浸润。在民俗方面,真德女王采用中国章服之制,"自此以后,衣冠同于中国"①。644年,"新罗遣人熊津学唐音乐。时唐军留镇熊津,中国声音器物多随以来,东方华风,自此益振"。新罗的姓氏制度与民间节日,都具有浓重的中国文化的痕迹。新罗时期的佛教,更受中国佛教的直接影响。

中国与日本是一衣带水的邻邦。中日文化交通源远流长,早有关于徐福东渡的传说。相传秦始皇寻长生不老药,遣齐人徐福率童男童女数千人入海访寻。徐福浮海东向,在熊野浦登上日本列岛,筚路蓝缕,为日本文化的创立打下基业。日本昭和天皇之弟三笠宫崇仁称"徐福是我们日本人的国父",在日本文献中,也常将公元3世纪前移居日本列岛的居民称作"秦汉归化人"。东汉时,中日文化交流更加频繁,"建武中元二年,倭奴国奉贡来贺,使人自称大夫,倭国之极南界也。光武赐以印绶"②。这颗刻有"汉倭奴国王"的金印,已经在日本福冈的志贺岛出土。这一地区还发现过许多汉代铜镜、铜剑,表明这里当时是中日文化交流的中心。

公元4世纪中叶,大和政权统一日本,与南朝多有交往。公元5世纪末,隋文帝统一中国,遣大军远征高句丽,日本国大受震动。公元600年,日本派出第一批遣隋使,强盛的隋代和发达的中国文化给日本使节留下深刻印象。公元7世纪初,圣德太子仿效中国制度,以儒家思想为指导,推行"推古朝改革"。公元608年,日本国王接见隋朝使臣,声称"我闻海西有大隋,礼义之国,故遣朝贡。我夷人,

---

① 《三国史记》卷二十三《杂志》第二。
② 《后汉书·东夷列传》。

僻在海隅，不闻礼义……冀闻大国惟新之化"①，以做建国楷模。唐代建立，政制的完备，军事的强盛，文化的昌明都达到空前高峰。日本国统治者对此敬慕万分。630年，日本派出第一批遣唐使，此后200多年中，共派遣唐使18次，全面学习中国文化。在返日的留唐学生策动下，645年，日本发生著名的"大化革新"，以"中华化"即唐化为目标。新政推行的班田制、租庸调制及中央集权制，均以唐制为蓝本。701年，日本国皇都迁至奈良。奈良的城市建设，完全模仿唐长安城的规模、风格。在奈良时期，遣唐使达于全盛，使团组织庞大，成员多至五六百人，除大使、副使等外交官员，还包括留学生、学问僧和各种技术人员，他们"虚至实归"，以空前的规模和热情将盛唐文化引入日本。日本文字片假名、平假名，便是根据汉字改造而来。各级学校以儒家经典为教科书，祭祀孔子的典礼也日益隆重。日本佛教以中国为母国，中国化佛教的各宗各派，在日本都有自己的传人。东渡日本的鉴真和尚被尊为"日本律宗太祖""日本文化的恩人"。唐代制定的新历法，日本原封不动地采用。社会各阶层也深受唐文化熏染，唐诗、唐乐、唐绘、唐礼、唐服在日本广为流行。日本汉学家内藤湖南曾说："日本民族未与中国文化接触以前是一锅豆浆，中国文化就像碱水一样，日本民族和中国文化一接触就成了豆腐。"②

在南方，秦、汉、隋、唐诸代开疆辟航，将中国文化传播至南亚诸国，甚至远及非洲。

中国与越南接壤，中国的铁制农具、牛耕技术以及文化典籍传入越南，越南的象牙、珍珠等土特产品进入中国。东汉末，中原地区战乱频仍，士人多南行交趾（今越南境内）避难。据《三国志》记载，桓华、薛综、许靖、程秉等在交趾著书授徒，受到当地居民的欢迎。

---

① 《隋书·倭国传》。
② 转引自朱勃：《比较教育史略》，广州：广东高等教育出版社1988年，第25—26页。

>>> 秦、汉帝国版图以西的亚细亚大陆腹地,生息着众多的游牧部落、民族。这一地区在中国古籍中,被通称为"西域"。汉武帝建元三年,张骞出使西域,揭开了中西文化交往的篇章。图为当代杨青华、严绍唐《大探险家张骞》。

公元前2世纪或者更早,由今四川经云南至缅甸的陆路已经开通。蜀布、邛竹杖等物产经由此道转入身毒(古印度)、大夏(今阿富汗北部)等地。同时,从交州合浦郡(今广东徐闻)乘船去缅甸的海路也已开辟。位于今缅甸东部地区的掸国国王雍由调两次派使节来中国,"献乐及幻人",东汉政府赐予印绶、金银和彩缯。

在汉代,中国与今印尼境内的叶调国也有友好往来。131年,叶调国使臣携礼品来洛阳,受赐金印、冠带而还。在爪哇、苏门答腊等地出土的汉代绿釉、黑釉陶器,就是双方文化交流的证据。

唐帝国以宏大气魄开辟了由南中国海经印度洋到非洲的"陶瓷之路"。沿着这条通道,精美的中国瓷器传至菲律宾、马来群岛、印度支那、暹罗、锡兰,有的还穿越印度洋、过波斯湾抵达波斯、叙利亚和埃及。

在西方,中外文化交流以更大的规模、更壮丽的声势展开。

秦、汉帝国版图以西的亚细亚大陆腹地,生息着众多的游牧部落、民族。这一地区在中国古籍中,被通称为"西域"。汉武帝建元三年(前138),张骞出使西域,揭开了中西文化交往的篇章。

张骞出长安,走陇西,被匈奴扣押十年之久,后终于逃脱,经楼兰、龟兹,翻越葱岭,经大宛、康居,到达今阿姆河上游地区的大月氏。大月氏国王拒绝与汉朝夹击匈奴,张骞出使任务未果,改走昆仑山北麓东归复命,归途中又被匈奴俘获。一年后,匈奴内乱,张骞才得以脱身,回到长安。前119年,张骞第二次出使西域。此时匈奴浑邪王已降汉,河西走廊畅通无阻。张骞率三百余人,携大批丝绸礼品及上万头牛羊,浩浩荡荡,走武威,过酒泉,出玉门关,顺利到达乌孙国(今伊犁河和伊塞克湖一带)。张骞劝说乌孙国王与汉朝及西域各国联合对付匈奴,但未得应允。前115年,张骞遣其副使至康居、大宛、大夏,自己返回长安。张骞归来,长安兴起出使西域的热潮。"天子为其绝远,非人所乐,听其言,予节,募吏民无问所从来,为具备人众遣之，以广其道。"①汉朝每年派出的使节，多者十余次，少亦有五六次，"使者相望于道"。东汉永平十六年（公元73），班超出访西域，平定莎车、龟兹等地的叛乱，保护了交通的畅行无阻。班超的副使甘英还拟出使大秦（罗马），远涉波斯湾，临海而止。与此同时，大批的西域使臣、商人也风尘仆仆于祁连山麓、阳关古道。他们怀着仰慕之情而来，满载货物而归。在他们带回的众多中国物产中，数量最多的是丝绸制品。所以，中西交往的必经之道河西走廊，又被称为"丝绸之路"。

丝绸之路的开辟，在古代东西方之间架起了文化交往的桥梁。薄如蝉翼的丝绸、色彩斑斓的刺绣、晶莹洁白的陶瓷，向西方世界展示了中国文化的绚丽风采；而甘甜醇的葡萄酒、英俊健美的汗血马、婀娜多姿的胡旋舞也在中国人民眼前展开一个新奇的世界。西汉都城长安成为当时中外文化的荟萃之地，"殊方异物，四面而至"②，异国客人，络绎不绝。他们带来了核桃、蚕豆、胡萝卜，带来了大象、狮子、驼鸟。充满躁动活性的新鲜血液，使中华血脉跳动得更加雄健有力。异域的音乐被吸收，汉代音乐家李延年"因胡曲更造声二十八解"③"每为新声变曲，闻者莫不感动"④。异域的绘画风格感染了中国画师，在汉代画像石上，出现了迥异于峨冠博带、长袖宽衣的中国风格而头顶毡帽、穿着紧身衣裤的"胡人"形象。汉桓帝年间山东嘉祥武梁祠画像石刻上"那有翼的天使，可能就是希腊、罗马神话中爱神受了变化以后的形象"⑤。异国情调的习俗器用，也对汉民族的生活方式产生影响。"灵帝好胡服、胡帐、胡床、胡坐、胡饭、胡箜篌、胡笛、

---

① 《汉书·张骞传》。
② 《汉书·西域传》。
③ 崔豹：《古今注》。
④ 《汉书·外戚传》。
⑤ 翦伯赞：《秦汉史》，北京：北京大学出版社2001年，第540页。

胡舞,京都贵戚皆竞为之。"[1]时至现在,不少带"胡"字的瓜果蔬菜、器用杂物已成为中华民族生活习俗中不可缺少的组成部分。

特别应当强调的是,经过西域、丝绸之路传入中国的印度佛教,对于中国文化日后的发展,产生了极重要的影响。这一影响不仅体现在意识形态领域,形成儒、道、佛三足鼎立的局面,给士大夫阶层及下层社会民众的文化心理打下深深的烙印[2],而且体现在文学艺术乃至日常用语等方方面面。佛经故事与社会上流行的神仙传说相杂交,产生出后代志怪小说的角色原型。宣讲佛经的俗讲、变文也成为中国弹词、评话的前身。随着佛教教义的流传,"阿弥陀佛""善恶报应""不二法门"等佛学语汇成为习见的书面和口头语言,丰富了汉语的表意能力。

降及唐代,丝绸之路仍然是沟通中外文化的最重要孔道。唐朝与中亚各国之间的人员往来、物产贸易、文化交流规模日益扩大。不少中亚侨民在长安等地定居、经商、从艺、传教(祆教、景教、摩尼教),有的还供职军队。这些人深受中国文化、制度的感染,很多成了汉化"蕃胡"的一部分,他们用汉名,习汉文,不少人还与汉族女子通婚。中国的丝绸、绘画和建筑艺术风格也在中亚各国流行开来。

通过丝绸之路,唐代朝发展了与阿拉伯世界的交往。唐人称阿拉伯帝国为"大食"。公元651年,大食使者初抵长安,其后一百五十年间,大食使臣访唐达三十九次之多。公元751年,唐与大食在怛罗斯城(今哈萨克斯坦江布尔城)发生军事冲突,唐军大败,大批士兵被俘,其中有不少造纸、纺织行业的工匠,中国的造纸与纺织术遂传入阿拉伯地区,并继之输入欧洲。与此同时,中国炼丹术也形成西传浪潮,波及阿拉伯与欧洲。西方学者高度评价中国炼丹术的世界意义,他们认为:"中国炼丹术的基本思想,经印度、波斯、阿拉伯和

---

[1] 司马彪:《续汉书·五行志》。
[2] 详见本书第七章《佛、释、道》,此处从略。

伊斯兰教西班牙向西推进的结果，传遍了整个欧洲。葛洪的理论和方法，甚至他所用的术语，在他以后的几个世纪中，普遍地被这些国家的炼丹家所采用。……如果我们承认炼丹术是近代化学的先驱，那么中国炼丹术原有的理论，便可看作制药化学最早的规范。"

唐代中外文化交流史上的辉煌篇章，是玄奘访印求法。627年8月，玄奘为深入探究佛学精蕴，冲破政府的禁令，艰苦卓绝，万里长征，沿丝绸之路，西出玉门关，取道伊吾、高昌，翻越葱岭，绕道迦毕试（今阿富汗喀布尔）、犍陀罗（今巴基斯坦白沙瓦）、曲女城（今印度北方邦卡瑙季），进入佛教发源地中印度。玄奘遍访释迦牟尼诞生处、成道菩提树等"佛教六大圣地"，然后入印度最高学府那烂陀寺研究佛经五年，又周游五印度，遍访名师。他主持那烂陀寺讲座，论述精微透彻，名声大振。642年12月，又主讲曲女城无遮大会，以精辟议论折服数千听众，无人敢于驳难。次年春，玄奘载誉归国，唐太宗派员迎接。归国后，玄奘主持译场，翻译佛经七十五部、一千三百余卷，又创唯识宗于中国。646年，由玄奘口述，弟子辩机记录整理，完成《大唐西域记》十二卷，详录自己游历百余国的见闻，是后人研究中亚及印度古代历史地理、物产风俗、宗教信仰的宝贵资料。

第三节

技术发明与宋、元中西交流

宋、元时期,中国古代科技发展到空前高峰,先进的工艺、技术、发明传至东亚文化圈内外的广大地区。成吉思汗统一蒙古,其后裔更建立起地跨欧亚大陆的庞大蒙古汗国(元代是其主要部分),进一步促成中外文化在相激相荡中交会融通。

中华民族嘉惠于人类的"四大发明"中,有三项或出现、或完成、或投入实用于宋代,这就是指南针、印刷术和火药[①]。指南针用于航海的记录,首见于宋宣和年间朱彧的《萍洲可谈》:"舟师识地理,夜则观星,昼则观日,阴晦观指南针。"1123年徐兢《宣和奉使高丽图经》也提到"是夜洋中不可住、惟视星斗前迈""若晦冥则用指南浮针以揆南北"。为方便使用,将指南针固定于圆盘内,圆盘四周标有四十八向刻度,是为罗盘,宋人曾三因《因话录》中称之为"地螺"。中国水手使用的先进导航设备罗盘首先被阿拉伯航海家们所采纳,阿拉伯语、波斯语中表示罗盘方位的 Khann,就是闽南话中罗针的"针"字之音。12世纪至13世纪,罗盘已经普遍安装在印度洋到地中海水域的各类船舶上,并逐渐为欧洲人所掌握。

北宋庆历年间,毕昇发明胶泥活字印刷术。其后元朝西域一带出

[①] 关于"四大发明",详见本书第十章《天工开物》。

现维吾尔文木刻活字,敦煌千佛洞曾多有发现。来往于元大都和欧洲之间的商人、旅行家和传教士,将活字带回故乡,启发了德、法等国工匠,1454年,德国出现第一部采用活字拉丁字母印刷的《圣经》。

中国的火药出现虽早,但火药兵器大规模装备部队用于战争,却始于宋代。火蒺藜、霹雳炮、震天雷等逞威于战场,表现出远胜于刀矛、剑戟等冷兵器的杀伤力。最先学会使用中国火药武器的是阿拉伯人。南宋时期,中国商船远航亚丁湾,为防御海盗,这些船舶上都装备有火器,很可能阿拉伯人从这里学会了火药在军事上的运用。13世纪,元朝军队对阿拉伯地区的远征,同时将他们从与宋朝军队作战中学来的火药兵器知识传播到中亚、西亚的广大地区。13世纪下半叶,伊斯兰文写成的《制敌燃烧火攻书》翻译成拉丁文,传入欧洲。在十字军东征等惨烈军事冲突中,欧洲人从阿拉伯人那里领略到火药武器的厉害,开始引进、仿造。1326年,意大利出现欧洲第一批金属管形火器。

宋代科技成果的西传,具有十分重大的历史意义。正如马克思所论:"火药、罗盘、印刷术——这是预兆资产阶级社会到来的三项伟大发明。火药把骑士阶层炸得粉碎,罗盘打开了世界市场并建立了殖民地,而印刷术却变成新教的工具,并且一般地说变成科学复兴的手段,变成创造精神发展的必要前提的最强大的推动力。"①

由于罗盘导航的普遍采用和造船技术的发展,宋代航海贸易大盛。广州、泉州、明州(今浙江宁波)是当时的三大远洋港口。大批中国物产从这里,远销至日本、朝鲜、东南亚、印度和阿拉伯各国。丝绸和瓷器是出口的大宗。宋朝政府鼓励丝绸出口,视其为"赡军足国之资"。南宋赵汝适所著《诸蕃志》记载,由泉州运出的丝绸制品远销至印尼三佛齐(今苏门答腊)、菲律宾三屿(今吕宋岛)、马来半岛单马锡(今新加坡)、印度南毗(今口拉马尔海岸)等二十余地,品种有绢伞、缥绢、建阳锦、锦绫、五色绢、丝帛等。北宋以后,远

---

① 马克思:《机器、自然力和科学的应用》,北京:人民出版社1978年,第13页。

>>> 13世纪蒙古的兴起,揭开了中西文化交流史上重要的一页。亚欧大陆的沟通,为东方和西方旅行家们的远游提供了极大的方便,东方和西方的相互了解有了不同于以往任何时代的新发展。图为明代佚名《丝路山水地图》(局部)

洋船舶多用瓷器为理想的压舱物，航迹所至，中国瓷器遍及东亚、南亚及东非海岸，并且进入地中海和欧洲地区。不少阿拉伯、印度商人也大量采购中国瓷器，运回国内，赚取利润。广州是最大的瓷器输出港，宋代著名的越窑（浙江上虞）、龙泉窑（浙江龙泉）、景德镇窑（江西景德镇）、耀州窑（陕西铜川）、磁州窑（河北磁县）产品从这里登船，漂洋过海。瓷器成为东南亚各地居民的日常生活用具。而在非洲一些地区，中国瓷盘常被镶嵌在清真寺的大门和富豪的厅壁上，成为最时髦的华贵装饰。

13世纪蒙古的兴起，揭开了中西文化交流史上重要的一页。成吉思汗及其继承者建立历史上前所未有的庞大帝国，从太平洋西岸直到黑海之滨，欧亚大陆的大部分都处于蒙古统治之下，从前的此疆彼界尽被扫除。在空前辽阔的帝国疆域内，元统治者建立起完善的驿站系统，从元大都或中国其他城市到中亚、波斯、黑海和黑海之北的钦察草原以及俄罗斯和小亚细亚各地，都有驿道相通。忽必烈定都大都（今北京）后，大都城里聚集了来自亚、欧各地的贵胄、官吏、传教士、学者、建筑师、医生、工程技术人员，以及乐师、美工和舞蹈家。在空前开放的格局中，中国文化与外域文化的交流得以绚丽多彩地展开。

元帝国对欧亚大陆的征服，使中国西部的边界实际上处于开放状态，阿拉伯、波斯和中亚的穆斯林大规模往中国迁徙。当然，穆斯林入华早从唐、宋之时便已开始，但其势头却远不及元代。

元时穆斯林的大规模迁居中国，造成"回回遍天下"[1]的态势。马可·波罗在他的游记中描述，当时中国各地均有穆斯林的足迹。据记述，时居杭州的穆斯林竟达全部人口的二十分之一[2]。从元代起，在中国逐渐形成了一个信仰伊斯兰教、使用汉语而又浸润阿拉伯和波斯文化传统的回回民族。中亚细亚、波斯和阿拉伯常用人名中的一些音

---

[1] 《明史·西域传》。
[2] 转引自许崇灏：《伊斯兰教志略》上海：商务印书馆1944年。

节，如纳、丁、哈、撒、赛、闪、马、麻、穆、买、白、鲁、海等都成了回回族的姓氏称呼。

随着回回民族的形成，伊斯兰教也有了较大规模的发展。公元11世纪时，新疆伊斯兰教仅限于西南一隅，而至14世纪中叶，伊斯兰教已风靡天山南麓。在甘肃、宁夏，由于阿难答幼"皈依回教，信之颇笃"，他所率士卒十五万人，以信伊斯兰教者居其大半[①]。紧随伊斯兰教广为传播的足迹，伊斯兰之礼拜寺在各地兴建。伊斯兰教日渐深入中国社会，必然带来自身中国化的改造。在宗教建筑上，中国内地大多数清真寺基本上摆脱阿拉伯和中亚的建筑模式，而采纳了中国传统的建筑风格。清真寺门前左龙右虎，寺内大殿居中，大殿两侧厢堂比列，楼阁对起，碑亭逢峙，画栋雕梁，刻盈涂壁，悬匾挂联，"望之外表，几与僧道庙观无稍差异"。在宗教习俗上，中国穆斯林称穆斯林传统节日古尔邦节为"忠孝节"，并往往在穆斯林传统丧葬礼仪之外补充"重孝"之礼，如披麻戴孝、号啕大哭、抬棺出殡、为亡人念经祈祷等，显示出中国传统文化对伦理亲情的格外注重。在宗教体制上，中国穆斯林推出教坊制，所谓"教坊"即以一个清真寺为中心的穆斯林聚居区，它由该地区的全体教徒组成。教坊既是一个独立的、地域性的宗教组织单位，又具有鲜明的封建性。教坊的教长或掌教，或者本身就是穆斯林地主，或者直接受到统治者的扶植。这种体制显然是伊斯兰教与中国君主专制制度相结合的产物。伊斯兰教的中国化，使它在中华土壤上落地生根，不仅对我国回回民族的形成与发展，而且对其他一些少数民族的政治、经济和文化产生了广泛的影响。

元代中西交通的开辟，亦为基督教入华创造了有利的气候和土壤。元时入华的基督教被称为也里可温。也里可温有两大派别，其一为曾流行于唐代朝的景教，即基督聂斯托里派；其二为罗马天主教。

景教初入中土，当在盛唐之初，其时"寺满百城，家殷景

[①] 多桑：《蒙古史》上册，冯承钧译，北京：中华书局1962年，第345页。

福"①，颇具规模。然而，公元9世纪，唐武宗在大规模毁佛时，对景教也加以废除。自此，景教在中原地带的传播势头顿颓，仅在唐王朝政令所不及的西北边远地区继续存在发展。

蒙古铁骑对中原的征服，为景教卷土重来开辟了道路。随着蒙古族入主，景教又在中原地区盛行起来，不仅北方燕京、甘州、宁夏广设景教传道机构，就是南方镇江、杭州、泉州、扬州、温州等地也遍设教寺。

对于在华景教来说，罗马天主教可谓姗姗来迟者。罗马天主教的来华，最先萌发于罗马教廷与元帝国的外交往来。蒙古铁骑的西征，如闪电雷鸣，震惊了欧洲各国，为阻止蒙古汗国对基督教世界的进一步征伐，罗马教皇频频派出使节，责难蒙古人虐待基督教徒，并以上帝的名义提出警告，然而，教皇所得的答复却是蒙古大汗态度强硬的谕降诏书。忽必烈登极后，蒙古汗国态度发生改变。忽必烈接见了来自欧洲的商人——马可·波罗的父亲尼柯罗和其弟马菲奥。接见时，忽必烈详细询问了欧洲的情况，并决定派遣使节和他们一同出使罗马教廷。

1289年，罗马教皇派遣方济各会教士约翰·孟德高维诺出使东方，约翰抵达大都后，经元廷允许，开始一系列宗教活动，他在大都先后兴建了两座教堂，并学会蒙古语言文字，译出《新约》和祈祷诗篇，以教授信徒。几年中，他为六千多人行了洗礼，扩大了天主教的影响。鉴于他的卓越传教工作，1307年，罗马教廷任命他为大都和中国教区大主教，又派出若干教士来华协助，中国天主教的教务更为发达。传教触角渐从元大都向外地扩展，教徒亦发展到三万余人。

元代基督教虽盛极一时，却与中国社会、中国文化处于一种游离状态。基督教自入中国本土，便与传统儒、道、释三教发生冲突："先王言道门最高，秀才言儒门第一，迭屑人奉弥失诃②言得生天"③。佛教

---

① 《大秦景教流行中国碑颂并序》。
② 弥失诃，又可音译为弥赛亚，即耶稣。
③ 《至元辨伪录》。

则以为所有教派"皆难与佛齐"①。在这场思想抗衡中，基督教虽然也注意到使用中国人所熟悉的一些宗教语言和某些形式，但并未结合中国国情，像先行的南亚佛教和后来的中亚伊斯兰教那样实行根本性的中国化改造。在传播阵地上，基督教虽较为广泛播传于城镇，但未能深入农村，到农民中去寻求基础。元朝灭亡，后继的统治者改变了宗教宽容政策，而罗马教廷又在各方面冲击下威势下降，基督教又一次绝迹于中原。

亚欧大陆的沟通，为东方和西方旅行家们的远游提供了极大的方便，东方和西方的相互了解有了不同于以往任何时代的新发展。

最先向欧洲报告东方情形的是罗马教皇与法王路易九世派往蒙古汗国的使节，他们带回了一系列东方的信息。罗马教皇使节普兰诺·卡尔平尼与路易九世使节卢布鲁克从蒙古汗国回到欧洲后，相继完成了记叙东方见闻的旅行报告书，使欧洲人对于蒙古的地理、民情以及蒙古人兴盛、强大的历程有了初步的了解。

1275年至1291年，中国大地上留下了欧洲伟大的旅行家马可·波罗的足迹②。这位威尼斯人跟随他的父、叔尼柯罗兄弟取道波斯，沿着古丝绸之路东行，翻越帕米尔高原，穿过河西走廊，于1275年抵达上都，完成了横贯欧亚大陆的旅行。忽必烈接见了马可·波罗叔侄，马可·波罗年轻聪明，被留在宫廷服务。他多次奉命出巡各地，远至云南和四川西部，又顺大运河南下，到过福建泉州。

1295年，马可·波罗回到威尼斯。1298年，由马可·波罗口述，小说家鲁思梯切诺笔录的《马可·波罗游记》写成。这部书对中国赞美备至。称中国拥有"连绵不断的城市和邑镇"，以及"优美的葡萄圃、田野和花园"。帝国的首都"地面规划有如棋盘，其美善之极，未可言宣"。帝国的宫殿"壮丽富瞻，世人布置之良，诚无逾于此

---

① 《至元辨伪录》。
② 有关马可·波罗其人及事迹，在中国元代的各类典籍中均无记载。下述马可·波罗行迹，据《马可·波罗行记》一书。

者"。他赞颂泉州为世界最大的港口,"在这个商埠,商品、宝石、珍珠的贸易之盛,的确是可惊的"。他又赞叹杭州"人处其中,自信为置身天堂"。马可·波罗的热情为一些欧洲人所嘲弄,他们难以相信世界上竟有如此美好的国度,但是,也有不少欧洲人为马可·波罗所展示的东方的神秘所倾倒,此种"东方热"直接刺激了15世纪至16世纪欧洲航海家努力去寻觅东方世界。

马可·波罗去世后二十年,被尊为"伊斯兰世界的旅行家"的伊木·贝图达经由海上来到中国。这位出生在摩洛哥丹吉尔的非洲旅行家高度推扬中国文化,认为中国的农业和灌溉工程极为发达,赞扬中国是世界上出产小麦最多的国家,他又称颂中国的瓷器首屈一指,中国人的绘画才能出类拔萃。

中国人对外部世界的了解也在元代有了新的拓展。旅行家汪大渊两次周航印度洋,他称颂地跨亚非的马克鲁克王朝,兵马壮盛,居民富庶。中国景教徒苏马在1287年至1288年充当伊利汗派往罗马和巴黎的大使,游历欧洲。归国后,苏马将他的见闻记入游记,意大利和法国的奇风异俗,在书中栩栩如生。

元代中国对外部世界的开放,使大批中亚波斯人、阿拉伯人迁居内地。有学者统计,其数量达二百万人之多,他们之中有不少科技人才,异邦的先进科技,尤其是当时文化发达水平与中国并驾齐驱的阿拉伯科学,以他们为媒介流入中国。

阿拉伯天文学十分发达。忽必烈登汗位前,已广为征召回回天文学家。波斯人札马鲁丁因精于历算,应召入华。精心编制了回回历《万年历》,又在北京建立了观象台,制造了七种天文、地理仪器。波斯文、阿拉伯文的天文、历法、占星书也为元秘书监所收藏。元代天文学家郭守敬吸收阿拉伯天文学的精华,他制作的《授时历》,参考了阿拉伯的回回历,他设计的天文仪器,亦从马拉格天文台同类仪器中取得借鉴。

发达的阿拉伯数学在元代播传。阿拉伯数码字在元代由于回回司天台的使用，渐入中国社会。欧几里得的《几何原理》经阿拉伯算学著作介绍，成了元代数学书中的命题和解算理论。阿拉伯的医药在中国也十分流行。东罗马人爱薛与他的妻子撒剌曾在京城创设阿拉伯式医院——京师医药院。元政府于1292年至1322年间在太医院下专设回回药方院和回回药物局两个阿拉伯式的药学管理机构，专管大都和上都的宫廷医药。阿拉伯的建筑家在元代颇负盛名。阿拉伯人也黑迭儿和他的儿子马合马沙相继主持元政府工程部门，并直接领导了大都建设。北京宫城的布局、建筑、苑囿大多由也黑迭儿规划。

在大量汲取异域科技工艺的同时，中国文化也被广泛介绍到中亚、阿拉伯及欧洲地区。

成吉思汗占领撒马尔罕（今乌兹别克斯坦中部）以后，元大臣、学者耶律楚材来到这里，与中亚科学家交流天文历算知识。阿拉伯天文学家、数学家阿尔·卡西精通中国历法，他主持撒马尔罕天文台，于1437年编成《兀鲁伯星表》四卷，其中便论述了中国阴历的纪年置闰方法。

中国数学的成就对于中亚、阿拉伯文化颇具吸引力。公元1世纪中国数学著作《九章算术》中的"盈不足"问题出现在9世纪阿拉伯数学家阿尔·花剌子模的著作中。阿尔·卡西的《算术之钥》也载有来自中国的四则运算法则、"百鸡问题"及北宋数学家贾宪的"开方作法本原图"（即二项式定理系数表）。

中国医药学深受阿拉伯人民的欢迎。唐代名医孙思邈的《千金要方》在元代被译成波斯文。1313年，波斯文版的中国医学百科全书《伊利汗的中国科学宝藏》问世，书中论及中医脉学原理，并用图示脉经，又用八卦与昼夜相配，显示患者体温的变化。

中国艺术风格影响了穆斯林画师，他们学习水墨画，冲破伊斯兰教不允许画人物肖像的禁令，中国式的龙、凤、麒、麟成为流行的装饰纹样。名闻世界的波斯毛毯上，开始出现中国式的行猎场景和云形图案。

第四节

"中学西渐"与明、清的西学输入

14世纪以后,资本主义文化在欧洲萌生,并渐次向东方扩展其影响。以基督教传教士为媒介,"西学"——西方近代意识形态、科学知识,输入日显停滞、衰落的中国,在沉闷的学术思想界激起阵阵涟漪。另一方面,传统的中国文化遗产,尤其是先秦诸子的思想和著作也由传教士们介绍给欧洲,受到学界人士、特别是启蒙思想家们的欣羡和阐扬。中学与西学、东方文化与西方文化在世界资本主义浪潮推动之下,交流融会。以此为契机,古老的中华民族跨越中古,迈向近代。

15世纪至17世纪,世界格局发生重大变化,发端于南欧地中海沿岸的资本主义萌芽,在欧洲各国迅速蔓延、壮大。资产阶级革命的先声——文艺复兴已达到极盛时期,文学、艺术、哲学、自然科学纷纷冲破封建神权的桎梏,呈现一种冬去春来、万象更新的局面。与此同时,反对罗马教廷(欧洲封建制度的国际中心)的宗教改革运动,如火如荼地蓬勃兴起。由马丁·路德创立的新教,很快就在北欧各国广泛传播开来,这引起罗马教廷和整个天主教世界的惶恐。在此关头,以扶助教皇为宗旨的耶稣会成立,起而与新教相抗衡。为了从深得民心的新教那里争取群众,耶稣会十分注意培养博学的教士,并派遣其前往南美、非洲和亚洲传教。幅员广阔、人口众多的中国,自然而然成为耶稣会宗教扩张的重点目标。1552年,耶稣会创办人之一的圣方济各由印度卧亚到广东上川,这是西洋教士直接进入中国之始。1583年,耶稣会士利玛窦和罗明坚进入广东肇庆,并在肇庆建立起传教据点。以此为端绪,耶稣会士竞相来华。其间著名者有意大利传教士龙华民、高一志、熊三拔、艾儒略、毕方济、罗雅谷、利类思,西班牙传教士庞迪我,葡萄牙传教士阳玛诺、傅汎际,德国传教士汤若望,法国传教士金尼阁,瑞士传教士邓玉涵。在这些传教士中,最为著名者为利玛窦。这位少年时代便献身于"上帝的事业"的基督教徒,不仅对神学有深入的钻研,而且曾得到罗马神学院教授、数学家克拉维斯等名师的指教,相当广泛地涉猎了自然科学的各个领域。在他身上,既具教士的虔诚,又具学者的渊博,而他毕生的事业,也充分体现出他所特有的教士兼学者的性格特点。

为了冲破古老的中国文化对于异域、异质文化的排拒阻力,打开传教局面,传教士们颇费心机。

利玛窦等耶稣会士十分注意打通官场关节,取得官方支持。利玛窦的前驱者罗明坚1580年来到中国南方,极力与广州提督等明朝官僚交结,向他们赠献日晷、自鸣钟等,从而取得进入肇庆的许可。其后,利玛窦、庞迪我、熊三拔以重金买通宦官马堂,获得向皇帝进贡方物的机会,进而得以在北京建立教堂,借朝廷的支持展开传教活动。

利玛窦等传教士十分明白地意识到,要真正进入中国社会,必须深切了解中国国情和民心,并顺应中国习俗,改变固有传教方法。为此,他们"习华言,易华服,读儒书,从儒教……以博中国人之信用"[①]。如利玛窦的意大利姓名是玛泰奥·利奇(Matto Ricci),为了带上中国姓名的韵味,他自称姓"利",名"玛窦",以后就被中国士大夫呼为"利先生"或"利子",其他来华耶稣会士也都启用了类似的中国名字。在服饰方面,利玛窦等人初入华时,着和尚袈裟;到南京

---

① 柳诒徵:《中国文化史》下册,北京:中国大百科出版社1988年,第19页。

后,听从士人建议,改服儒士长衫。为了借助中国传统的语言文字和思想宣传天主教教义,利玛窦潜心钻研中国典籍,"按图画人物,请人指点,渐晓语言,旁通文字,至于六经子史等篇,无不尽畅其意义"①。他们的传教活动针对不同对象采取不同手法:"对于下等社会,则以浅易演说,讲明基督教之福音;对于士人社会,利用流畅醇雅之汉文,从科学上立论,渐次说及基督教之精神,使之自然感化。"②他们所攻绘的世界地图,许多地名都沿用中国旧图名称,使得中国人"虽欲不信不能也"③。如转移地图上第一条子午线的投影位置,将中国绘在地图正中,以迎合华人"中国为天下之中"的传统心理。

洞悉中国内情的利玛窦深知,要使被中国人视作"旁门左道"的天主教真正植根于中国土地,最要紧的是和学术阶层相联络。而要打动学术界士人,使他们不感觉"外国人有侵略远东的异志"④"坦然接受并认识基多(督)圣化的价值"⑤,最好的方法是以学术为媒,借西洋科学、哲学、艺术引起士大夫的注重和敬重。为此,利玛窦等人在学有专长的中国士人协助下,展开大规模的西洋学术译介工作。欧洲的古典哲学、逻辑学、艺术(美术、音乐、建筑),尤其是自然科学被大量介绍入中国。

传教士们在向中国官吏、民众宣传基督教义的同时,也带来了文艺复兴时期以后西方先进的自然科学知识。

在传教士输入的图籍中,天文历法方面的著作达四十三种,其中有二十一种收入《崇祯历书》,因此,《崇祯历书》基本上代表了传教士输入的西方天文历法的水平。而与中国传统历法相比,《崇祯历书》进步之处甚多,如明确指出七曜与地球距离不等,并且提供了七曜距

---

① 艾儒略:《大西利先生行迹》。
② 稻叶君山:《清朝全史》。
③ 王庸:《中国地图史纲》,北京:商务印书馆1959年,第77页。
④ 裴化行:《利玛窦司铎与当代中国社会》。
⑤ 同上。

地的具体数值；提供了蒙气差的改正数值；在推步技术上引进了几何学、三角学的方法，对于中国来说，这完全是一种新的数学理论，它既简化了计算手续，提高了计算精度，又扩充了解题范围。

传教士们向中国学人译介了近代几何学的经典之作《几何原本》（前六卷）。该书介绍了古希腊数学家欧几里得的平面几何学。它所涉及的平面几何图形比中国传统几何学要丰富得多，更为重要的是，它的具有严密逻辑结构的公理体系是中国传统几何学所不可比拟的。

耶稣会士向中国学术界介绍的地理学，使中国士人耳目一新。《坤舆万国全图》引进了明确的地圆概念，并以经纬度划分球面。这不但对于破除中国旧有的天圆地方或地平观念有着重要的意义，而且比传统的"浑天说"以"鸡中黄"来比附地球的形状更为科学；介绍了五大洲、三大洋的地理位置，这些知识是地理大发现的产物，而在当时中国人自己绘制的《世界地图》上，世界仅限于中国本土，本土周围全是海水，其间散有几座小岛。

《职方外纪》《西方问答》亦是当时在中国士人中流行的地理书。前者介绍了各国山川形势、风土民情，后者介绍了西洋海陆通路、物产风俗。这些知识有助于中国人形成比较开阔的世界观念。

应当指出，由于宗教信仰、社会职能、知识结构等方面的限制，传教士们对于西方文艺复兴以来最富于革命性的文化成就或讳莫如深，如在他们的笔下，绝未透露过从达·芬奇到莎士比亚，从马丁·路德到伏尔泰、狄德罗等文化巨匠的任何信息；或者加以歪曲，如汤若望宣称，托勒密、哥白尼的两家学说，并无本质区别，"其理无二"。但是，即便如此，对于中国传统文化来说，传教士们的工作仍然开启了一扇新知的窗口，积极意义应予以肯定。

耶稣会士来华，带来了与中国文化性格面貌迥异的西方文化，一种异质的高势能文化开始猛烈撞击中国文化系统。

"势能"本是物理学术语，指物质系统由于各物体之间存在相互作用具有的能量。在世界文化大系统内,各子文化系统之间也存在着势能之分,发展水平较高的文化系统可称为"高势能文化";反之,则称为"低势能文化"。若发展水平相当,则可称为"等势能文化"。在明末耶稣会士来华之前,中国农耕型文化曾与两种外域异质文化相交会,其一是东汉至隋唐时期与南亚次大陆佛教文化碰撞融会。从学术思想的发展水平来看,南亚次大陆佛教文化与中国本土文化大体上处于同一层次,互有短长,如在哲理思辨方面,南亚佛教文化长于中国,而在政治、伦理学说方面,中国又长于南亚佛学。两者总的发展水平大致旗鼓相当,可称之为"等势能文化"。其二是秦、汉至宋、辽、夏、金、元时期与北方游牧文化碰撞融会。与中原地区的农耕文化相比,匈奴、突厥、契丹、蒙古等民族的游牧文化是一种"低势能文化"。在这种文化碰撞中,游牧民族即使取得军事征服的成功,也因文化的相对落后,而被"被征服者"所征服——游牧民族逐渐为农耕文化所同化。与以往这两次文化交会大相径庭的是,明末清初传教士们传入的西方近代文化,相对于中国传统文化,是一种先进的、高势能的异质文化,这无疑对于中国文化带来异常猛烈的冲撞和空前严峻的挑战。

如何对待这种前所未遇的文化挑战,中国社会中最敏感的士绅阶层表现出不同的态度。

以明朝礼部尚书徐光启、光禄少卿李之藻等为代表的官吏、学者主张全面接受西学,明确提出"遐方文献,何嫌并蓄兼收"[1]。他们充分意识到吸收西方文化对于促进中国文化发展的积极作用,"令彼三千年增修渐进之业,我岁月间拱受其成"[2]。他们的文化心态广博开放,"学原不问精粗,总期有济于世,人亦不问中西,总期不违于天",中国文化以"老大"自居的心理壁垒在他们这里被突破一个缺口。

---

[1] 李之藻:《刻同文算指序》。
[2] 徐光启:《简平仪说序》。

>>> 在这些传教士中,最为著名者为利玛窦。他们带来了西方文化,一种异质的文化开始撞击中国文化系统。如何对待这种前所未遇的文化挑战?徐光启等人充分意识到吸收西方文化对于促进中国文化发展的积极作用。图为现代佚名《徐利谈道》。

与此相对立，以礼部侍郎沈㴶等为代表的保守士绅坚持"夷夏之大防"的文化观，他们认为中国传统的以儒学为主干的文化系统尽善尽美，"唯天地开辟以来，而中国之教，自伏羲以迄周孔，传心有要，阐道有宗，天人之理，发泄尽矣，无容以异说参矣"①。他们以儒家伦理纲常抨击基督教义，将这些文章汇编成册，名之曰《破邪集》，甚至挑动教案，逮捕、驱逐教士。

以上两种态度，都有偏颇之弊。赞赏西学者，不仅以西方先进科技为学习对象，而且宗教神学也在受容之列，其极端者更一味推崇西学，甚至提出"尽废成宪而专用西法"②。而排斥西学者，不仅反对基督教神学，而且"因其学之异也，并其技而斥之，以为戾古不足用"③。清初杨光先反对向传教士学习西洋精确历法，甚至说出"宁可使中夏无好历法，不可使中国有西洋人"的浑话。

不同于以上的绝对化倾向，方以智等人以更为冷静和理智的态度去审视西学，一方面承认西洋科技确实比中国高明，应当学习、仿效；另一方面又反对传教士们宣传的宗教神学，而且指出神学有碍于自然科学的进一步发展。

由于基督教神学毕竟与中国传统儒学体系格格不入，所以传教士们的布道事业成效有限。不过，在徐光启等开明士人、科学家的鼎力相助之下，西方先进的科学技术知识及其理论方法却在明清之际的中国得到一定程度的传播，受到中国科技界的欢迎和接纳。

徐光启注意到西方科技精于理论思维的优长，而这正是中国学术的缺失之点。在徐光启看来，《几何原本》的最大优点在于：一是运用了具有确定性的演绎推理的方法，二是具有严密的逻辑结构。李之藻的意见也与徐光启相似，他在比较中西天文学时指出，西方的天文

---

① 《南宫署牍》引"晏文辉疏"，《圣朝破邪集》卷一。
② 王锡阐:《晓庵新法原序》。
③ 梅谷成:《梅氏丛书辑要序》。

学理论,"不徒论其度数而已,又能论其所以然之理"①,而这一点,中国历代"天文历志诸书皆未论及",即使有"颇与相近"的议论,也只是凭直觉体验方式,而非真切的理论性的思考。

更为难能可贵的是,徐光启等人以一种"虚心扬榷"、阔大开放的胸怀去"会通"中西科技的精华。如方以智在《物理小识》中,引述西方风力说、水力说和船舶制造说。李之藻亦力主会通中西,《浑盖通宪图说》《同文算指》便是他"会通一二"②的努力。徐光启更是将中西学"会通归一"③的大师。他负责修历,"熔西人之精算,入大统之型模;正朔闰月,从中不从西;定气整度,从西不从中"④,既吸收了西洋历法中准确反映天象的优长,又继承了传统历法中为农业生产提供科学依据的合理成分。此外,在农业、水利方面,他翻译了《泰西水法》;在军事上,他提出"尽用西术"主张,并请汤若望帮助铸造火器。他还对传教士带来的西洋天文仪器、星象图表进行了中西合璧的改造。由于徐光启会通中西的努力,中国传统数学得到科学的论证并进而条理化、系统化,中国古老的天文学亦在他手中面目一新。

在徐光启、李之藻、方以智等人的推动下,中国历史上第一次出现了学习西方先进文化的浪潮。《几何原本》《泰西水法》《同文算指》《勾股义》《西洋奇器图》等西方科学译著相继推出,它如同闪电,短暂而又明亮地照出中国科技发展的前景,这是打破民族障壁、博采外域先进、振兴民族文化的重要契机。然而,1757年清代乾隆皇帝闭关锁国政策的确立却将这一契机断送。

明、清时期,与西学输入中国文化系统同时,中国文化也经由西方传教士的传介,在欧洲流播开来。在欧亚大陆的两大文明之间,耶

---

① 李之藻:《请译西洋历法等书疏》。
② 李之藻:《浑盖通宪图说序》,《增订徐文定公集》卷六。
③ 徐光启:《条议历法修正岁差疏》。
④ 徐光启:《勾股义绪言》。

稣会士不自觉地成为"文化联系的最高范例"[①]。

罗明坚是第一个用汉文发表数理书的传教士，也是第一个翻译"四书"的西洋人。他于1590年返回欧洲后，向罗马的外交官和学者安东尼奥·波赛诺维奇提供了其巨著《图书论》中有关中国的资料。波赛诺维奇依据罗明坚所提供的材料，对中国文化做了耶稣会士式的第一次阐述。其后，金尼阁发表利玛窦著作《基督教远征中国史》，书中介绍了儒学的主要观念。熟谙中国文化的利玛窦在1604年致耶稣会长的书简中，还提到了有关"太极"和"理"的理论。

1687年在法国巴黎出版了一部关于中国文化的重要著作，这就是由耶稣会士殷锋泽等人编纂的《中国的哲学家孔夫子》，书中包括有《大学》《中庸》和《论语》的译文，以及带绘像的《孔子传》。孔子的形象第一次被传到欧洲。此书把孔子描绘成一位全面的伦理学家，认为他的伦理和自然神学统治着中国。

与此同时，中国的历史、地理、科技、文学也都以耶稣会士为中介，在欧洲流传开来。1735年，杜赫德在巴黎刊印了由耶稣会士在中国的考察资料汇总而成的巨著《中华帝国志》。这部被誉为"中国百科全书"的大部头著作分为四卷：第一卷记叙各省地理和历代编年史；第二卷研究政治、经济、经典和教育；第三卷介绍宗教、道德、医药、博物等科目；第四卷将满、蒙等列入研究。许多中国著作如《古文观止》《赵氏孤儿》都被收入该书内。法国百科全书派启蒙学者与德国、英国的知识界均以此书作为了解中国的重要材料。此外，如《耶稣会士书简集》《北京教士报告》《中华大帝国史》《中国大观》《中国》《中华帝国图》《中国游记》等耶稣会士的著述，都报告了大量关于中国的消息，从而在欧洲大陆引起热烈回响。

欧洲启蒙学者热衷于从中国古老文明中汲取营养。中国传统学

[①] 李约瑟：《中国科学技术史》第4卷，第2分册，鲍国宝译，北京：科学出版社1999年，第693页。

术文化成为莱布尼茨、伏尔泰等启蒙思想家笔下"借以鞭挞旧欧洲的'巨杖'"[①]。

欧洲启蒙思想家注意到中国哲学宗教色彩淡薄,而以"认识道的各种形式为最高学术"[②],如孔子的儒家学说以"天"为自然法则的代表,宋明理学以"道"这一理念为基本原则,将它视为"天地之本,万物之源"。欧洲学者对此大加推崇。

在法国,启蒙学者伏尔泰的政治理论是希望在清除现存的"神示宗教"后,建立一个崇尚理性、自然和道德的新"理性宗教"。而中国儒教就是这种"理性宗教"的楷模。他在哲理小说《查第格》中说,中国的"理"或者所谓的"天",既是"万物的本源",也是中华文明"完美"的原因。他称中国人"是在所有的人中最有理性的人"[③]。他推崇孔子"全然不以先知自诩,绝不认为自己受神的启示,他根本不传播新的宗教,不求助于魔力"[④]。伏尔泰还称赞中国哲学"既无迷信,亦无荒谬的传说,更没有诅骂理性和自然的教条"[⑤]。狄德罗与伏尔泰相呼应,在《百科全书》"中国"条目下,介绍了自古代至明末的中国哲学,认为其基本概念是"理性"。他特别称赞中国儒教,说它"只须以'理性'或'真理'便可以治国平天下"。

在德国,以"哲学的宗教"来代替正宗神学宗教的思潮,也受到中国哲学的影响。黑格尔尽管对中国哲学十分轻视,却也认为"中国承认的基本原则为理性"。这种理解和启蒙运动以理性为最高准则的致思倾向是一脉相通的。

在英国,启蒙学者常常引用"中国人的议论"来批驳《圣经》。例如18世纪早期的自然神论者马修·廷德尔在《自创世以来就有的基

---

① 《伏尔泰小说选》,北京:人民文学出版社2020年,第31—33页。
② 《伏尔泰文集》第7集,北京:商务印书馆2019年,第330—331页。
③ 《伏尔泰小说选》,北京:人民文学出版社2020年,第31—33页。
④ 《伏尔泰文集》第7集,北京:商务印书馆2019年,第330—331页。
⑤ 同上。

督教》中,把孔丘与耶稣、圣保罗相提并论,并加以比较,从中引出"中国孔子的话,比较合理"的结论。英国哲学家休谟也说:"孔子的门徒,是天地间最纯正的自然神论的学徒。"

中国哲学宗教色彩淡薄,而伦理原则渗透本体论、认识论和人性论,对于这一特质,欧洲思想家也给予重视和好评。霍尔巴赫指出:"伦理与政治是相互关联的,二者不可分离,否则便会出现危险。"而在世界上,"把政治与伦理道德紧紧相联的国家只有中国",伦理道德是中国的"唯一宗教"[①]。伏尔泰对于中国伦理型文化的巨大精神力量同样颇为注重。他曾仿照元曲《赵氏孤儿》编写了诗剧《中国孤儿》,剧中崇尚武功、企图以暴力取胜的成吉思汗,最后折服于崇高的道义。

欧洲启蒙学者多是开明君主专制论者,中国历史上传统的"仁君"统治以及清初康熙"盛世"成为启蒙思想家们所向往的社会楷模。如莱布尼茨的国家观是建立一个具有仁爱、正义、毅力和广阔知识的开明君主治理下的统一国家,他将中国的康熙皇帝作为这样一种开明专制的表率;霍尔巴赫主张以德治国,他公开宣布"欧洲政府必须以中国为模范"[②];波维尔对中国社会十分景仰,他认为"如果中国的法律变为各国的法律,中国就可以为世界提供一个作为去向的美妙境界"。重农学派更是中国政治制度的热烈鼓吹者,它的创始人魁奈因在1767年发表《中国的专制制度》而被誉为"欧洲的孔子"。在该书导言中,魁奈断言中国的政治是合法的专制政治,中国皇帝是合法的专制君主。在《自然法则》一书中,魁奈又把中国奉为按自然法则建立国家的圭臬。

当然,以上欧洲思想家所理解和表述的中国文化,带有明显的理想化色彩,与中国本土文化形似而神异。但是,由此亦可见中国文化所蕴藏的巨大的生命力。

---

① 霍尔巴赫:《社会体系》,陈太先译,北京:商务印书馆1963年,第174页。
② 同上书,第86页。

第十二章

凤凰涅槃

18世纪与19世纪之交，欧美资本主义文化咄咄逼人地向着东方拓展它的影响和势力，而中国文化却依旧在传统故道上缓缓移行，并以其悠久历史而铸成的惯性与自尊，力图维系封闭格局。冲突不可避免。1840年爆发的鸦片战争，将这一冲突以血与火的形式彰显于世人面前。中国战败了，中国从此进入半殖民地半封建社会。西方殖民者用不平等条约的绳索将中华民族裹挟进资本主义的世界秩序之中，同时也就使得中国文化全方位地置身于一个新的文化参照系中。中国文化遭遇到前所未有的挑战。正是在与异质文化——西方资本主义文化的灵与肉、笔与剑的全面交锋中，中国文化扬弃、蜕变并赢得新生。

这是一种痛苦而又充满生机和希望的"凤凰涅槃"[①]。这种痛苦源于亡国灭种阴霾笼罩下的民族忧虑与激愤，"四万万人齐下泪，天涯何处是神州"[②]！但这只是问题的一面。痛苦是新生的产婆，新生是痛苦的报偿。正是在"木乃伊"的解体过程中，中华民族及其文化才获得重振雄风的契机。如果从文化演进和历史发展的更高层次思考问题，那么生机与希望便在痛苦之中升腾。

---

① 佛教称死而更生，进入更高理想境界为"涅槃"。20世纪20年代郭沫若曾创作著作新诗《凤凰涅槃》，歌颂中华民族及其文化的蜕变与新生。

② 谭嗣同：《有感一首》。

第一节

"开眼看世界"

中国文化具有悠久的历史和丰厚的遗产。14世纪至15世纪以前，中国文化一直处于世界领先地位，以自己圆熟的哲理、精致的典籍、实用的科技，为人类进步做出巨大的贡献。但这也相应地带来若干弊端，最突出的便是积淀下以"天朝上国"自居的心理态势，一心"用夏变夷""怀柔远人"。14世纪至15世纪以后，世界文化格局发生剧烈变化，西方资本主义文化突飞猛进，后来居上，相形之下，中国文化失去了自己的领先地位。明末清初，耶稣会士来到中国，给古老淳化的中华民族送来一丝西方文明的清新气息。"风生于地，起于青萍之末"[①]，这本是中国与西方并驾齐驱迈入近代的契机，但是，"天朝上国"的虚骄架子、"用夷变夏"的文化恐惧和"物产丰盛，无所不有"的资源凭借相结合，促使清政府于1757年正式下令闭关、禁教。中国的大门在新时代潮流面前封闭了。

国门的封闭，意味着文化新陈代谢机制的严重阻碍。物质、信息交流的中断还在其次，更糟糕的是，因循保守、拒纳新知的文化保守心理由此而大为强化。盲目守旧、妄自尊大的思想将中国与世界隔绝开来。中华民族对于地球另一边发生的、对人类历史进程具有革命性

---

① 宋玉:《风赋》。

意义的重大变迁——资本主义的萌芽及其壮大,处于一种漠然无知的状态。1840年英国发动鸦片战争,以坚船利炮打上门来,清廷朝野上下均"震于英吉利之名,而实不知其来历"①。受命钦差的林则徐,赴广州禁烟之初,竟以为洋人腿直,不能弯曲,即便开战,也不堪一击。一边是新锐突进,有备而来;一边是老大羸弱,浑浑噩噩。在这种情况下,中英双方尚未正式交火,战争的结局便已昭然若揭。

从本质上看,鸦片战争是资本主义及其世界贸易发展的产物。资本主义的萌发,本是人类文明进步的新阶梯,但是,这种文明进步的动力借以表现出来的形式,却是"恶"——资产阶级的恶劣的情欲。因此,一旦中国传统的小农业与家庭手工业相结合的自给自足经济"对大工业产品进行了最顽强的抵抗"②,资产阶级的发财欲望被遏制,资本主义文明便立刻显露出一副极端野蛮的面孔。战争本身从来是实力的较量。仁义道德终究抵挡不住侵略者的坚船利炮,战争以石头城下一纸不平等条约的签订而告终。

资本列强的大炮轰开了紧闭的国门,给中华民族带来了深重的灾难和屈辱,但它同时也开启了一扇窗口,使中国人得以窥见域外世界的新鲜图景。"开眼看世界"成为中华民族从昏睡中觉醒的标志。林则徐、徐继畲、魏源等人,担当了"开眼看世界"的时代前驱。

1839年,林则徐以钦差大臣身份,赴广东禁烟。在同洋人直接打交道的过程中,林则徐深感"不谙夷情"之苦。现实斗争的迫切需要和"知己知彼"的传统古训,促使林则徐"日日使人刺探西事",又令随行译员翻译英国商人主办的《广州周报》《广州纪事报》等刊物,编成《澳门新闻纸》,从中择要编成《澳门月报》,在《论中国》《论禁烟》等名目下,综述洋人言论。他还令人翻译英国人慕瑞的《世界地理大全》,编成《四洲志》,概述五大洲三十余国的地理、历史、

---

① 《林则徐集·奏稿》中册,北京:中华书局1965年,第649页。
② 《马克思恩格斯全集》第25卷,北京:人民出版社1974年,第373页。

重点介绍英、美、法、俄等国情形。又译出瑞士人滑达尔的《各国律例》，了解西方法律。这些举措，在"徒知侈张中华，未睹寰瀛之大"①的士大夫阶层中，显得格外与众不同。正如当时西方人的评论：

> 中国官府完全不晓得外国的政事，又不询问考求，至今仍不知西洋。唯林总督行事全与相反，署中养有善译之人，对指点洋商通事引水二三十位，官府四处探听，按日呈递，登记在簿上。他自己不辞辛苦，常时习用，凡有所得，记在心中，因而添了许多知识。②

鸦片战争时期，与林则徐同样关注外洋、寻求新知的，还有不为人们熟悉的徐继畬。徐继畬是山西五台人，道光进士，1840年署理福建汀漳龙道道台，1842年提升为广东按察使，1845年代理福建巡抚。游宦闽粤，为他接触西方人士，了解世界情形提供了便利条件。1848年，他怀抱"冀雪中国之耻，重边海之防，免胥沦于鬼域"③的目的，撰写十卷本《瀛环志略》，配以四十二幅地图，论述"地形如球""海得十之六有奇，土不及十之四""北极在上，南极在下，赤道横绕地球之中，日驭之所正照也"，又介绍亚、欧、非、美、澳洲数十国情形，内容包括地理、历史、民风、物产、制度，精审谨严，尤以英、法等国为详尽。尤为引人注目的是，徐继畬在书中称赞美国资产阶级领袖人物华盛顿：

> 起事勇于胜广，割据雄于曹刘，既已提三尺剑，开疆万里，乃不僭位号，不传子孙，而创为推举之法，几于天下为公，骎骎

---

① 魏源：《圣武记》卷十二。
② 《澳门新闻纸》1839年12月14日。
③ 徐继畬：《东源文后集》卷八。

乎三代之遗意。①

为此,美国政府向徐继畬赠送一幅华盛顿画像,他在答词中又颂扬华盛顿"已成为全人类的典范和导师,他的贤德,已经成为联结古代圣贤和他以后各代伟人的一条纽带,因此,必将永远活在人们心中"②。

继承并光大林则徐"开眼看世界"事业的最重要人物是魏源,他是林则徐的朋友。1841年8月,林则徐自杭州赴戍新疆,途中邂逅魏源于江苏京口(今镇江),老友相会,家国忧患,百感交集,两人通宵对榻,抵掌做彻夜谈。林则徐将《四洲志》手稿及有关材料交给魏源,嘱托他进一步研究外情,编撰《海国图志》。魏源不负众望,于次年完成《海国图志》五十卷本,1852年又扩充为一百卷本,洋洋八十余万言,配图百余幅,是19世纪中叶中国乃至东亚内容最丰富的世界知识百科全书。尤其具有重要时代意义的是,魏源在《海国图志》中卓有胆识地提出"师夷长技以制夷"的思想,率先突破文化观方面的"夷夏之大防",不仅承认西方物质文明相对于中国的先进性,而且明确表示出学习西方、超脱先进的开放襟怀,预示了中国近代文化变迁的基本方向。

林则徐、徐继畬、魏源,都属于道光、咸丰年间的经世派,同属此派的还有姚莹、梁廷枏、包世臣、张穆等人。经世派士人高扬"经世致用"的旗帜,力主"更法改图",并"寻求异域之书,究其情事",竞相"谈瀛海故实",以谋御外。虽然他们"师夷长技"的主张带有急切的实用倾向,且内容局限于"一战舰,二火器,三养兵练兵之法"的狭窄范围,对资产阶级领袖人物及其思想的认识也显浮泛肤浅,未得要领(如徐继畬论华盛顿),尚未对西方文化做出全面介绍

---

① 这段文字后来被镌刻在美国华盛顿纪念塔的石刻中文碑上。
② 原文为英文,载1868年3月29日《纽约日报》。

>>> 继承并光大林则徐"开眼看世界"事业的最重要人物是魏源。魏源不负重望,完成《海国图志》的编撰。这是19世纪中叶中国乃至东亚内容最丰富的世界知识百科全书。图为当代文牧江、左维、黄琴、胡超《魏源·海国图志》。

和理性审视，但他们的努力毕竟迈出了中国文化系统从中古式封闭走向近代式开放的第一步，代表了中华民族面对西方资本主义挑战的第一积极回应，开时代风气之先，功不可没。

鸦片战争以后，"华夷隔绝之天下，一变为中外联属之天下"①。"开眼看世界"，也成为先进中国人共同的思想特征。就在徐继畬、魏源等士大夫亟亟于著书立说，"谈瀛海故实"的同时，活动于桂、粤山区的一介塾师洪秀全，破天荒地引入西方宗教并加以创造性改铸，使得基督教这诞生于遥远欧洲的精神力量奇迹般地唤起了亿万中国农民的共鸣，鼓舞着他们掀起了一场历时十三年，席卷半壁河山的太平天国风暴。

鉴于孔子、佛等偶像已被中国统治阶级据为己有，洪秀全决定引入一个新偶像——耶稣基督。出于现实斗争的需要，洪秀全并没有照搬西方基督教的全部教义，而是将其改造成具有中国特色、符合农民阶级利益的"拜上帝教"。1847年，洪秀全、洪仁玕应约赴广州与传教士罗孝全"论道"，双方因对"上帝真道"的理解不同，不欢而散。定都天京之后，洋教士们接踵而至。拜上帝教和基督教到底谁代表"真道"，更成为反复争论的问题。1854年6月，杨秀清与英国海军军官麦勒西交换函件。杨秀清坚持洪秀全是上帝亲子、天兄耶稣的胞弟，为万国的真主。麦勒西指责这"乃是最无根据的臆说""不能表示赞同"②。1860年美国牧师何默斯到南京，向章王林绍章指出，天王的圣理与《圣经》真道有矛盾，太平天国应该"遵照《圣经》的规定做礼拜"。林绍章理直气壮地回答道，拜上帝教对《圣经》的"这种修改仍然是适当的""正如中国人的衣服和西洋人不一样，我们是

---

① 薛福成：《变法》，见郑振铎编：《晚清文选》，上海：上海书店出版社1987年，第218页。
② 1854年6月29日麦勒西致东王书，见《太平天国史译丛》第1辑，北京：中华书局1981年。

从一旁扣纽子的"①。拜上帝教对《圣经》的取舍完全服从于农民革命斗争的需要，因此对基督教中关于忍耐、谦卑的教义，坚决地予以摒弃。洪秀全明确指出："过于忍耐和谦卑，的确不适用于我们当前的时代，因为要用忍耐和谦卑的办法来处理这个万恶的时世，那是不可能的。"②

显而易见，洪秀全的本意，并不在真心诚意地做上帝的子民，而只是借用基督教、皇上帝做工具，来召唤、聚集贫苦农民的力量，在中国的大地上建立起现实的平等"天国"。从根本上看，洪秀全的思想并未脱出中国传统文化的基本规范。他在论证"皇上帝"至尊地位时，反复引证《诗》《书》《易》等中国典籍；他主持制定的《天朝田亩制度》，更是几千年来中国农民"有田同耕，有饭同食"的"均平"思想的集大成式总结。

与洪秀全相比，太平天国的另一位思想家洪仁玕，其思想的近代色彩要鲜亮得多。洪仁玕长年奔走于广东、香港、上海等地，在与欧美传教士的频繁交往中，不但吸取远较洪秀全详备、正规的基督教知识，而且广泛学习了西方科学技术、社会政治学说。洪仁玕自称："不仅在宗教方面，而且在科学与社会改革方面，完全赞同外国人讲的道理。"③这种对西方文化的全面向往，集中体现于他撰写的建策《资政新编》中。《资政新编》力主仿效欧美资本主义民主制度，造火车，修轮船，筑道路，兴邮政，开矿山，办银行，振兴经济，改革政治，统一事权，禁止陋习，富国利民。可以认为，这是近代中国较早的一份完整的资本主义发展蓝图。不过，这头头是道的《资政新编》与轰轰烈烈的太平天国革命运动基本上没有发生直接的联系，除了博得洪

---

① 参看简又文：《太平天国典制通考·宗教考》，香港：简氏猛进书屋1958年。
② 韩山文：《洪秀全之异梦及广西起义之由来》，燕京大学影印1854年香港英文版，第43页。
③ 《太平军在上海——〈北华捷报〉选译》第3部分，上海：上海人民出版社1983年，第253页。

>>> 洪秀全引入西方宗教并加以创造性改铸,奇迹般地唤起了亿万中国农民的共鸣,鼓舞着他们掀起了一场席卷半壁河山的太平天国风暴。从根本上看,洪秀全的思想并未脱出中国传统文化的基本规范,太平天国的另一位思想家洪仁玕,其思想的近代色彩要鲜亮得多。图为清代佚名《平定太平天国战图》(局部)。

秀全的若干条"此策是也"的朱笔御批外,并未付诸实施。太平天国后期日趋危急的政治、军事危机,当然是《资政新编》不及施行的表层原因,其深层原因恐怕更在于农民阶级自身的局限性决定了他们不可能扮演新式生产关系代表者的角色,把中国推向一个全新的时代。

　　容闳曾经指出,太平天国的"唯一良好的后果,就是上帝借助它作为一种动力,打破一个伟大民族的死气沉沉的气氛,使他们觉醒,意识到需要有一个新国家。1894年、1895年、1898年、1900年、1901年和1904年至1905年发生的一系列事件,正充分证明了这一点"[①]。容闳的话不无道理,虽然他说得并不完全。洪秀全以后的康有为、孙中山乃至李大钊、毛泽东等,无不从洪秀全那里受到启迪和鼓舞,同时又超越了他,引导中华民族从"死气沉沉"中挣脱出来,借助西方民主主义、马克思主义的思想武装,一步一步走向新生。

[①] 容闳:《西学东渐记》。

第二节

"洋务"事业"种豆得瓜"

英国殖民者的大炮，将清政府封闭的国门轰开了一个缺口。穿过这个缺口，林则徐、徐继畲、魏源等人率先向着西方睁开寻求新知的眼睛。他们的行动表示了一种积极的、开放的文化态度，但在"师夷长技"方面却并未取得多少值得称道的实绩。与林则徐等人处于敌对阶级营垒的洪秀全，从西方学来了基督教，并把它实用地改造成一整套服务于农民战争的思想和行为规范。洪秀全将耶稣改铸成"皇上帝"，并把它安放在本由孔夫子占据的极尊地位上。但从太平天国的纲领和实践看，其经济上的平均主义、政治上的集权主义、意识形态上的道德主义恰恰说明，"中国化"的耶稣的躯壳里，却是孔圣人的幽灵不散。一方面接受西方文化，另一方面阉割西方文化，这不仅是洪秀全个人及其事业的特征，而且是近代中国屡见不鲜的文化世相。至于洪仁玕的《资政新篇》，倒确是一份充满近代资本主义气息的文件，不过，它并没有与太平天国的实践挂起钩来，仅仅是一张蓝图、一纸空文。

曾国藩是太平天国最强悍的对手。但他并非单纯的一介武夫，而同时又是晚清著名的理学家。驱动他从书斋走向战场的根本动机，与其说是扶清王朝统治大厦之将倾，毋宁说是挽中国文化传统狂澜于既倒。他以高于政客、官僚、军事统帅的眼光审视太平天国："举中国数千年礼义人伦诗书典则,一旦扫地荡尽,此岂独我大清之变,乃开辟以来名教之奇变,我孔子孟子之所痛哭于九泉,凡读书识字者又乌可袖手安坐,不思一为之所也。"这里洋溢着的是中国传统文化自觉捍卫者的激情。唯其如此,《讨粤匪檄》才不以一书战表而以一篇文化宣言的感召力,动员起整个传统阵营的力量,将太平天国扑灭。

曾国藩不忍心中国传统文化遭到太平天国的亵渎,同样也不忍心这种文化蒙受西方人的凌辱。对于前者,他直接诉诸屠刀;对于后者,他却诉诸理智。在痛苦地承认中西文化在物质层面上的差距之后,他与奕䜣、李鸿章、左宗棠等人开创了"略仿西洋之法"的"洋务""自强"事业,林则徐、魏源等人倡导的"师夷长技"主张,至此才得以落实为中国大地上的生动现实。

19世纪60年代,"洋务"事业在镇压"内忧"与抵御"外患"的双重目的下发生。60年代至70年代,它以"求强"、兴办近代军事工业为中心。70年代至80年代,转以"求富"、兴办近代民用工业为重点。80年代中期以后,张之洞后来居上,以洋务事业的"恢张"者自任,在湖广地区兴办了一大批不仅领先于全国,而且独步于亚洲的实业项目,如亚洲最大的钢铁联合企业汉阳炼铁厂、装备先进的湖北兵工厂、纱布丝麻四局、贯通南北的芦汉铁路,成为洋务事业的"殿军"。

奕䜣、曾国藩、左宗棠、李鸿章、张之洞等人,确是传统社会忠贞不二的卫道者。他们兴办"洋务"事业的初衷,在于援西洋之长,以扶正摇摇欲坠的清朝统治大厦。但是,"结果和它的期望恰恰相反。它不自觉地把机揿拧拨了一下,当机揿一旦转动,就逐渐地向着毁灭旧制度的爆炸点走去,再也没有任何力量能够迫使它停止下来"①。以这一批清朝"中兴名臣"为"始作俑者",引入中华大地的西方资本主义大工业生产方式及与之相联系的意识形态,按照它自身的发展规律,艰难地却不可阻挡地成长、壮大,终于将延续两千年的中国封建

---

① 戴逸:《洋务运动试论》,《人民日报》1962年9月13日。

>>> 奕䜣、曾国藩、左宗棠、李鸿章、张之洞等人，确是传统社会的卫道者。他们兴办"洋务"的初衷，在于援西洋之长，以扶正摇摇欲坠的清朝统治大厦。但却是"种豆得瓜"。图为当代佚名《敕治两江》，从左至右依次是：张之洞、李鸿章、左宗棠、曾国藩、刘坤一。

制度送进坟墓。这正像张之洞的弟子张继煦形象地评论:"虽为公(指张之洞——引者)所不及料,而事机凑泊,种豆得瓜。"

洋务事业"种豆得瓜"的客观效果体现在以下诸端:

一 揭开中国近代生产方式的序幕,初步奠定近代文化的物质基础

马克思在谈到新社会创立的前提条件时强调:"他们在自己的发展进程中首先必须创造新社会的物质条件,任何强大的思想或意志力量都不能使他们摆脱这个命运。"①洋务派的实绩,正在于"创造新社会的物质条件"。他们开办了中华民族历史上第一批具有近代性质的大机器工业,产业分布比较齐全,有冶金、机械、煤炭、矿产、军工、纺织等,实际上形成中国近代工业的产业构架。这些企业总数48个,资本总数2 263万元,拥有工人4万人左右,其中500名工人以上的企业工人总数约3万②。洋务运动还初步改变了中国交通运输和通讯的落后状况,建立了包括轮船20余艘、5万总吨位的轮船招商局,筑成铁路上千千米,"电线已环绕于十八行省间"③。当然,这一切相对于4亿左右人口、1 000多万平方千米土地的大国来说,分量显然过于单薄,但它毕竟是一个充满生机的开端。

二 传播近代科技知识,培养中国第一批近代科技人才

洋务派认识到"唯洋人制造确有精理,不从学堂出身者只能步其后尘,不能独出奇异,则西学馆之设,自不可少"④"自京师设立同文馆招选满汉子弟延请西师,天津、上海、福建、广东仿造枪炮船械之

---

① 《道德化的批判和批判化的道德》,《马克思恩格斯选集》第1卷,北京:人民出版社1972年,第332页。
② 姜铎:《试论洋务运动的经济活动和外国侵略资本的矛盾》,《文汇报》1962年1月12日。
③ 郑观应:《盛世危言》卷六。
④ 《张树声往来函牍·致黎兆棠函》。

地，无不兼设学堂，风气日升，人才蔚起，海防洋务，利赖良多"①。洋务运动促成了中国近代教育的创生，不仅新式学堂遍及各地，而且开始了大规模的出国留学教育。留学生中当然不乏声色犬马之徒，但毕竟产生出詹天佑这样的杰出科技人才和邓世昌这样的优秀军事将领。从此，不同于封建士大夫的近代知识分子开始出现在历史舞台，并扮演了时代前驱的角色。

三　促成社会风气的转变

洋务运动大规模地引进"西学""西艺"，强烈冲击了封闭保守的社会风气。"夷情叵测，反复靡常，利器精兵，百倍中国，其所以逞其贪纵者，不过恃有长技耳。长技为何？一在战舰之精也，一在机器之利也。然彼有其战具，我非不可以购求；彼有其机巧，我非不可以学习。"②学西夷之长，兴洋务之业，日益成为社会的共识。有人做此对比："咸丰初元，国家方讳言洋务，若于官场言及之，必以为其人非丧心病狂必不至是，以是虽有其说，而不敢质之于人，不谓不及十年而其局大变也。今则几于人人皆知洋务矣。"③中国传统的贵义贱利、重农轻商的观念开始发生动摇。"逮其久，风气渐开，凡人心智慧不同，且将自发其复。臣料数十年后，中国富商大贾必有仿照洋机器制作，以自求利益者。"④历史证实了李鸿章的这一预料。

四　引发了思想领域内关于中西文化"体""用"关系争论的轩然大波，使人们对于中西文化相互关系的认识大大深入一步

洋务事业的推行，在朝野上下引起强烈反响。清朝内部，顽固派

---

① 刘传铭：《台设西学堂招选生徒聘西师立案折》。
②《中国近代史资料丛刊·洋务运动》第1册，上海：上海人民出版社1961年，第13页。
③ 同上书，第484页。
④ 同上书，第4册，第14页。

以"立国之道，尚礼义不尚权谋；根本之图，在人心不在技艺"[①]之类的陈腐论调，攻击洋务派"捐弃礼义廉耻之大本大原"，败坏人心；而洋务派力陈当此"三千余年一大变局"，兴办洋务正好比"君父之有危疾"而"百计求医"，非如此不足以存亡继绝。双方论争不断，古井无波的思想界渐起涟漪，由"死水微澜"而"洪波巨浪"。这便是关于中学与西学"体""用"关系的深入思考和热烈争鸣。

19世纪四五十年代，中国人对西方文化的感受，仅仅触及物质层面，最直接的便是坚船利炮。魏源以为对于这类"夷之长技"，只需闽粤两省派些精兵巧匠，"一年而可习，二年而可精"[②]，显然把问题看得过于简单。正如王韬所论："当默深（魏源字默深——引注）先生时，与洋人交际未深，未能洞见其肺腑，然师长一说，实倡先声。"

历史又前进了二十年。60年代的冯桂芬，对于中西文化的比较，更深入一层，即不仅承认船坚炮利不如人，而且承认"人无弃才不如夷，地无遗利不如夷，君民不隔不如夷，名实必符不如夷"[③]，进而提出"改科举""采西学""制洋器"。他把自己的主张归纳为"以中国之伦常名教为原本，辅以诸国富强之术"。冯桂芬虽然没有揭出"体"与"用"的对待之词，但明确表示了移花接木地将西方近代资本主义文化之"用"与中国传统文化之"体"嫁接起来的思想，他也因此成为"洋务"巨擘李鸿章的幕僚。

70年代，洋务大吏们的"智囊"人物王韬、马建忠、薛福成，沿着冯桂芬的思路继续缓慢推进，一方面大声疾呼发展工艺科技，扶助民族资本，开办近代工业，振兴商务外贸，废除科举制度，建立新式学堂，甚至提出仿效西方实行议院制度；另一方面仍坚持"取西人气

[①] 《中国近代史资料丛刊·洋务运动》第2册，上海：上海人民出版社1961年，第30页。
[②] 《海国图志》。
[③] 冯桂芬:《校邠庐抗议》。

数之学,以卫吾尧、舜、禹、汤、文、武、周公之道"①。他们的论述超出冯桂芬之处,在于纯熟圆滑地运用了中国传统学术范畴体系中的道与器、本与末、形而上与形而下等概念来比较中西文化的优劣、主从关系,具有更加鲜明的理论色彩:"形而上者中国也,以道胜;形而下者西人也,以器胜,如徒颂两人,而贬己所守,未窥为治之本原者也。"②

进入90年代,内忧日甚,外患日迫。中西文化在军事、政治、经济等各个领域内全面交锋,"洋务"事业进入高峰。士林中人对中西文化关系的思考,也进入一个新的阶段。这一阶段的最大思想结晶,便是"中体西用"说的正式出现和广为流行。梁启超这样说道:"甲午丧师,举国震动;年少气盛之士疾首扼腕言'唯维变法',而疆吏李鸿章、张之洞辈,亦稍和之。而其流行语,则有所谓'中学为体,西学为用'者,张之洞最乐道之,而举国以为至言。"

人们一般误将张之洞认作"中体西用"说的首倡者。其实在他之前,这一说法已多次见诸报章。1893年,郑观应的《盛世危言》刊行,其中《西学》篇就说:"中学其本也,西学其末也。主以中学,辅以西学。"1896年8月,孙家鼐在《遵议开办京师大学堂折》中,将"中体西用"说阐发得更加明白:"今中国创立京师大学堂,自应以中学为主,西学为辅,中学为体,西学为用;中学有未备者,以西学补之;中学有失传者,以西学还之;以中学包罗西学,不能以西学凌驾中学。"

如上所述,90年代,"中学为体,西学为用"的认识在开明士绅和洋务官僚中已相当普及。尤其是1898年6月,光绪皇帝"诏定国是",宣谕:"中外大小臣工,自王公至于士庶,各宜努力向上,发愤为雄,以圣贤义理之学植其根本,兼博采西学之切时势者,实力讲

---

① 薛福成:《变法》,见郑振铎编:《晚清文选》,上海:上海书店出版社1987年,第210页。
② 王韬:《弢园尺牍》。

求，以成通达济变之才。"① "中体西用"更成为最高统治层的政治号召而昭示天下。

1898年5月，张之洞撰成《劝学篇》，其中称："新旧兼学，'四书''五经'、中国史事、政书、地图为旧学，西政、西艺、西史为新学，旧学为体，新学为用。"这一宗旨与"诏定国是"十分合拍，光绪帝立即将其"颁行天下"，洋人也为之大吹喇叭，"长时期以来习惯于孔夫子的陈词滥调下变得死气沉沉的中国人，终于在时代的现实面前苏醒过来"②，再加上张之洞在实践"中体西用"的洋务事业中，建树堪称首屈一指，办厂兴学，盛享时誉，所以便被误为"中体西用"说的始作俑者。

"中体西用"命题中的体、用与道、器一样，是中国传统学术体系中的一对重要范畴。先秦时代的荀子就说："万物同宇而异体，无宜而有用。"③以后，历代思想家对这一对范畴多有运用。概而言之，体，指形体、实体、本体；用，指作用、功能、属性。体是第一位的，基本的；用是第二位的，从属的。"中体西用说"，正是从中学为基本、西学为补充的含义上来运用体、用概念的。具体地说，"中体西用"论者多将体、用与道、器配套使用。中学为体，就是坚持形而上的中国孔孟之道；西学为用，就是采纳形而下的西方科技之器。这样做的理由是："自形而上者言之，则中国先儒阐发已无余蕴；自形而下者言之，则泰西新理日出不穷，盖中国重道而轻艺，故其格致专以义理为重，西国重艺而轻道，故其格致偏于物理为多，此中西所由分也。"④

当"中体西用"的思想尚处萌芽状时，"西用"的内涵比较单薄，基本上局限于严格的形下意义，专指工艺、器制。但越到后来，随着人们对西方文化了解的深入，"西用"包括的内容便越多。例如，开设议院的主张，显然已直接与封建君主专制的"中体"相对立，如宋

---

① 朱寿朋编纂：《光绪朝东华录》第4册，北京：中华书局1958年，第78页。
② 《劝学篇》前言。
③ 《荀子·富国》。
④ 钟天纬：《刖足集·外篇》。

育仁说:"议院为欧洲二百年振兴根本……议院为其国国政所在,即其国国本之所在。"①陈炽也认为:"泰西议院……合君民为一体,通上下为一心……英美各邦,所以强兵富国,纵横四海之根源也。"②张之洞的"新学为用",也包括"学校、地理、度支、赋税、武备、律例、劝工、通商"等一系列"西政"。实际上,"中体西用"论者自己也程度不同地看出,"西洋立国,有本有末,其本在朝廷政教,其末在商贾、造船、制器"③,西洋之末胜于中学之末,其依据还在朝廷政教之本。冯桂芬的"君民不隔不如人",就已经隐约道出其中的道理。

一方面不得不承认西方政教的优长,另一方面又固守孔孟之道而不后退半步。如何消解这种矛盾,"中体西用"论者又祭出了"西学中源"的法宝,认为倡言民权中国古已有之,康有为称"选举实为孔子所创"④,梁启超认为"《洪范》之卿士,《孟子》之诸大夫,上议院也;《洪范》之庶人,《孟子》之国人,下议院也"⑤。不仅西方政教出自中国,而且西方学术文化俱出自中国。郑观应认为西方的光学、电学、数学、物理学、化学、地理学俱"出于我也"⑥。陈炽说"中国大乱,抱器者无所容,转徙而至西域"⑦;皮锡瑞断言"西学出于中国,本周、秦诸子之遗,庄、刘关乎诸书所载,是其明证"⑧。这样一来,"西用"之中那些显然难以归纳于形而下意义的、关乎政教人心方面的内容,便被生拉硬扯地塞进"中体"的陈旧框架。

应该看到,同样打出"中体西用"旗号的人,各自的目的并不一致,因此他们对这一思想的理解角度和强调侧面也大相径庭。冯桂芬

---

① 《泰西各国采风录》。
② 《庸书·议院》。
③ 郭嵩焘:《条陈海防事宜折》。
④ 《孔子改制考》。
⑤ 《古议院考》。
⑥ 《盛世危言》。
⑦ 《庸书》。
⑧ 《论讲学之益》,《湘报》第6号。

等早期改良派鼓吹"中体西用",是为了在陈腐、僵化的封建文化的一统天下之中,为新思想的立足打进一个楔子,为的是让"西用"得以在"中体"之中存身。曾国藩、张之洞等洋务派以"中体西用"为理论纲领,本意却是用"西用"来捍卫"中体",这其中既包括用西方先进火炮来镇压太平天国农民起义,以捍卫被革命浪潮冲得摇摇欲坠的封建朝廷,又包括面对咄咄逼人的西方列强的不断要挟恫吓,有必要用西艺、西技增强清廷的力量,以保全"天朝上国"的面子。康有为、梁启超等维新派对"中体西用"也表示出强烈的兴趣,那是由于他们机敏地将这一现成口号服务于自己的变法活动。

概而言之,"中体西用说"为古老的中国文化汲纳西方文化的营养,创造了一种在当时的历史条件下所可能的模式。现在有充分理由来论证"中体西用"的浅薄,但是却设想不出一种可能的理论,来取代它在沟通中西文化方面冲破坚冰、开启航道的客观历史作用。正是在它的庇护之下,先进的西方近代文化,才得以排除顽固势力的重重阻挠,插足于中国传统文化的世袭领地,并不以人们意志为转移地对于"中体""中学"以强烈的对比、影响,最终促进了它们的革命性变化。

从学理上分析,"中体西用论"自有其不可克服的内在矛盾,最根本的在于它袭用了传统的"体""用"范畴,却抛弃了体用相关、"体用不二"这些符合事物本来规律的古典认识论精华。文化形体与功能属性、物质文化与精神文化、器用与制度本来就是不可分割的浑然整体。"中体西用"说却将它们机械地割裂开来,然后随意拼搭,貌似全面、公允,实则似是而非。这种本质的弊端,从"中体西用"说问世之日起,就不断受到尖锐责难。洋务事业的艰难曲折,为这种责难提供了充分的实践依据。王韬认为,仅仅学习"西用"的坚船利炮,"仅袭皮毛,而嚣然自以为足""终不能一旦骤臻于自强"[①];钟天纬也说"欲挽回大局,岂仅在船坚炮利区区末艺之间?即小小补苴,

---

① 《变法》上,《弢园文录外编》,上海:上海书店出版社2002年,第9页。

仍无补存亡之大计,必须破除积习,大为更张"①。

历史严酷地验证了王韬、钟天纬的论断。1894年中日甲午之战,以北洋水师的覆灭而告结束。为什么同是"坚船利炮",堂堂天朝上国竟不敌蕞尔东洋?亲身参战者如是回答:"海军所有章程,除衣冠语言外,均当仿照西法,万不得采择与中国合宜者用之,不合宜者去之,盖去一不合宜,则生一私弊"②"我国海军章程,与泰西不同,缘为我朝制所限,所以难而尽仿,所以难而操胜算也"③。

这些并无多少高深学问的海军下级官佐,用血的教训,打中了"中体西用"的要害。对于西政、西学,"何宜者用之,不合宜者去之";打的旗号冠冕堂皇,骨子里却是用"中体"限制"西用",消解"西用",到头来只落得个"西用"失效,"中体"蒙难的结局。

甲午惨败,"西用"并不能捍卫"中体"的事实,启发了维新派更深入一步地探讨中学与西学的"道器""体用"关系。谭嗣同论道:"道,用也;器,体也。体立而用行,器存而道不亡。……器既变,道安得独不变?变而仍为器,亦仍不离乎道,人自不能弃器,又何以弃道哉?"④谭嗣同不愧为"冲决网罗"的思想斗士。他不仅明确重申道器、体用一变俱变的不可分割的关系,而且将洋务派们以"道"为"体"、以"器"为"用"的观点来了一个根本的颠倒,以"道"为"用",以"器"为"体",从而兜底掀翻了"中体西用""变器不变道"的理论基石。

与谭嗣同的认识基本一致,但逻辑推理更加缜密的对于"中体西用"的批判,来自中学功底雄厚而西学造诣在当时堪称首屈一指的启蒙思想家严复:

---

① 《弢园集·外篇》。
② 《盛宣怀档案资料选辑》,陈旭麓等主编:《甲午中日战争》下册,上海:上海人民出版社1982年,第414页。
③ 同上书,第400页。
④ 《报贝元徵》,《谭嗣同集》,长沙:岳麓书社2002年,第209页。

>……体用者,即一物而言之也。有牛之体,则有负重之用;有马之体,则有致远之用。未闻以牛为体,以马为用者也。中西学之为异也,如其种人之面目然,不可强谓似也。故中学有中学之体用,西学有西学之体用,分之则并立,合之则两亡。议者必欲合之而以为一物,且一体而一用也。斯其文之违舛,固已名之不可言矣,焉望言之而可行乎! ①

严复说这些话时,历史已经迈入20世纪的门槛。"洋务"事业的高潮已过,但其"殿军"人物张之洞在湖北地区推行人称"第二次洋务运动"的"新政",劲头不减。汉阳炼铁厂鼓风炉的轰鸣、两湖总师范学堂的琅琅读书声、新军营房内威武的操演呐喊,在"尽瘁清室"的张之洞听来也许是纯正悦耳的"明体达用"的旋律,其实这些音响正蕴含着"西用"与"中体"的摩擦与冲撞,传递着张之洞力图捍卫的腐朽制度行将崩溃的信息,印证着严复"体用者,即一物而言之也"的正确论断。

张之洞死后仅仅两年,辛亥首义的枪声就在他兴办"洋务"的中心地区武昌城头响起。全国迅即响应,清廷顷刻瓦解,两千年君主专制制度从此寿终正寝。一位封建遗少,为此而愤愤指责张之洞:"追源祸始,张文襄(张之洞谥文襄——引注)优容新进,骄纵军人,养痈十余年,糜帑数千万,兴学练兵,设厂制造,徒资逆用,以演成今日非常之惨剧,殊堪浩叹。"②

当然不赞成论者的守旧立场,但认为他毕竟道出了一桩历史的真情:"洋务"事业在客观上推动历史进步的积极作用,正所谓"事机凑泊,种豆得瓜"!

---

① 《与外交报主人书》。
② 《欧阳尊致袁世凯书》。

第三节

中国文化的新质细胞

19世纪中叶以后,中国文化从全然封闭的僵壳中部分地解脱出来,面对着广阔的世界呼吸吞吐,接纳西方资本主义文化的新鲜养料,调节、完善自己的再生机制。这个痛苦但却充满希望的生命过程,首先体现为近代工业的建立、交通运输的发展、沿海城市的工商业以及农村商品经济的扩展,在此基础上,生机勃勃的新质细胞在中国文化肌体内由隐而彰、由弱而强地分蘖和繁殖起来。

一 书院改制与新学堂开办

新的时代呼唤着新的人才,新的人才必出自新的教育。这一方面是旧有书院的改制,另一方面则是新学堂的开办,而书院改制的方向,也是向新学堂靠拢。

外国传教士设立的教会学校,是近代新式学校的开端。19世纪30年代到50年代,传教士在广州、香港、澳门、宁波、上海、福州等地开办学校,这些学校教授内容仅为宗教、英文,规模很小,程度很低。1860年第二次鸦片战争以后,教会学校有了较大发展。1876年,教会学校总数为350所,学生总数5 975人。到1898年,单单美国传教士开办的学校中学生人数就超过两万。开办教会学校,是资本—帝国主义对华文化侵略的重要手段。这些教会学校的主持者直言不讳地宣称："在我们学校内，我们训练中国未来的教师和传教士……使他们成为中国未来的领袖和指挥者，给未来的中国施加最强有力的影响。"[1]但也要看到，从课程设置情况看，教会学校毕竟开设了一些中国传统教育所鄙薄的新兴自然科学和所忽视的社会科学课程。1896年，美国传教士狄孝文在中华教育会第二届大会上作《什么是中国教会学校最好的课程》的报告，列出六种课程，即语言、地理、历史、数学、自然科学和宗教。一般教会学校，均设立这些科目。为应教学之需，教会学校编译出一批中国近代早期的自然科学教本，如《笔算数学》《形学备旨》《代数备旨》《三角数理》《数学理》《代数术》《格致须知》《八线备旨》《重学》[2]等。这些举措无疑对陈腐的中国传统教育内容，形成一个冲击，在客观上起到了传播新文化、开风气之先的积极作用。

清政府开办的新学堂，首推京师同文馆。

1861年1月，清政府设立专门办理对外事务的总理各国事务衙门。奕䜣在请求设立总理衙门的奏折中建议"饬广东、上海各督抚等分派通解外国语言文字之人，携带各国书籍来京，选八旗中资质聪慧、年在十三四岁以下者，俾资学习，于文字语言悉能通晓，即行停止"[3]。1862年6月11日，英文馆正式开课，学生仅十人，均为八旗子弟。1863年4月，又开设法文馆和俄文馆，学生增至三十人。1866年12月及次年1月，奕䜣等又两上奏章，请求在同文馆内增设天文算学馆，延聘外人教习。经过与"久著理学盛名"的顽固派倭仁等人的激烈争论，克服重重阻挠，1867年6月21日，天文算学馆举行招生考试，录取新生三十名，但素质太差，一年后即淘汰三分之二，仅余十

---

[1] 《在华基督教传教士1890年大会记录》，1890年上海英文本，第496—497页。

[2] 见梁启超：《西学书目表》，清末《实务报》馆石印本。

[3] 《筹办夷务始末》（咸丰朝）卷七十一。

人。自此以后,"同文馆的课程,大加扩充""许多自然科学,都逐渐地介绍进来"①,并且陆续开出一些社会科学课程。根据1898年京师同文馆馆规,学生肄业八年,学习外国地理、历史、代数、几何、三角、化学、天文、外语翻译等课程,这时的京师同文馆,已发展成为一所文理综合性的实用科学专门学堂。其培养目标、课程设置、训练手段、教学制度,均与旧式书院大相径庭,初步具备近代学校的特点。

在新时局、新思潮的逼迫下,清政府对科举制度及旧书院、学塾进行了局部的改良,从课程设置到教学形式都渐渐接近新学堂。1887年,御史陈琇奏准将算学列为科举科目。次年,乡试报考算学者有三十二人,取中举人一名。这是中国最早一次将西学与中学同考。1898年,贵州学政严修奏请开设经济专科,中试者名经济举人,亦获批准。旧式书院制度此时已日薄西山,"有名无实者十居八九"②。张之洞整顿两湖书院及经心书院,前者分习经学、史学、地舆(附图学)、算学四门;后者分习外政、天文、格致、制造四门,以算学为专门必修科目。

新式书院也在各地陆续出现。1874年,徐寿与英国传教士傅兰雅发起,在上海开设格致书院,聘西人教习化学、矿学等课。1878年,张焕伦在上海创办正蒙书院,开设国文、舆地、经史、时务、格致、数学、诗歌等科。1896年,邢廷英、成安等人在陕西开办格致实学书院,分科学习天文、地舆、吏治、兵法、格致、制造。1897年廖寿丰等在杭州设求是书院,聘外籍教习传授各种西学,又聘中国学者讲授算学及外语。

1901年,清政府明令废除八股,改试策论,废除武试。科举的形式方面有了改变。1903年,张之洞、张百熙等合订的《奏定学堂

---

① 《京师同文馆略史》,舒新城:《中国近代教育史资料》上册,北京:人民教育出版社1961年,第124页。
② 潘衍桐:《奏请开艺学科折》。

章程》奏准颁布。完全不同于传统学制的新教育制度呱呱坠地。这一"章程"规定的学校系统，又称"癸卯学制"，共分三段七级。第一段为初等教育，分蒙养院、初等小学堂、高等小学堂，共三级十三年。第二段为中等教育，时为五年。第三段为高等教育，分高等学堂或大学预备科三年，分科大学堂三年到四年，通儒院五年，共三级十一到十二年。与以上系统并行的，还有师范教育、实业教育两系。新学制的推行，受到残存科举制的阻碍，"科举一日不停，士人皆有侥幸得第之心……学堂决无大兴之望"。在朝野上下一片反对声中，清政府不得不于1905年8月"停科举以广学校"。从隋大业二年（606）起实行一千三百年之久的科举制度，终于寿终正寝。

二　近代报刊的发行及出版机构的建立

社会信息量的增长及传播速度的加快、传播范围的扩展，是近代社会的最基本标志之一。社会生活频率的明显加速，文化信息的爆炸性激增，以及各政治集团宣传舆论工作的急切需要，刺激了近代报纸、杂志出版业从零起步，迅速发展。

鸦片战争以前，清政府禁止外国人在中国办报。鸦片战争以后，西方列强取得在华办报特权。从1860年到1890年，仅耶稣会主办的报刊即多达七十余种。教会报刊中，影响最大的，当数《万国公报》。其前身系《教会新报》，1868年9月创刊于上海，主办人是美国传教士林乐知。《教会新报》主要供中国教会人士阅读，内容以宗教为主，影响有限。1874年9月，从第301期起，更名《万国公报》，成为以时事为主的综合性刊物，始为周刊，后为月刊。1887年，传教士、外国领事、商人组建的出版机构广学会成立，《万国公报》成为其机关报，影响日增，发行量最高达5.4万份，曾对维新派人士产生重要影响。

外国商办报刊也发展起来，而且后来居上，在社会影响方面，超过了教会报刊。外国商办报刊中最著名者为《申报》。从1872年4

月30日创刊到1949年5月停刊，长达七十七年，是中国近现代历史最长的报纸。《申报》的创办人是英商美查，开办之初即反复申明其与旧式《邸报》《京报》的区别："邸报之作成于上，而新报之作成于下。"①"新报是合朝野之新闻而详载之，京报仅有朝廷之事，而闾里之事不与。"②《申报》主要反映外商的意愿，发表许多关于筑路、开矿、兴办工厂、发展航运的文章。为争取读者，也发表禁娼、禁烟、反对缠足陋习、废除把头制度的言论。1909年，因营业不振，产权由该报华人经理席子佩收买，1912年又转让于史量才，业务重振，成为旧中国屈指可数的大报之一。

近代中国人自己主持的报纸，滥觞于林则徐1839年在广州组织人员编译的《澳门新闻纸》。林则徐又将《澳门新闻纸》中的材料，择编成《澳门月报》，送有关方面参考。不久，林则徐被撤职，两报也随之停刊。

随着中国资产阶级的诞生，反映其要求的报刊纷纷问世。1858年，伍廷芳在香港创办《中外新报》，首次采用西方报纸形式编排，不再采用书本形式。1874年1月，改良派思想家王韬在香港创办《循环日报》，该报最大的特色是每日于头版头条位置发表政论一篇，多由王韬撰写。其文字浅显，论说透辟且富于激情，具有强烈的鼓动性，推动了资产阶级改良主义思潮的高涨。

在资产阶级维新变法运动中，报纸发挥了极大的宣传鼓动作用。1895年8月，康有为创办的《中外纪闻》在北京出版发行。梁启超、麦孟华主其笔政，内容有上谕、外电、各报选录、译报、评论等。该报鼓吹维新变法，免费赠送在京官员阅读，使之"渐知新法之益"。维新派政治团体强学会成立，《中外纪闻》成为其机关刊物。近代报刊直接作为政治斗争的工具，自此而始。

---

① 《邸报别于新报》，《申报》1872年7月13日。
② 《京报异于西土新报》，《申报》1873年7月20日。

在顽固派的高压之下，《中外纪闻》被查封。维新派不屈不挠，于1896年8月又在上海创办《时务报》，开办之初，十天一册，每期论说文四千余字的篇幅，由梁启超一手包办。他才思敏捷，行文酣畅淋漓，笔锋常带感情。严复盛赞曰："任公文笔，原是畅遂，其自甲午以后，于报章文字，成绩为多，一纸风行海内，观听为之一耸。"[①]《时务报》出版仅几个月，销量达一万七千余份，创当时报刊售量最高纪录。

《时务报》创办的次年，启蒙思想家严复在天津创办《国闻报》。严复以英国《泰晤士报》为《国闻报》楷模，其宗旨一是"通上下之情"，二是"通中外之故"。重视外国报纸书刊的译介，是其显著特色。深刻影响中国几代知识分子的严译名著《天演论》，便是在《国闻报》馆所编旬刊《国闻汇编》上首先与世人见面。

1898年6月，在变法高潮中，光绪帝下令准许官民自由办报。中国近代的报刊事业，出现了第一个高潮。1895年至1898年期间，公开发行的报纸多达六十余种，不但出现于上海、汉口等通商口岸，而且出现于长沙、桂林、重庆、西安等内地城市。

与报刊互为依托的近代出版机构，也蓬勃发展起来。铅活字、凸版、凹版印刷术，石印术及手摇式、回轮式印刷机械先后输入中国，为之提供了先进的技术手段。1843年上海开埠，英国传教士麦都思从雅加达迁一印刷机构来沪，名"墨海书馆"。它是上海有铅印设备的第一家。饶有趣味的是，书馆使用黄牛带动机轴，印刷图书，时人曾作诗云："车翻墨海转轮圆，百种奇编宇内传，忙杀老牛浑未解，不耕禾陇耕书田。"[②]

洋务运动兴起，中国人自己开办的出版机构开始出现，成绩最显著的是设在上海的江南制造局翻译馆。仅从1871年到1880年九年

[①] 《与熊纯如书》，王栻主编：《严复集》第3册，北京：中华书局1986年，第648页。

[②] 孙长卿：《洋泾浜杂诗》，见王韬：《瀛壖杂志》，上海：上海古籍出版社1989年，第119页。

>>> 1897年,启蒙思想家严复在天津创办《国闻报》。影响中国几代知识分子的严译名著《天演论》,便是在《国闻报》馆所编旬刊《国闻汇编》上首先与世人见面的。图为当代王裕亮、杨幼梅《译坛先驱:严复、林纾、辜鸿铭》。

之中，即出版《几何原本》等科学著作及外国历史、地理书籍九十八种，销量三万一千余部[1]。维新变法运动中，梁启超等集股于上海设立大同译书局，"首译各国变法之事，及将变未变之际，一切情形之书，以备今日取法；译学堂各种功课，以便诵读；译宪法书，以明立国之本；译章程书，以资办事之用；译商务书，以兴中国商学，挽回利权"[2]。译书局尽管存在时间不长，但刊印了《俄彼得变政记》《孔子改制考》等一批鼓吹变法之书，成绩斐然。

中国近代出版机构中，历史最久、影响最巨的，当推商务印书馆和中华书局。

商务印书馆于1897年创设于上海，创办人为夏瑞芳、鲍咸恩、鲍咸昌、高凤池，在上海江西路德昌里贷屋开业。1901年张元济的加入，给商务印书馆的发展注入强大活力。他总理馆务，数十年如一日，旰食宵衣，殚精竭虑，将毕生心血耗费于内。商务印书馆的事业与成功，是与张元济的名字分不开的。商务印书馆建立之初，以印制商业簿册报表为主要业务，后改以出版图书为主。它邀请蔡元培等学者编纂学校教科书，大量印行出版，一举确立在出版界举足轻重的地位，并获得学术界一致赞赏。商务印书馆注重西方学术、文艺名著的翻译出版。推出严复译《天演论》《群己权界论》《社会通诠》《法意》《名学浅说》等，给思想界吹进开智启蒙的清新之风。又出版林纾翻译的脍炙人口的《巴黎茶花女遗事》《黑奴吁天录》等西方小说百余种，影响极大。商务印书馆还出版了《华英初阶》《华英进阶》《华英字典》《华英音韵字典集成》等一批外文工具书。另外，商务印书馆还编辑出版了旧中国历史最久的大型综合性杂志《东方杂志》。

在近代出版史上与商务印书馆齐名的中华书局，成立于1912年元旦，创办人是陆费逵。教科书和儿童读物是中华书局的出书重点。

---

[1] 张静庐辑注：《中国近代出版史料初编》，北京：中华书局1957年，第23页。
[2] 《大同译书局叙例》。

从创办之日到1949年，共出版教科书四百余种，居出版界之冠。它发行的《中华童子界》《中华儿童画报》《小朋友》《少年周报》《中华少年》，尤令小读者爱不释手。中华书局还是印行古籍和中文工具书的重镇。1921年，它开始刊印《四部备要》，收经、史、子、集各类古籍三百五十一种，装订成线装本两千五百册，煌煌巨著，蔚为壮观。在工具书方面，1915出版《中华大字典》；并从同年开始，历时二十年，编辑出版大型辞书《辞海》，嘉惠学界，功不可没。

三 近代图书馆的设置

中国文化辉煌，典籍汗牛充栋。从秦、汉时代开始，历代学者均重视书籍的收藏和研究，版本目录、校勘集佚也成为中国传统学术的重要门类。石室、金匮（秦）、石渠阁、天禄阁（西汉）、兰台、东观（东汉）等国家藏书馆内，搜集了当时几乎全部的书籍。在官府藏书之外，还有书院藏书以及私人藏书。从南北朝时代起，私人藏书家建造专门藏书楼的现象开始出现。到了唐代，私人藏书家开始为藏书楼命名。如李磎"家有书至万卷，世号'李书楼'"[①]。宋代书院大兴，有名的白鹿洞、岳麓、应天、嵩阳四大书院，均有大量藏书供学生研习。但是，不论上述哪一类藏书机构，所藏书籍受中国传统学术门类结构制约，读经、解经之作占了压倒多数，而自然科学、工艺技术方面的著述极少。另外，图书的利用率很低，文化信息传播的范围受到限制。图书的社会作用，得不到充分发挥。

进入近代，随着资本主义新文化、新思想的传入和扩散，大量完全不同于中国传统学术的政治、宗教、科学、文艺书籍出版，图书的门类急剧增加。另一方面，社会对于文化信息要求的普遍、广泛和急迫，也冲击着旧的藏书机构及其制度。在这种文化背景之下，从内容到形式都不同于古代藏书机构的近代图书馆出现了。

[①]《新唐书·李磎传》。

私人藏书逐渐对公众开放，是近代图书馆事业的端倪初现。藏书家纷纷公开自己的藏书。清末四大私家藏书楼之一的江苏常熟铁琴铜剑楼，欢迎人们前往浏览、转抄、参观。19世纪90年代兴起的维新变法运动，推动了近代图书馆的建立。维新派组织的强学会设有"书藏"，陈列图书，供人阅览。各地建立的维新派学会如南学会、苏学会、湘学会、粤学会等，都有藏书丰富的书楼，其目的在"广考镜而备研求"，其内容以西学、新学为主。管理制度也比较完善。苏学会简明章程专列"看书七条"，对图书采访、分类、编目、流通借阅及赔偿，均做详细规定。读者对象，除了维新派成员，也包括一般士大夫及普通市民。因此，这种学会书楼，已初具公众文化机构的性质。

1902年，徐树兰在浙江绍兴设立古越藏书楼，这是近代公共图书馆的正式开端。藏书的内容及分类法突破经、史、子、集的传统框架，按"学部""政部"分类，传统典籍之外，收入声光电化等"新书"书籍及图画、报刊，藏书共七万余卷。编目方法，亦多创新，著录详明，方便读者查寻。借阅方式既可馆内阅览，也可借回家中。

此外，安徽、浙江等省也设立了公共藏书楼。据何熙年《皖省绅士开办藏书楼上王中丞公呈》称，其宗旨"约集同志，创办书楼；多储经史，以培根本；广置图籍，以拓心胸；旁及各报，以广见闻"。藏书向一般读者开放，"但使有志学问之士，无论何省籍贯，均许来楼阅抄，以化畛域"①。到1914年，全国共建成省级公共图书馆十八所。

1909年，学部奏请建立京师图书馆（后来的北京图书馆、现在国家图书馆的前身）。奏折称"图书馆为学术之渊薮，京师尤系天下观听，规模必求宏远，搜罗必极精详，庶足以供多士之研求，昭同文之盛治"②。1909年底，清政府正式颁布《京师及各省图书馆通行章程》，规定图书馆应"保存国粹，造就通才，以备硕学专家研究学艺，学生士

---

① 《皖省藏书楼开办大略章程十二条》。
② 《筹建京师图书馆折》。

人检阅考证之用。以广征精彩,供人浏览为宗旨"。这是我国近代有关图书馆的第一次立法。它的颁布,标示着近代图书馆事业已初具规模。

在京师图书馆筹建过程中,目录学家缪荃孙被任命为正监督。辛亥革命后,夏曾佑主持馆务,实际上由鲁迅具体负责。为了充实馆藏,使京师图书馆真正具有国家图书馆的地位,鲁迅多次通过教育部征调各地图书资料,并经内务部批准,规定国内出版物均应呈交京师图书馆一份皮藏。在鲁迅的力争之下,《永乐大典》《四库全书》入藏京师图书馆,为馆藏增添了珍贵财富。

在公共图书馆以外,学校及各出版机构还有自己的图书馆。《京师大学堂章程》载明:"学者应读之书甚多,一人之力,必不能尽购。……京师大学堂为各省表率,体制尤当崇闳,今拟设一大藏书楼,广集中西要籍,以供士林浏览而广天下风气。"商务印书馆内,为编辑工作的需要,附设一图书馆,号涵芬楼,藏书达三十四万余册之丰,中外古今图书、书刊、照片、碑帖,分门收藏。

四 新知识分子群体的形成

新的时代条件,新的文化环境造就了不同于传统士大夫阶层的新一代知识分子群体。依据他们产生的来源,又可分为两大类型:一类是由封建士大夫营垒中分化而出,另一类则基本上由资本主义新文化培育而成。

第一类近代知识分子,早年基本上受完全的、正统的封建文化的熏陶。他们在时代的感召下,逐渐地接受新思想、新文化的影响,但一般说来,过于厚重的传统文化的包袱,始终是滞缓他们前进步伐的历史负担。他们的政治主张比较温和,在思想深处与旧文化藕断丝连。冯桂芬、王韬、薛福成等人均属这一类型,而张謇则可以视为他们的典型代表。这位在中国近代史上颇著声名的"状元资本家",幼年攻经书,青年为幕僚,壮年中状元、办实业,晚年兴宪政、入内

>>> 第二类近代知识分子,系统地接受了资本主义新文化的教育,他们或者就读于新式学堂,或者远涉重洋,用新的文化构件,组建自己的知识系统。图为当代方瑞《洋务运动·留美幼童》。

阁，一生经历坎坷且富传奇色彩。他从一个农家子弟经过科举而成为士人群体的成员，又从士人群体的低层逐步上升到高层，然后再从士人群体向商人群体转变，进入新兴资产阶级的行列。他的典型意义——在于作为封建士大夫，他登上了名誉和声望的顶峰；作为新兴资产阶级的头面人物，他同样开创了兴旺一时而影响久远的事业。在于他在甲午战败、民族危亡的关口，急流转进，弃旧图新的举动，代表了一批与他处于同一文化营垒的旧士人幡然醒悟，步入新的人生之路的卓越胆识。更在于他提出并终生实践的"实业救国""教育救国"的主张，委实是相当数量的出身旧营垒的近代知识分子，在当时的历史条件和认识水平之下所能采取的选择。

第二类近代知识分子，系统地接受了资本主义新文化的教育，他们或者就读于洋人执教的新式学堂；或者远涉重洋，负笈异邦，用新的文化构件，组建自己的知识系统。一般说来，他们较少受传统的羁绊，对资本主义新文化的理解和把握较为深刻，在近代西学东渐中的历史地位，显然超过前一类近代知识分子。他们的弱点，则是易于脱离中国社会的实际状况和民众心理态势，试图机械地生硬移植资本主义政治、经济、文化于中国，而犯了空想主义、教条主义和学理主义的毛病。这一类型以何启、胡礼垣、容闳为代表。何启留学英国，先后学医学和法律，毕业后回香港以律师为业，又创办西医书院。他认为"政者民之事"，反对封建专制。后参与孙中山筹划的广州起义，起草对外宣言。胡礼垣科举屡试不第，入香港皇仁书院学习。曾访问苏禄国（现属菲律宾），助其国王整理国政。1894年后，一度代理中国驻日本神户领事。何启、胡礼垣两人合著《新政真诠》，批驳封建纲常，鼓吹天赋人权论和社会契约论，是19世纪后期十分活跃的资产阶级政论家。容闳七岁即入澳门的西塾读书，十九岁赴美留学，考入耶鲁大学。"洋装虽然穿在身，我心依然是中国心。"在紧张的求学生活中，容闳一刻也没有忘记自己是中华儿女：

> 予当修业期内，中国之腐败情形，时触予怀，迨末年而尤甚；每一念及，辄为之怏怏不乐……予之一身既受此文明之教育，则当使后予之人，亦享此同等之利益，以西方之学术灌输于中国，使中国日趋于文明富强之境。①

出于这一高尚的目的，学成归国后，容闳对太平天国革命进行实地考察，向洪仁玕陈述建设近代军事、政治、经济、教育的七条方针，希望通过太平军来"为中国谋福利"。这一尝试失败后，他又鼎力协助洋务官僚，建成近代中国第一个大型新式企业江南机器制造总局，组织四批共一百二十名幼童以官费赴美留学。但是他又一次地失望了。江南制造总局的设备、材料、技术，一并依赖外国，而留学幼童也未能完成他们的学业，提前奉召回国，甚至回国后，还受到囚犯一般的待遇。这并不是容闳个人的无能和过错，也不是他所代表的那一类近代知识分子的无能和过错。相反，他们美好的愿望鼓舞了后人，他们遭受的挫折启迪了后人，对旧世界、旧文化进行全面的根本改造，必须从中国的现实出发，实施政治体制、经济结构和文化心理的全面变革，"在真正完全摆脱迷信的重担和对过去的崇拜时，迅速使自己以新生，把自己建成一个真正伟大的国家"②。

从根本上看，近代知识分子不同于传统士大夫阶层的"新"特色，主要体现在如下方面：

一 时代意识

当资本主义的浪潮席卷西方并猛烈冲击东方的时候，当列强的大炮震撼紫禁城宫墙的时候，广大民众尚在黑暗与愚昧中沉睡，上层统

---

① 容闳：《西学东渐记》。
② 参见钟叔河：《走向世界：近代中国知识分子考察西方的历史》，北京：中华书局1995年，第139页。

治集团尚在无知的骄狂与自私的怯弱之间摇摆,唯有士大夫阶层中的有识之士慧眼独具,从时代变迁的本质上来观照时局:

> 自生民之初,以迄于今,大都不过万年而已。何以明之?以世变之亟明之也。天道数百年小变,数千年大变。……嬴秦以降,虽盛衰分合不常,然汉、唐、宋、明之外患,不过曰匈奴,曰突厥,曰回纥、吐蕃,曰契丹、蒙古,总之不离降及今日,泰西诸国,以其器数之学,勃兴海外……环大地九万西北塞外诸部而已。里之内,罔不通使互市,虽以尧、舜当之,终不能闭关独治。而今之去秦、汉也亦二千年,于是华夷隔绝之天下,一变为中外联属之天下。①

时代大变了,世界已不再是传统意义的"天下",中国也不再是国人自诩的居天下之"中"的"天朝上国"。夷夏之关系在变,世道与人心在变,知识分子阶层自身也在变。自觉的、强烈的时代意识,是新知识分子群得以产生的思想契机,也是他们区别于社会其他阶层的明显特征。

二 知识结构

知识分子阶层以其拥有的专门文化知识卓然独立于社会各阶层之中。他们的蜕变,最根本的应是所拥有知识内容与结构的更新,而不能仅仅停留在对时局的敏感上面。

侵略者打到家里来了,饱读经书,善作八股,熟谙治国、平天下之道的士大夫,这才晓得世界上除"天朝"之外,还有什么英吉利、法兰西、美利坚等莫名其妙的国度。士大夫们并不乏爱国的激情和反侵略的勇敢,但他们引经据典地提出的"火攻""砍脚"之类御敌之

---

① 薛福成:《变法》,见郑振铎编:《晚清文选》,上海:上海书店出版社1987年,第218页。

法①，徒增历史笑柄而无丝毫实效。"仁义礼智"被"奇技淫巧"打得落花流水，明智的知识阶层开始检讨传统学术的价值，并以之与西方文化相比较：

> 固知处今而谈，不独破坏人才之八股宜除，与凡宋学汉学，词章小道，皆宜且束高阁也。……其为祸也，始于学术，终于国家。……然而西学格致，则其道与是适相反。一理之明，一法之立，必验之物物事事而皆然，而后定之为不易。其所验也贵多，故博大；其收效也必恒，故悠久；其究极也，必道通为一，左右逢源，故高明。②

摒弃了偏见与无知，西学的优长与中学的缺弊被知识分子同时认识。"道光、咸丰以来，中国再败于泰西，使节四出，交骋于外。士大夫之好时务者，观其号令约束之明，百工杂艺之巧，水陆武备之精，贸易转输之盛，反顾赧然，自以为贫且弱也。于是西学大兴，人人争言其书，习其法，欲用以变俗。"③就每个个体而言，接受西学的程度各不相同，但就整个新知识分子群体而言，在传统中学的根基上，积极地、有选择地吸纳西学，"欲以构成一种'不中不西、即中即西'之新学派"④，形成大不同于旧式封建文人的中西合璧的知识结构，是他们的共同特征。

三　角色认同

中国古代知识分子素来以治国、平天下为自己的学术成就与人生

---

① 参见李侃：《中国近代史散论》，北京：中华书局1982年，第10—11页。
② 严复：《救亡决论》。
③ 邵作舟：《纲纪》，《中国近代史资料丛刊·戊戌变法》第1册，上海：上海人民出版社1972年，第181页。
④ 梁启超：《清代学术概论》。

价值的最高现实。他们的学术功能被政治功能所淡化、掩盖。古代知识分子研究学问，拥有文化知识，但这些学问、知识，必须而且只能附丽于政治，或者说最终唯有通过政治来实现它的价值。在这种大的文化背景之下，由士而仕，参与政治，投身宦海，为民请命，替天行道，成为中国古代知识分子最为规范的自我角色认同。政治意识过于强烈的单一角色体验，驱使封建士子走上一条布满风险的极狭窄的人生之路——得官则得志、得意，失官则失志、失意，学问和知识本身在他们心目中的地位，反而无足轻重。

进入近代，西学传入并渐次强化它的影响。知识的门类急剧扩充，科学知识，尤其是自然科学知识独立于社会政治之外的价值与地位，逐渐被社会所承认。科举制度终于废除，职业分工更趋细密。在新的时代文化背景之下，知识分子开始了新的、双向的角色认同。一方面，他们在内忧外患交迫、民族生死存亡的时代背景下，继承并发扬士大夫忧国忧民、以天下兴亡为己任的系统，"铁肩担道义，妙手著文章"，自觉担当反对帝国主义和封建主义的先锋；另一方面，他们又开始萌生与政治决裂、向知识回归的自我意识，退回静谧的图书馆、实验室内，潜心钻研，以卓越的学术成就，服务于社会的科学、文教事业，以此一并实现知识与个体人格的价值。

上述双向角色认同是就群体的总体意识而言。具体到每个个体，显然存在一种方向互逆的艰难抉择。不过，这种抉择的结果，却并非绝对的非此即彼，而是依据个体性格、禀赋、觉悟的差异，分别体现为超然治学、学术救国、舆论干预、直接参政四类情况①。政治与学术两极之间的多层次选择，使近代知识分子的性格面貌更加丰满，也使得近代文化的历史进程更加曲折。

---

① 参见许纪霖：《在学术与政治间徘徊的近代中国知识分子》，《走向未来》1987年第2期。

第四节

从"维新"到"革命"

梁启超曾将近代中国学习西方文化的进程分为三期。"第一期，先从器物上感觉不足"；"第二期，是从制度上感觉不足"；"第三期，便是从文化根本上感觉不足"[①]。从林则徐、魏源到曾国藩、张之洞，是第一期的代表。从第一期过渡到第二期，关键在甲午一役，"自从和日本打了一个败仗下来，国内有心人，真像睡梦中著了一个霹雳。因想道堂堂中国为什么衰败到这田地？都为的是政制不良"[②]。这"国内有心人"，便是以康有为为代表的维新派和以孙中山为代表的革命派。

"维新"与"革命"，都是中国典籍中古已有之的词汇。《诗经·大雅·文王》称"周虽旧邦，其命维新"，说的是周朝虽然历史长久，但到文王时期，变旧法，行新政，又呈新国气象。《易·革卦》称"天地革而四时成，汤武革命顺乎天而应乎人"，说的是天地变革而形成四季，商汤、周武王革故鼎新，顺乎天命而合于人心。在中国近代历史上，人们将主张对君主专制制度实行改良、推行君主立宪的政治力量称为"维新派"，而将主张彻底推翻专制、建立民主共和国的政治力量称为"革命派"。这两派都鼓吹资产阶级的意识形态，都要

---

① 《五十年中国进化概论》，《申报》创刊50周年纪念文集《最近之五十年》。
② 同上。

求在制度文化层面上学习西方，但在方式、手段上存在分歧，前者温和，后者激烈。后果也不一样：前者昙花一现，终遭失败；后者百折不挠，竟获成功。

维新派领袖康有为生长在最早遭受西方资本主义侵略和最早接触西方资本主义文化的广东，他早年接受严格的封建正统教育。成年后对旧学"渐厌之，日有新思，思考据家著书满家，如戴东原，究复何用"①？结识在京城任职的张鼎华，"尽知京朝风气，近时人才及各种新书"。他又游历香港，亲见资本主义文物制度，确比封建制度优越，"西人治国有法度，不得以古旧之夷狄视之"。另一方面，对于中国传统学术，他鄙弃烦琐的汉学和空疏的程朱之学，喜好陆王心学，尤其在师从廖平之后，更拳拳服膺儒家今文经学。西方资本主义的社会政治学说和自然科学，中国儒家今文经学，是康有为思想的两大支柱。

19世纪80年代"国势危蹙，祖陵奇变"②的时局，刺激康有为生发出变革现实政治的思想。1888年，他第一次上书光绪帝，提出"变成法""通下情""慎左右"三条建议，但因保守势力阻厄，上书未果。此后五六年间，康有为潜心研究变法理论，并在广州长兴里创设万木草堂，收徒授学，鼓吹变法理论，培养变法人才。他撰写《新学伪经考》，断言东汉以来之所谓"古文经学"，均系刘歆伪造，故曰"伪经"，它是为新莽王朝篡位服务的，故曰"新学"。此论一出，千百年来被官府士林视为圣典的经书、经学，顷刻贱如秕糠，声誉扫地。当时占据学界统治地位的汉学训诂考据和宋学义理文章，都因此受到毁灭性的批判。该书引导知识分子怀疑并进而否定"封建之道"的古代经典，有如卷起思想界之一大飓风。他又撰《孔子改制考》，提出孔子以前的历史，统统是孔子为了改制救世而假托的宣传品。康有为认为，孔子改制的精义，以《春秋公羊传》阐释最为精妙，所谓

---

① 楼宇烈整理：《康南海自编年谱》（外二种），北京：中华书局1992年，第8页。
② 康有为：《上清帝第一书》。

"传经只有一公羊"。《孔子改制考》从维新运动的政治需要出发,推演《春秋公羊传》的"通三统""张三世"之说,将两者糅合,指认"据乱世"就是西方的君主专制时代,"升平世"就是君主立宪时代,"太平世"即民主共和时代。"三世"循序渐进是人类进化公理,而中国当时正处"据乱世",必须经由变法维新而进入"升平世",即由君主专制走向君主立宪。

1895年5月,清政府与日本签订丧权辱国的《马关条约》的消息传来,正在北京参加会试的康有为召集各省举人一千三百余人于松筠庵集会,联名上书光绪帝,慷慨陈词,力主拒绝和议,恳请"下诏鼓天下之气,迁都定天下之本,练兵强天下之势,变法成天下之治"①。此举冲破清政府严禁士人干政的禁令,在朝野上下引起强烈震动,上书虽被都察院所拒绝,但其内容却在全国广泛流传。资产阶级变法维新运动由此发端。

《新学伪经考》《孔子改制考》以及六次上书,集中地体现了康有为的变法政治主张。这些著作,直接地为当时的现实斗争服务,并没有全面、精微地表达康有为对于时代文化更为深远的理性思考。从思想文化史的角度考察,后一部分内容,却更具有启蒙意义。康有为的这些思想,主要留存在他酝酿构思于戊戌以前、修改定稿于1901年至1902年间的《大同书》中。

戊戌失败以后,康有为流亡海外,于印度北部山城大吉岭定居下来,潜心著述《大同书》。《大同书》洋洋二十万言,建构起一个无国家、无家族、无私产,平等、自由的"大同世界"。

康有为的"大同世界",有别于欧洲文艺复兴时期思想家莫尔的"乌托邦"和康帕内拉的"太阳城",具有鲜明的中国特色。其一,西方资产阶级的自由、平等、博爱被他熔铸进中国传统的文化范

---

① 《公车上书》,翦伯赞、郑天挺主编:《中国通史参考资料》(近代部分)下册,北京:中华书局1980年,第50页。

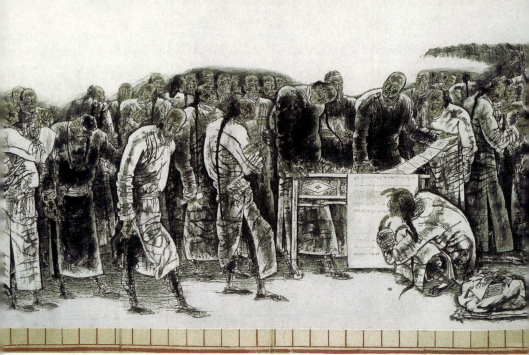

>>> 1895年，清政府与日本签订丧权辱国的《马关条约》的消息传来，正在北京参加会试的康有为召集各省举人集会，联名上书光绪帝，慷慨陈词，力主拒绝和议，恳请变法，史称"公车上书"。图为当代孔维克《公车上书》。

畴"仁"的型范。西方"人道主义"和中华"人本主义"在他这里结合成为新的哲学支柱"仁道主义",并用以支撑他的理想社会的大厦。其二,刺激莫尔、康帕内拉创作的主要动因是圈地运动等资本原始积累给欧洲人民造成的巨大灾难,他们首先关注的是理想国内的经济平等和政治民主;而刺激康有为创作的主要动因,却是几千年封建宗法家族制度对中华民族的严重戕害,因此,《大同书》首先要铲除的正是盘根错节于社会肌体中的封建伦常关系及其枢纽——家族及家庭,确立"独人"(个人)的尊严。

《大同书》的内容超出当时中国的社会现实和维新派的政治变革主张,其空想性质不言而喻,康有为也自觉"非今日所能骤及""故秘其稿不肯示人"。尽管如此,作为一份思想资料,它所蕴涵的反专制、反私有的文化启蒙意义,仍然弥足珍贵。

在戊戌变法运动和资本主义新文化的启蒙浪潮中,康有为的学生梁启超占有特殊地位。康有为的名字及其变法思想理论在知识阶层中广泛传诵,是与梁启超卓有成效的宣传、鼓动分不开的。"戊戌前,南海已蜚声海内,实任公文章之力也。"[①]梁启超的功绩,主要不在思想的创造,而在思想的鼓吹。戊戌时期,他以时务学堂、《时务报》等为阵地,挥动如椽大笔,摧枯拉朽,横扫千军。吴其昌在《梁启超》中写道:

> 至于雷鸣潮吼,恣睢淋漓,叱咤风云,震骇心魄,时或哀感曼鸣,长歌代哭,湘兰汉月,血拂神销,以饱带情感之笔,写流利畅达之文,洋洋万言,雅俗共赏,读时则摄魂忘疲,读竟或怒发冲冠,或热泪湿纸,此非阿谀,唯有梁启超之文如此耳!

---

① 王照:《复江翊云兼谢丁文江书》,中国史学会主编:《中国近代史资料丛刊·戊戌变法》第2册,上海:上海人民出版社1957年,第573页。

维新派中思想最激进者，当推谭嗣同。他以"冲决网罗"的大无畏精神，批评"二千年来之政，秦政也，皆大盗也；二千年来之学，荀学也，皆乡愿也"[①]。他痛斥君主专制"如此黑暗地狱，直无一法一政足备记录，徒兹人愤懑而已"[②]！又揭露封建纲常伦理"不唯关其口，使不敢昌言，乃并锢其心，使不敢涉想。……三纲之慑人，足以破其胆，而杀其灵魂，有如此矣"[③]。这些尖锐泼辣的言论，在当时确实起到振聋发聩的作用，梁启超也不得不承认"其思想为吾人所不能达，其言论为吾人所不敢言"[④]，并赞誉谭嗣同为晚清思想界的一颗"彗星"。

作为一场政治变革，维新派发动的戊戌变法是肤浅的、短命的。康有为、梁启超、谭嗣同等人将成功的希望寄托在一个傀儡皇帝身上，幻想通过合法手段，自上而下推行改革，结果在顽固守旧势力的突然袭击下，措手不及，迅速失败。但作为一场资产阶级的文化启蒙运动，维新派在戊戌时代的所作所为，却产生了深刻而又久远的影响。这方面成就最高者，是康有为推崇的"中国西学第一者"严复。

与康有为等人不同，严复幼年就学于新式学堂，成年后又留学英国，观察资本主义社会制度，研读资产阶级政治学说。在戊戌时代的风云激荡中，他敏锐地觉察到中华民族深重危机的根源，并不仅在于缺少近代西方的声光电化、坚船利炮之"末"，而尤其在于腐朽不堪的封建制度之"本"。改变这种制度的前提是用先进的资产阶级意识形态去唤起民族精神的觉醒。他说：

> 吾民之智、德、力，经四千年之治化，虽至今日，其短日

---

① 《谭嗣同全集》，北京：中华书局1981年，第337页。
② 同上书，第492页。
③ 同上书，第348页。
④ 《本馆第一百册祝辞并论报馆之责任及本馆之经历》，《饮冰室合集·文集》第6册，北京：中华书局1989年影印版，第52页。

彰，不可为讳，顾使深而求之，其中富有可为强族大国之储能，虽摧斫而不可灭者。①

正是基于这种对民族性格客观、冷静的分析和对民族前途乐观、坚定的信心，严复满腔激情地在十分广阔的领域内，以前无古人、后少来者的气魄和水平，翻译了一批西方资产阶级政治学、经济学、法学、伦理学、逻辑学著作，进行资产阶级的思想文化启蒙，筚路蓝缕，功不可没。

严复一生最重要的文化贡献，是翻译、介绍、宣扬了近代科学形态的生物进化论，并把它运用于社会历史领域。"宇宙有至大之公例，曰万化皆渐而无顿。"他一方面赞同斯宾塞"以天演自然言化，著书造论，贯天地人而一理之"；另一方面又用赫胥黎的"与天争胜"论来补救斯氏"任天为治之末流""且于自强保种之事，反复三致意焉"②。严复是社会进化论者，但他与西方社会达尔文主义唱的是对台戏。"舟车大通，种族相见，优胜劣败之公例，无所逃于天地之间"③，这与动物界没有区别。但是，"人之所以为万物之灵，而世之所以有进化之实者，以能不忘前事，而自得后事之师也。不然，必至之而后知，必履之而后艰，将事环然，常循其覆辙而已，乌由进乎"④？人类进化绝非全凭自然的选择、淘汰，其根据就在于人类可以发挥历史主动精神去汲取教训，发愤图强，而这恰恰是动物所做不到的。千千万万不甘沦落的中华民族的优秀子孙正是从这个意义上，始而愕然、继而欣然地接受了严复所宣传的进化论，终而奋然地走上救国救民的艰苦征途。可以毫不夸张地说，严复"做"的《天演论》，深刻启发、教育了跨越19世纪至20世纪的整整一代热血青年。鲁迅曾

---

① 《社会通诠·按语》。
② 《译天演论·自序》。
③ 《社会通诠·按语》。
④ 《孟德斯鸠法意·按语》。

深情地回忆:"一有闲空,就照例吃侉饼、花生米、辣椒,看《天演论》""一口气读下去";毛泽东形容早年在长沙省立图书馆读严复著作时的感,"我正像牛闯进了菜园,初尝菜味,就大口大口吃个不停","这是我学习历史上最有价值的半年"[①];胡适说,《天演论》"像野火一样,延烧着许多少年人的心和血",而他的名字就是直接取自"物竞天择,适者生存"的时代口头禅。"自严氏之书出,而物竞天择之理,厘然当于人心,中国民气为之一变。"一部译作,竟然能够产生如此强烈的社会效应,实在是文化史上的奇观。这种现象正反映出暮气沉沉的中国社会对于新时代、新文化、新思想的极度渴求。严复担当了历史的重托,历史也赋予他以不朽的声名。

戊戌变法昙花一现,谭嗣同的头颅证明了改良的此路不通。进入20世纪,北中国大地上如火如荼的义和团斗争烈焰猛烈燃烧了年余光景,在给予西方殖民强盗以惊心动魄的严正警告之后,悲惨地熄灭。清政府公开亮出"量中华之物力,结与国之欢心"的卖身契,心甘情愿地当起列强的儿皇帝。刚刚跨入新世纪的中国,风雨如晦。但是,启蒙时代播下的思想种子却在人们心中滋生,在新世纪的风雨滋润下,不可遏制地生长起来。当亡命海外的康有为不识时务地依旧在保皇、复辟的死胡同里踯躅徘徊的时候,一大批热血青年(包括许多他的学生)迅速地离开了他,走向孙中山。时代思潮的主旋律,开始由温和的维新转换为激越的革命。

孙中山出生于广东香山一个农民家庭,青少年时代,辗转于夏威夷、香港等地求学,接受了西方社会政治思想和自然科学知识。1893年,他上书李鸿章,提出"人尽其才,地尽其利,物尽其用,货畅其流"为"富强之大经,治国之大本",说明自己欲致力于农业,"唯深

---

① 转引自汪澍白:《毛泽东早期哲学思想探原》,北京:中国社会科学出版社1983年,第52页;《毛泽东早期哲学思想研究》,长沙:湖南人民出版社1980年,第54页。

望于我中堂有以玉成其志"①,但未获回音。甲午战争失败,尤其是戊戌以后,他摒弃改良幻想"怃然长叹,知和平方法,无可复施"②,毅然决然走上以暴力推翻清朝封建统治的革命道路。

1905年8月,孙中山为首的兴中会联合华兴会、光复会,在日本东京成立了全国性的革命政党——中国同盟会,提出"驱除鞑虏,恢复中华,建立民国,平均地权"的革命纲领。资产阶级在思想文化战线做了大量工作。他们创办了多种报刊,宣传资产阶级的民族主义、民主主义,鼓舞人民对外反对帝国主义对中华民族的殖民掠夺,对内反对清朝统治集团的民族歧视和民族压迫政策,呼吁扫除专制政体,建立自由独立的"中华共和国"。此时,流亡海外的康有为、梁启超仍然迷恋于拥戴光绪帝重掌政权,实现君主立宪,沦为保皇派。1905年至1907年,保皇派与革命派围绕着要不要推翻帝国主义的走狗清政府、要不要建立资产阶级共和国、要不要改变传统的土地所有制,展开了激烈的大论战。资产阶级政论家章太炎主持同盟会机关报《民报》,以磅礴的气势,犀利的言辞,倡言"欲求免瓜分之祸,舍革命未由",与其流血求立宪,不如牺牲求共和,将保皇派驳得体无完肤。大论战最终以保皇派的节节败退、梁启超主笔的《新民丛报》乞求"休战"不成,被迫于1907年7月自行停刊而告结束。这场论战以及革命派从事的一系列宣传活动,加速了民主革命思想的传播,把资产阶级的新文化启蒙工作更向前推进了一步,为辛亥革命做了舆论和思想上的准备。

孙中山是近代中国旧民主主义革命的政治领袖和思想领袖,他对于这个革命所要打倒的对象,有着深刻的理解。他指出,延续数千年的封建制度犹如"即将倒塌的房屋,整个结构已从根本上彻底地腐

---

① 《孙中山全集》第1卷,北京:中华书局1986年,第18页。
② 同上书,第52页。

>>> 时代思潮的主旋律,开始由温和的维新转换为激越的革命。一大批热血青年迅速地离开了康有为,走向孙中山。图为当代佚名《孙中山在民众中》。

朽了"①。与此相应,曾经领先于世界的中国封建文化已经"停滞不前了""时至今日,这种文明已经和人民群众完全格格不入了"②。更严重的是,当中国文化还在封建故道上踽踽而行之时,西方资本主义文化却风驰电掣般地后来居上。两种文化一旦交锋,中国文化的改造刻不容缓。因此,他总是把"激荡新文化之波澜,灌溉新思想之萌蘖"和"树立新事业之基础,描绘新计划之雏形"③联系起来,作为救国图存、"振兴中华"的总体目标加以考虑。

孙中山在肯定现时中国文化从总体上落后于西方资本主义文化的前提下,对中西文化又做了具体分析,指出中国文化传统绝非一无是处,而有许多积极的方面,"持中国近代之文明以比欧美,在物质方面,不逮固甚远,其在心性方面,虽不如彼者亦多,而能与彼颉颃颃颃者正不少,即胜彼者,亦间有之"④。如《大学》所称"修身、齐家、治国、平天下""这样精微开展的理论,无论外国什么政治哲学家都没有见到,都没有说出,这就是我们政治哲学的知识中独有的宝贝"⑤。而西方资本主义文化也有它的阴暗方面,如财富过于集中、贫富不均、道德沦丧、社会动乱不已。所以他提出中国不能一味仿效西方的变革之路,而应将政治革命和社会革命"毕其功于一役"。

立足于总体把握和具体分析的坚实基础,孙中山提出了自己的中西文化观:

> 取欧美之民主以为模范,同时仍取数千年旧有文化而融贯之。⑥

---

① 《中国问题的真解决》,《孙中山全集》第1卷,北京:中华书局1986年,第225页。
② 同上书,第86页。
③ 黄季陆主编:《总理全集》下册"函札",成都:近芬书屋1944年,第160页。
④ 《孙中山全集》第6卷,北京:中华书局1986年,第180页。
⑤ 同上书,第9卷,第247页。
⑥ 同上书,第1卷,第560页。

> 发扬吾固有之文化，且吸收世界之文化而光大之，以期与诸民族并驱于世界。①

孙中山还特别指出，落后的中国文化要赶超西方，应遵循"取法乎上"的原则，而不能"追逐人已然之末轨者"②"我们要学习外国，是要迎头赶上去，不要向后跟着他。譬如学科学，迎头赶上去，便可以减少两百多年的光阴"③。

孙中山贡献给中华民族的最宝贵的文化财富，是他提出的"三民主义"的民主革命理论纲领。在这个凝结了他毕生心血的思想结晶中，孙中山自觉地贯彻了他取中西文化之精华而"融贯之"的宗旨，诚如他自己所说：

> 余之谋中国革命，其所持主义，有因袭吾国固有之思想者，有规抚欧洲之学说事迹者，有吾所独见而创获者。一民族主义，二民权主义，三民生主义。④

民族主义反对列强侵略，主张各民族平等，承认民族自决权；民权主义打倒君主专制，倡行民主政治，立法、司法、行政、考试、监察五权分离；民生主义实行耕者有其田，节制私人资本。三民主义是中国资产阶级社会政治思想的最高成就。

在孙中山的领导下，革命派顽强战斗，百折不回，发动群众，积蓄力量，终于在1911年10月以武昌首义的火星点燃了遍布全国的干柴。10月10日深夜，湖北新军中的革命士兵打响了第一枪，并迅速

---

① 《孙中山全集》第7卷，北京：中华书局1986年，第60页。
② 同上书，第1卷，第225页。
③ 同上书，第9卷，第252页。
④ 同上书，第7卷，第60页。

占领武汉三镇，成立湖北军政府。革命受到全国热烈响应，短短两个月时间，十三省先后宣布独立，清朝统治土崩瓦解。1912年1月1日，中华民国临时政府在南京成立，孙中山出任临时大总统，随后组成临时参议院，颁布《中华民国临时约法》。2月12日，清帝溥仪宣告退位。统治中国两千余年的君主专制制度至此终结。

辛亥革命不仅实现了政治制度方面的根本性变革，而且推进了社会风俗的进步变迁，有人曾这样描写革命带来的多方面变化：

> 共和政体成，专制政体灭；中华民国成，清朝灭；总统成，皇帝灭；新内阁成，旧内阁灭；新官制成，旧官制灭；新教育兴，旧教育灭；枪炮兴，弓矢灭；新礼服兴，翎顶补服灭；剪发兴，辫子灭；盘云髻兴，堕马髻灭；爱国帽兴，瓜皮帽灭；爱华兜兴，女兜灭；天足兴，纤足灭；放足鞋兴，菱鞋灭；阳历兴，阴历灭；鞠躬礼兴，拜跪礼灭；卡片兴，大名刺灭；马路兴，城垣巷栅灭；律师兴，讼师灭；枪毙兴，斩绞灭；舞台名词兴，茶园名词灭；旅馆名词兴，客栈名词灭。①

但是，辛亥革命也有严重的不彻底性。革命打倒了皇帝，却没有也不愿连根刨除专制的经济根基；革命推翻了一个"洋人的朝廷"，却没有也不敢把帝国主义侵略势力统统赶出中国；革命推动了移风易俗活动，但影响范围多在大小城市，对广大农村则成效甚微。鲁迅小说《风波》中赵七爷头顶那盘了又放，放了又盘，却始终不肯剪去的辫子，正是它留下的又粗又长的"尾巴"。中华民族的民主革命，还有漫长的道路要走。

---

① 《新陈代谢》，《时报》1912年3月5日。

第五节

"民主"与"科学"

辛亥革命将专制君主从金銮宝殿上打翻在地,政权却落入袁世凯手中。袁世凯利令智昏,竟然做起黄袍加身的美梦,结果身败名裂,仅仅当了八十三天的"洪宪皇帝",便在举国上下一片唾骂声中死去。黎元洪与段祺瑞争权夺利,"辫帅"张勋见有机可趁,抬出废帝溥仪,演出一场比袁世凯更短命的"复辟"闹剧。孙中山等革命党人为挽救辛亥革命的成果不懈地苦斗,"二次革命""护国运动"均无成效,"护法运动"又为西南军阀做嫁衣裳。打倒一个昏聩的皇朝,却换来一个黑暗的民国。陈独秀说道:"三年以来,吾人于共和国体之下,备受专制政治之痛苦。……然自今以往,共和国体,果能巩固无虞乎?立宪政治,果能施行无阻乎?以予观之,此等政治根本解决问题,犹待吾人最后之觉悟。"① 梁启超说得更明白:"革命成功将近十年,所希望的件件都落空,渐渐有点废然思返,觉得社会文化是整套的,要拿旧心理运用新制度,决计不可能,渐渐要求全人格的觉悟。"② 多么宝贵的"最后之觉悟"!"全人格的觉悟"!经过黑暗政治的煎熬,先进的中国人终于接触到问题的核心——文化的觉醒、思想的启蒙,这才是民

---

① 《吾人最后之觉悟》,《青年杂志》1916年2月15日第1卷第6号。
② 《五十年中国进化概论》,《申报》创刊50周年纪念文集《最近之五十年》。

族振兴的关键之所在。由此发端,新文化运动轰轰烈烈地高涨起来。

1915年9月,陈独秀在上海创办《青年杂志》,从第2卷开始,改为《新青年》,1916年迁至北京出版。它的问世,标志着新文化运动的崛起。陈独秀为其创刊号撰写了激情喷涌的《敬告青年》:

> 青年如初春,如朝日,如百卉之萌动,如利刃之新发于硎,人生最可宝贵之时期也。青年之于社会,犹新鲜活泼细胞之在人身。

陈独秀寄希望于新一代青年,号召他们运用"自主的而非奴隶的""进步的而非保守的""进取的而非退隐的""世界的而非锁国的""实利的而非虚文的""科学的而非想象的"资产阶级民主主义思想去批判封建,改造中国。

《新青年》以尖锐、泼辣的思想和自由、生动的文风引起社会的热切关注和巨大反响,也招致了封建卫道士们的仇视和围攻。什么破坏孔教、破坏礼法、破坏国粹、破坏贞节……一盆盆污水倾泻而来。《新青年》毫不退缩,陈独秀在《本志罪案之答辩书》中公开高扬民主、科学的大旗,理直气壮地予以反击:

> 本志同人本来无罪,只因为拥护那德莫克拉西(Democracy)和赛因斯(Science)两位先生,才犯了这几条滔天的大罪。要拥护那德先生,便不得不反对孔教、礼法、贞节、旧伦理、旧政治;要拥护那赛先生,便不得不反对旧艺术、旧宗教;要拥护德先生又要拥护赛先生,便不得不反对国粹和旧文学。……我们现在认定,只有这两位先生可以救治中国政治上、道德上、学术上、思想上一切的黑暗。若因为拥护这两位先生,一切的压迫,社会的攻击笑骂,就是断头流血,都不推辞。[①]

[①] 《新青年》1919年1月15日第6卷第1号。

陈独秀在这里极力赞颂的"德先生"——民主、"赛先生"——科学，正是新文化运动的两大主题。用民主取代专制，用科学扫荡迷信，"无论是古是今，是人是鬼，是《三坟》《五典》，百宋千元，天球河图，金人玉佛，祖传丸散，秘制膏丹，全都踏倒他"①。新文化运动在众多的领域内掀起了思想解放的浪涛。

《新青年》高举起"打倒孔家店"的旗帜。1916年2月15日，《青年杂志》第1卷第6号发表易白沙的《孔子平议》（上），指名道姓，向孔子开战。文章首先打掉孔子的神圣光环，"当春秋季世，虽称显学，不过九家之一"，只是因为汉代"罢黜百家，独尊儒术""利用孔子为傀儡，垄断天下之思想"，才使得"中国一切风俗、人心、学问，过去未来之责任，堆积孔子之两肩"。文章笔锋犀利地揭露"孔子以何因缘被彼野心家所利用，甘作滑稽之傀儡，是不能不归咎于孔子之自身"：

> 其一，孔子尊君权，漫无限制，易演成独夫专制之弊；其二，孔子讲学不尊问难，易演成思想专制之弊；其三，孔子少绝对之主张，易为人所借口；其四，孔子但重做官，不重谋食，易入民贼牢笼。

新文化战士对于两千年戕害人们精神的儒学名教发起猛烈声讨。鲁迅借"狂人"之口，道出惊世骇俗之言："我翻开历史一查，这历史没有年代，歪歪斜斜的每页上都写着'仁义道德'几个字。我横竖睡不着，仔细看了半夜，才从字缝里看出字来，满本都写着两个字是'吃人'！"②吴虞与鲁迅大声呼应，猛烈抨击礼教"吃人"。"孔二先生的礼教讲到极点，就非杀人吃人不成功，真是惨酷极了！……我们如

---

① 《鲁迅全集》第3卷，北京：人民文学出版社1993年，第36页。
② 《狂人日记》，《新青年》1918年5月15日第4卷第6号。

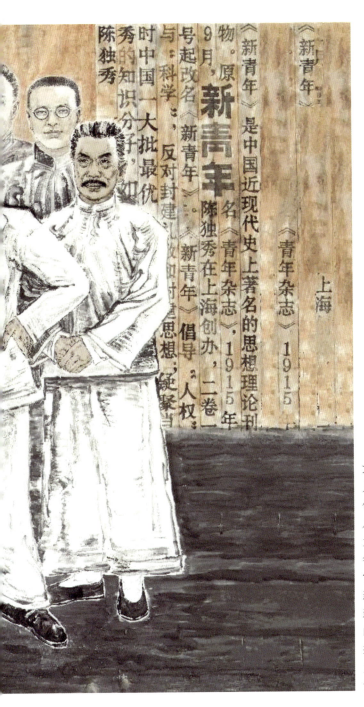

>>> 1915年9月,陈独秀在上海创办《青年》杂志,从第2卷开始,改为《新青年》,1916年迁至北京出版。它的问世,标志着新文化运动的崛起,新文化运动在众多的领域内掀起了思想解放的浪涛。图为当代刘大鸣《新青年》。

今，应该明白了：吃人的就是讲礼教的！讲礼教的就是吃人的呀！"①

新文化运动对孔子及其学说的批判，其意义不限于对一个历史人物、一派学术思想的褒贬臧否。"余之掊击孔子，非掊击孔子之本身，乃掊击孔子为历代君主所雕塑之偶像的权威也；非掊击孔子，乃掊击专制政治之灵魂也。"②李大钊的话，简明地概括了"打倒孔家店"的政治动因与文化内涵。"打倒孔家店"，实质上是对统治中国几千年的封建意识形态、思想体系、文化传统的扬弃。当然，新文化运动对孔子及儒学的批判，也存在种种粗浅、偏颇之处。陈独秀、胡适、鲁迅、吴虞、易白沙等人此时掌握的武器，还是民主主义、人文主义和个性主义。他们一般都只是用进化论来作为理论基点，而且又多表现出强烈的全盘否定文化传统的非历史主义倾向，破坏有余，建设不足。但五四新文化运动打碎精神枷锁，让思想冲破牢笼的业绩，光辉不可遮挡。

新文化运动对旧制度及其意识形态的否定，不仅需要新的思想作为依本，而且必须诉诸生动活泼、平易流畅的宣传武器。因此，在"打倒孔家店"的热潮中，文学革命应运而生。

青年胡适"搴旗作健儿"，充当了文学革命的急先锋。1916年秋天，当时留学美国康奈尔大学的胡适信告陈独秀，倡言"文学革命"。次年1月，他又应陈独秀的邀约，将信中思想，整理成《文学改良刍议》，交《新青年》第2卷第5号发表。文章提出："吾以为今日而言文学改良，须从八事入手。八事者何？一曰，须言之有物。二曰，不摹仿古人。三曰，须讲求方法。四曰，不作无病之呻吟。五曰，务去烂调套语。六曰，不用典。七曰，不讲对仗。八曰，不避俗字俗语。"

胡适撕开了突破口，陈独秀向纵深挺进。他在《文学革命论》一文中响亮地指出："推倒雕琢的、阿谀的贵族文学，建设平易的、抒情的国民文学。""推倒陈腐的、铺张的古典文学，建设新鲜的、立诚的

---

① 《吃人与礼教》，《新青年》1919年11月1日第6卷第6号。
② 《自然的伦理观与孔子》，《甲寅》1917年2月4日。

写实文学""推倒迂晦的、艰涩的山林文学，建设明了的、通俗的社会文学。"

文学革命的成功，不仅有赖于胡适、陈独秀等人的理论鼓吹，在更大的程度上还得力于一批彪炳千秋的新文学作品的横空出世。

鲁迅是文学革命的巨匠。这一场革命的实绩，首先由他的白话小说体现出来。1918 年 5 月，他在《新青年》发表了《狂人日记》，是为新文学的开山之作。鲁迅运用象征、隐喻等现代表现手法，将描状狂人的病态心理与揭露社会的阴惨现状完美地结合起来，撕开"仁义道德"的伪装，赤裸裸地展开家族制度和礼教的血腥与污秽。鲁迅由此而一发不可收，连续创作了《孔乙己》《药》《风波》《故乡》等一系列尖锐深刻的以反封建为主题的小说作品。1921 年冬，鲁迅开始写作《阿 Q 正传》，以巴人的笔名陆续连载于北京《晨报》副刊。这是新文学运动最杰出的作品。小说以辛亥革命前后的乡村未庄为背景，塑造了深受封建专制压迫和毒害的贫苦农民阿 Q 这一不朽的文学典型。阿 Q "真能做"，但却一无所有，甚至没有自己的姓名和籍贯。阿 Q 的生活穷愁潦倒，精神上却"常处优胜"，以"我们先前——比你阔的多啦"自豪。他神往革命会改变自己的处境，却不知革命为何物，最后稀里糊涂地被新成立的革命政府当作盗贼，抓去枪毙。鲁迅慧眼独具地点明农民是民主革命的基本力量："中国倘不革命，阿 Q 便不做，既然革命，就会做的。"[①]但是农民由于封建毒害而形成的性格弱点，如自私、麻木、愚昧，尤其是阿 Q 式的"精神胜利法"，又严重地阻碍了他们走向革命、赢得革命。在这里，鲁迅漫画式的笔触已经越出阿 Q——农民的对象范围，深入中华民族整体文化心理的最隐秘的部分，触及"国民性"改造这个极重要又极敏感的问题，从而使作品体现出巨人的社会容量和文化涵盖功能，以至于小说一经发表，

[①] 《华盖集续编·〈阿 Q 正传〉的成因》，《鲁迅全集》，北京：人民文学出版社 1993 年，第 379 页。

立即引起社会,尤其是文化触觉最敏感的知识阶层的躁动和惶惑,疑心作者在讽喻自己——他们聪明地从阿Q身上看到自己的影子,但却可悲地误解了鲁迅的深刻用心!《阿Q正传》很快被译成日、俄、英、法多种文字出版,当之无愧地进入世界名著之林。

新诗创作,是文学革命的另一条重要战线。1918年8月,胡适出版了新文化运动的第一部白话诗集《尝试集》,引起轰动,一时洛阳纸贵。最初阶段的新诗作品,虽然勉力追求"诗体解放",不乏冲破格律束缚的锐气和活泼、清新的韵致,但总体上看,意境偏于狭窄,缺少撼人心魄的力度和蓬勃旺盛的情感。真正成熟的新诗作品,还有待后来居上、才华横溢的郭沫若笔下《女神》的高唱。青年郭沫若崇拜泰戈尔、歌德、海涅,更倾心于惠特曼。《草叶集》的自由、奔放猛烈撞击着他的心胸,引起强烈的共鸣。时值"五四"前后,"个人的郁积,民族的郁积,在这时找出了喷火口,也找出了喷火的方式,我在那时差不多是狂了。民七民八之交,将近三四个月的期间差不多每天都有诗兴来猛袭,我抓着也就把它们写在纸上"①。郭沫若炽烈的诗情真如火山一样喷发。他热烈欢呼《凤凰涅槃》,与"五采而文"的凤凰一起控诉宇宙的"黑暗如漆""腥秽如血",同声高唱"我们生动,我们自由,我们雄浑,我们悠久"。他以《天狗》自诩,气吞日、月、宇宙。"我便是我!"他以《炉中煤》自况,倾诉"眷念祖国的情绪""要我这黑奴的胸中,才有火一样的心肠""我为我心爱的人儿,燃到了这般模样"!他讴歌《日出》:"哦哦,光的雄劲!玛瑙一样的晨鸟在我眼前飞腾。明与暗,刀切断了一样地分明!这正是生命和死亡的斗争!"他欢喜地《浴海》:"太阳当顶了!无限的太平洋鼓奏着男性的音调!万象森罗,一个圆形舞蹈!我在这舞蹈场中戏弄波涛! ……趁着我们的血浪还在潮,趁着我们的心火还在烧,快把那

---

① 郭沫若:《沸羹集·序我的诗》,《郭沫若全集》(文学编)第19卷,北京:人民文学出版社1992年,第404页。

陈腐了的旧皮囊全盘洗掉！新社会的改造全赖吾曹！"

新文化运动高扬"科学"的大纛。陈独秀形象称呼的"赛先生"，主要不是指某一门类的具体科学知识系统，而是指针对封建愚昧、盲从、迷信、宗教的理性态度、批判勇气和实证精神。

中国封建社会愈演愈烈的文化"大一统"，禁锢人民群众，尤其是知识阶层的精神生活，中国文化先秦时期曾经英姿勃发的理性态度消沉，批判勇气丧失，实证精神泯灭。新文化运动借助西方资本主义近代科学的蓬勃旺盛之风，呼唤着中华民族科学精神的苏醒。

迷信利用愚昧，愚昧又加强迷信，这是封建时代不可救药的顽症。辛亥以后，随着"尊孔""读经"的鼓噪，鬼神之说又热闹起来。1917年秋，上海公然出现了迷信团体"灵学会"，出版《灵学丛志》，"专研人鬼之理、仙佛之道"①。针对这股逆流，陈独秀的《有鬼论质疑》提出八个问题，将有鬼论者逼至绝境。钱玄同号召青年："剿灭这种最野蛮的邪教和这班兴妖作怪胡说八道的妖魔！"②鲁迅更直截了当地用"科学"扫荡"鬼话"：

> 现在有一班好讲鬼话的人，最恨科学，因为科学能教道理明白，能教人思路清楚，不许鬼混，所以自然而然的成了讲鬼话的人的对头。……据我看来，要救治这"几至国亡种灭"的中国，那种"孔圣人、张天师传言由山东来"的方法，是全不对症的，只有这鬼话的对头科学！——不是皮毛的真正的科学！③

新文化运动中的北京大学，不仅是民主堡垒，而且是科学摇篮。1917年初，蔡元培接长北京大学。他大刀阔斧厉行改革，废止衙门式

---

① 《余冰臣先生书》，《灵学丛志》第1卷第3期。
② 《新青年》1918年5月第4卷第5号。
③ 《随感录·三十三》，《新青年》1918年10月15日第5卷第4号。

管理方式，设立由教授组成的评议会，作为全校最高权力机构。他主张学、术分途，"学为学理，术为应用"。工、商、法、医为"术"，文、理为"学"。"治学者可谓之'大学'，治术者可谓之'高等专门学校'。两者有性质之别，而不必有年限与程度之差。"① 在此思想指导下，蔡元培调整学科结构，将学校办成文、理科为主的综合性大学。1919年，又采行分系制，废文、理、法科名称，改门为系，促进各科知识的融通。尤其应该大书特书的，是蔡元培的"循'思想自由'原则，取兼容并包主义"②，培育了北京大学一代科学学风。他说：

> 我素信学术上的派别，是相对的，不是绝对的；所以每一种学科的教员，即使主张不同，若都是"言之成理，持之有故"的，就让他们并存，令学生有自由选择的余地。③

> 大学者，"囊括大典，网罗众家"之学府也。……各国大学，哲学之唯心论与唯物论，文学、美术之理想派与写实派，计学之干涉论与放任论，伦理学之动机论与功利论，宇宙论之乐天观与厌世观，常樊然并峙于其中，此思想自由之通则，而大学之所以为大也。④

蔡元培不拘一格广延人才。教员阵容中既有中国最早信奉马克思主义的先进知识分子李大钊、陈独秀，又有"八部书外皆狗屁"⑤的国学大师黄侃；既有马褂长辫、怪模怪样、大讲"外国国风"的前清遗老辜鸿铭；又有风流倜傥、鼓吹"文学革命"的洋博士胡适。当时的

---

① 《蔡元培全集》第3卷，杭州：浙江教育出版社1997年，第150页。
② 《致〈公言报〉函并附答林琴南君函》，《北京大学日刊》1919年3月21日。
③ 同上。
④ 《北京大学月刊发刊词》，《蔡元培选集》，北京：中华书局1959年，第67页。
⑤ "八部书"指《毛诗》《左传》《周礼》《说文》《广韵》《史记》《汉书》《文选》。

北大，真可谓精英群集，人文荟萃。外国著名学者，如美国的杜威、英国的罗素、法国的维勃吕尔、苏俄的耶尔朔夫、日本的福田德三等人也纷纷应邀来校讲学。新知与旧识、中学与西学在这里摆开阵势，自由争鸣。正是在这种民主、自由、宽容的学术环境中，理性的、批判的、实证的科学精神在北京大学校园蔚然成风，并且吹向全国。

新文化运动中科学精神的苏醒，催长了丰硕的成果。

在科学之光的透视之下，绵延两千年的经学病灶毕现，寿终正寝。钱玄同已经看出，"今文学是孔子学派所传衍，经长期的蜕化而失掉它的真面目的。古今经异军突起，古文家得到了一点古代材料，用自己的意思加以整理改造，七拼八凑而成其古文学，目的是用它做工具而和今文家唱对台戏。所以今文家攻击古文经伪造，这话对；古文家攻击今文家不得孔子的真意，这话也对。我们今天，该用古文家的话来批评今文家，又该用今文家的话来批评古文家，把他们的假面目一齐撕破，方好显露出他们的真相"①。顾颉刚等更年轻的学者，"使自己开始弄清一个目标，知道现在治经学的任务不是要延长经学的寿命，而是正要促成经学的死亡，使得我们以后没有经学，而把经学的材料，全数变成古代史和古代思想史的材料。所以董仲舒和京房等是系统的经学的开创者，而我们乃是经学的结束者。我们要结两千年来经学的账，结清了就此关店"②。新文化运动完成了这个任务。

实证的科学方法论日益成为学者们的研究工具。胡适用科学的方法考证古代小说，成绩斐然。他的《水浒传考证》，运用"历史演进法"，勾勒出成书经过："《水浒传》不是青天白日里从半空中掉下来的，《水浒传》乃是从南宋初年到明朝中叶这四百年的'梁山泊故事'的结晶。"③他用此法考证《三国演义》《西游记》《三侠五义》，总结出

---

① 转引自顾颉刚：《秦汉的方士与儒生》，上海：上海古籍出版社2005年，第3页。
② 刘起釪：《顾颉刚先生学述》，北京：中华书局1986年，第54页。
③ 《胡适文存》卷三，合肥：黄山书社1996年，第90页。

文学创作的"滚雪球"理论：最初仅有一个简单的故事"母题"，后经众口传说，添枝加叶，又经平话家敷演、戏曲家剪裁、小说家修饰，才逐渐丰富、精细、曲折、生动、圆满起来。他另辟蹊径，从考察《红楼梦》作者的身世入手，艰苦搜寻爬梳，于1921年11月写成《红楼梦考证》改定稿，得出该书"是曹雪芹的自叙传"的结论。一言既出，学界轰然。胡适以"疑古的精神"清理中国古史。他的《中国哲学史大纲》，断然抛开半神话、半政史和真伪莫辨的唐、虞、夏、商，径从周宣王以后讲起，理由是"以现在中国考古学的程度看来，我们对于东周以前的中国古史，只可存一个怀疑的态度。至于'邃古'的哲学，更难凭信了"。蔡元培高度评价此书，亲自为之作序，盛赞其证明的方法、扼要的手段、平等的眼光、系统的研究[①]。胡适也以此书"暴得大名"，奠定了自己的学术地位。

在胡适"疑古"思想的影响下，北京大学学生顾颉刚由辨伪书进而辨伪史，提出著名的"层累地造成的古史观"："时代越后，知道的古史越前；文籍越无征，知道的古史越多。汲黯说，'譬如积薪，后来居上'，这是造史很好的比喻。"[②]顾颉刚此说一举推翻了千百年来人们确定不疑的古史系统，好似在史学界爆炸了一颗核弹。钱玄同改名"疑古玄同"，以示支持，并致信祝贺，"希望先生用这方法，常常考查，多多发明，廓清云雾，斩尽葛藤，使后来学子不致再被一切伪史所蒙"[③]。

在胡适、钱玄同、顾颉刚等人以科学精神和实证方法"疑古"的前后，另一位大师却以同样的精神和更为精密的方法在"证史"，他就是王国维。王国维"研究学问的方式是近代式的，思想感情是封建式的。……他遗留给我们的是他知识的产品，那好像一座崔巍的楼阁，

---

① 胡适：《中国哲学史大纲》，上海：上海古籍出版社1997年，第16页。
② 《古史辨》第1册，上海：上海古籍出版社1982年，第65页。
③ 同上书，第67页。

>>> 在胡适、钱玄同、顾颉刚等人以科学精神和实证方法"疑古"的前后，另一位大师却以同样的精神和更为精密的方法在"证史"，他就是王国维。图为当代孙建平《清华国学"四大导师"》。

在几千年来的旧学的城垒上，灿燃放出了一段异样的光辉"①，这光辉正来自他运用自如的近代西方实证科学方法论。王国维充分利用19世纪后半期以来新发掘的资料，如殷墟甲骨文、敦煌及西域出土简牍、千佛洞卷轴等，将它们与古器物、古文献资料相互印证，相互发明，相互补充，写出《殷卜辞中所见先公先王考》《殷周制度论》等论文。王国维的"古史新证"，雄辩地证明殷周史的信而有征，将中国的信史上溯至四千年前。从具体结论上看，这与顾颉刚的"层累地造成的古史观"正相矛盾，但两者在科学实证的治学门径上，却是完全相通的。

新文化运动推动了自然科学研究的发展。早在1914年夏，在美国的中国留学生任鸿隽、赵元任、杨杏佛、茅以升等人发起组织中国科学社，1915年1月，该社创办的《科学》杂志正式出版。当时有农林、生物、化学、机械、电气、土木、采矿、冶金、数学、物理等学科的会员七十余人。1918年，在新文化运动的高潮中，中国科学社总部由美国迁回国内后，机构发展，到1919年，会员猛增至六百余人。许多学者如李四光、竺可桢、茅以升等纷纷从欧美学成归国，怀着"科学救国"的理想，在教学、研究园地里辛勤耕耘，取得了一些世界瞩目的成就。1922年5月26日，在中国地质学会第三次全体会员大会上，李四光发表了学术演讲《中国第四纪冰川作用的证据》，向瑞典地质学权威安特生发起挑战。李四光在地质学方面的其他重要贡献，如古生物蜓科的鉴定、地质力学的创立，也是在这一时期开始的。

新文化运动伟大的历史性功绩，是推动了马克思主义在中国的传播；而马克思主义的传入，又给新文化运动注入了真正民主、更加科学的思想活力。

1919年五四运动前后，思想解放的浪潮冲破了僵硬板结的文化坚冰，新一代初具共产主义觉悟的知识分子出现。1917年俄国十月革命的胜利，为马克思主义在中国的传播建立了坚强的桥头堡，树立了生

---

① 郭沫若：《中国古代社会研究》，北京：商务印书馆2011年，第5页。

动的榜样。由于第一次世界大战时期帝国主义列强对华侵略的减弱，中国民族资本有一个大的发展，工人阶级力量增强，开始萌发出独立的经济、政治要求，迫切需要自身解放的思想武器。注视巴黎和会与凡尔赛和约问题而激愤不已的人民大众，革命情绪持续高涨。这一切共同构成了马克思主义适时传播于中国的主、客观条件。

李大钊是播火者的先驱。1918年7月，他发表《法俄革命之比较观》，称十月革命是"天下惊秋"的桐叶。10月，他又在《新青年》第5卷第5号上同时发表《庶民的胜利》和《Bolshevism的胜利》两文，指出十月革命"是20世纪中世界革命的先声""试看将来的环球，必是赤旗的世界"！1919年5月，《新青年》出版了"马克思研究专号"，全面、系统介绍马克思主义的唯物史观、阶级竞争说和经济论。

与李大钊齐名的新文化运动的领袖人物陈独秀，也稍后于李大钊而转向马克思主义。他在1920年9月发表《谈政治》一文，指出："世界各国里面最不平、最痛苦的事，不是别的，就是少数游惰的消费的资产阶级，利用国家、政治、法律等机关，把多数勤苦的生产的劳动阶级压在资本势力低下，当做牛马，机器还不如。""若劳动阶级自己宣言永远不要国家、不要政权，资产阶级自然不胜感激之至……"与此同时，李达、李汉俊等人也在传播马克思主义方面做了不少工作。1920年，陈望道翻译的第一个中文全译本《共产党宣言》在上海出版。列宁的一些著作的译本也在《新青年》《共产党》《曙光》等刊物上出现。

新文化运动为马克思主义的传播创造了必要的、活泼开放的文化氛围，而马克思主义的传播又改变了新文化运动的宗旨和结构内容，使它由旧民主主义文化革命转化为新民主主义文化革命。"五四"以前打倒孔家店、文学革命，矛头集中指向专制制度下的传统文化系统，以理论指导思想方面，直接承继着戊戌、辛亥时代占据时代主潮地位的进化论思潮。用资本主义文化之"新"去取代专制文化之

>>> 1919年的五四运动,开始了中国文化近代化的新阶段。时代的浪潮不可阻挡。马克思主义的传入及其"中国化",给予中华民族以锐利的武器,去扫除民族文化近代化道路上的重峦叠嶂。图为当代周令钊《五四运动》。

"旧",当然符合人类进化发展的历史潮流,运动因而显现出蓬勃的生命力。但是,19世纪与20世纪之交的世界资本主义已经演变为帝国主义,资本主义新兴阶段的理性、创造和光荣,已经日益淹没于帝国主义殖民掠夺的兽性、残忍和耻辱之中。这个用进化论说明不了的问题,深深地困惑着"开眼看世界"的中国人:"为什么先生老是侵略学生呢?"[①]中国资产阶级的文化人总是在这里陷入进退失据的困境,因而总不能理直气壮地回答顽固派出于守旧心理对资本—帝国主义种种非道德、非正义行径的并非无中生有的指责,或者王顾左右,或者含糊其辞;而传统文化恰恰因此而避免了土崩瓦解、溃不成军的厄运。第一次世界大战更加暴露了资本—帝国主义腐朽的一面。俄国十月革命孕育出比资本主义更为先进的社会制度和文化。马克思主义的唯物史观、阶级斗争学说和政治经济学理论已经对资本主义进行了透彻剖析。在马克思主义的照耀下,中国人民终于对资本—帝国主义有了本质的认识。新文化运动的领袖人物李大钊、陈独秀等先后把帝国主义纳入了自己的批判范围。这样,新文化运动的"新"的含义,也由单一的反专制转换为包括反帝、反专制的双重内容。

1919年的五四运动,开始了中国文化近代化的新阶段。时代的浪潮不可阻挡。马克思主义的传入及其"中国化",给予中华民族以锐利的武器,去扫除民族文化近代化道路上的重峦叠嶂。这一切预示着:具有雄健生命活力与悠久文化传统的中华民族,在新的时代条件下,垦殖新生产力的丰厚土壤,汲取科学世界观的阳光雨露,一定可以重新赢得文化的原创性动力,创造出无愧于先辈、无愧于后人的新文化。

中国文化的五彩凤凰,必将展开民主与科学的双翼,腾空而起,振翮高飞!

---

① 毛泽东:《论人民民主专政》,《毛泽东选集》第4卷,北京:人民出版社1991年,第1502页。